식민지 도시와 철도

식민도시 부산의 철도와 식민성, 근대성, 그리고 지역성

식민지 도시와 철도

식민도시 부산의 철도와 식민성, 근대성, 그리고 지역성

초판 1쇄 발행   2021년 2월 28일

지은이 ㅣ 전성현
펴낸이 ㅣ 윤관백
펴낸곳 ㅣ 도서출판 선인

등   록 ㅣ 제5-77호(1998.11.4)
주   소 ㅣ 서울시 마포구 마포대로 4다길 4 곳마루 B/D 1층
전   화 ㅣ 02) 718-6252 / 6257
팩   스 ㅣ 02) 718-6253
E-mail ㅣ sunin72@chol.com

정가   32,000원

ISBN   979-11-6068-438-4   94910
ISBN   978-89-5933-425-4   (세트)

동아대학교 석당학술총서 41

식민지 도시와 철도

식민도시 부산의 철도와 식민성, 근대성, 그리고 지역성

전 성 현

 도서출판 선인

책머리에

20세기 한국사에서 가장 중요한 시기 중 하나인 일제강점기를 연구한 첫 책을 내며 스스로 발 딛고 살아가는 지역의 역사를 토대로 한국과 세계의 역사를 이해하고 또 심화시키고자 한지 꼭 십 년이 지났다. 이른바 지역사 연구는 그 시간만큼 축적되어 다시 새로운 책으로 묶어내게 되었다. 하지만 여전히 부족하며 앞으로도 더욱 분발해야겠다는 생각이 앞선다. 특히 지역사를 둘러싼 양방향의 편견과 무관심을 접하면 더욱더 그렇다. 소위 '중앙중심주의' 사고는 지역사를 전체의 지엽적인 사례나 부분사(partial history)에 지나지 않는 것으로 이해한다. 나아가 애향심에 기댄 향토사로 치부하는 경향이 여전히 강하다. 반면, '내고장중심주의' 사고는 지역사를 유일무이하고 지고지순하게 여기며 무조건적으로 긍정하고 치켜세우는 향토애적인 경향이 강하다. 또한 지역이기주의에 빠지거나 지역 안팎의 차별적 위계관계를 도외시하여 도리어 역사 왜곡을 자행하기도 한다.

근대성과 문명론이 이분화한 서구 대 비서구, 중앙 대 지방, 남성 대 여성, 성인 대 아동, 정상 대 비정상이라는 차별적 위계구조는 그간의 근대 비판에 의해 문제시되며 이를 극복하는 다양한 이론적 주장과 실천이 제시되고 있다. 그럼에도 불구하고 지역사는 여전히 자기 자리를 찾지 못하고 편견과 무관심에 의해 소외되고 있다. 서발턴 연구자인 디페시 차크라바르티는 중심과 중앙을 '지방화'하는 전략으로 맞서며 중심과 주변, 중앙과 지방의 위계관계를 해체하고자 했다. 사회학자 울리히 백은 근대 사회의 범세계화가 발생하는 장소로서 '지방'과 '도시'를 강조했다. 모두 지역이 세계를 이해하는 연구의 중심이라고 할 수 있다.

한편, 인류학자 클리퍼드 기어츠는 인류학을 "마을을 연구하는 것이 아니라 마을에서 연구하는" 것으로 정의했다. 인류학의 위치를 전용해 말하면, 지역사는 지역을 연구하는 것이 아니라 지역에서 연구하는 것이리라. 따라서 지역사는 전체의 부분 또는 사례의 역사도 아니고 지고지순하거나 지역이기주의에 빠진 향토사도 아니다. 지역의 역사를 통해 한국과 세계의 '총체적 보편성'을 이해하고 반성적으로 성찰하고자 하는 '지역에서' 발 딛고 살아가며 연구하는 역사인 것이다.

그런데 이처럼 중요한 지역사는 역사학계뿐만 아니라 지역 대학 역사학과에서도 홀대 받고 있다. 물론 21세기 들어 자주 회자되는 인문학의 위기(어쩌면 대학 인문학만의 위기)와 함께 역사학과의 위기(마찬가지로 대학 역사학과만의 위기)까지 겹쳐져 지역사의 홀대는 당연한 일일지도 모른다. 하지만 지역을 토대로 지역의 인재를 양성해야 할 지역 대학 역사학과에서조차 그 기초가 되는 지역사라는 학문 영역이 인정받고 있지 못한 것은 더욱 큰 문제이다. 지역 대학의 위기와 함께 점차 사라져가고 있는 역사학과에 세계사 및 한국사 과정과 가르칠 인력은 있어도 지역사 과정과 가르칠 인력이 거의 존재하지 않는 실정이 이를 단적으로 보여준다. 이는 역사학계의 지역사 인식과도 잇닿아 있다.

반면 세계와 사회는 인간의 공간적 존재 기반이기도 한 지역의 역사에 관심을 가지도록 더욱더 촉구하고 있다. 유네스코는 세계시민의 역사교육이 세계사, 국가사, 지역사의 삼위일체로 이루어져야 한다고 권고한다. 지방자치가 제자리를 잡아가고 지방분권이 확장되는 오늘날 대학 밖에서는 오히려 지역사에 대한 관심이 더욱더 증대하고 있다. 최근 지역에서 역사의 재현을 다방면에서 다루는 공공역사의 필요성이 강조되고 있는 상황도 이와 무관하지 않다. 지역사에 대한 제대로 된 인식과 필요성을 역사학계는 물론 지역 대학과 역사학과도 공감해야 할 것이다.

이 책의 각 장은 지역사에 대한 편견과 무관심을 극복하기 위한 나름의 몸부림 속에서 여전히 부족하지만 '지역이라는 창', '방법으로써 지역'을 토대로 지역과 한국, 그리고 세계를 이해하고 성찰하고자 하는 일환으로 연구되었다. 제한적인 시간(일제강점기)과 공간(지역), 그리고 대상(철도)이지만 지나간 미래로서 과거의 역사가 어떤 메커니즘에 의해 구축되었고 그 구축된 과거가 현재와 미래에 어떤 영향을 끼치고 있으며 그 나름의 의미와 가치를 발산하고 있는지 지역을 통해 드러내고 싶었다. 그렇지만 불완전할 뿐만 아니라 드러낸 것보다 드러내지 못한 것이 더 많다. 역사는 어쩌면 드러난 것만으로 이해하는 것이 아니라 드러난 것을 토대로 드러나지 않은 것까지 상상하면서 이해하는 것이리라. 부족한 이 책이 드러나지 않은 부분을 상상하며 드러난 미시적인 지역의 역사를 통해 지역과 한국, 그리고 세계의 역사를 이해하는 마중물의 일부라도 되었으면 좋겠다. 이 책의 한계와 오류는 전적으로 필자의 책임이다. 부족한 것은 또 다른 지역사 연구를 통해 보완해 나갈 것이다.

지역에서 역사를 연구하는 사람들이 점차 줄어들고 있지만 그나마 함께 공부하며 토론할 수 있는 선후배, 동학이 있어 고맙고 소중하다. '전쟁과 지역' 세미나팀, '조선관계대의사' 연구팀을 비롯해 이런저런 지역의 세

미나·연구팀 선후배, 동학들이 있어 척박한 지역사 연구를 그래도 함께 고민하며 매진할 수 있는 것 같다. 말석이라도 기꺼이 함께하고자 하지만 점차 부담감과 함께 책임감이 커지는 것 같다. 그래도 지역사 연구 풍토를 긍정적으로 바꿔보려는 노력과 함께 지역 사회에서 지역사 연구를 매진할 수 있는 연구 집단이 지속할 수 있도록 노력하고 싶다. 다른 지역도 포함해 함께 지역사를 공부하고 연구하는 선후배, 동학들의 건승을 빈다.

이 책이 나올 수 있도록 물심양면으로 도움을 주신 분들이 너무도 많다. 특히 이제는 정년 하셔서 학교를 떠나 계시지만 여전히 지역에서 제자들과 후배들을 이끌고 계시는 홍순권 선생님께 감사드린다. 세상을 바라보는 관점과 지역에 대한 생각, 그리고 지역사의 중요성은 모두 선생님으로부터 배운 것이다. 좀 더 나은 연구자가 되지 못해 죄송스럽지만 그래도 선생님 뒤를 따라 지역사를 연구할 수 있어 다행이다. 또한 이 책이 나올 수 있도록 후원해주시고 적극적으로 도움을 주신 석당학술원 박수천 원장님과 정규식 부원장님에게 감사드린다. 두 분이 없었다면 이 책은 석당학술총서로 나올 수 없었을 것이다. 그리고 부족한 책이 이만큼 완성된 형태로 나올 수 있도록 애써주신 도서출판 선인의 윤관백 대표님과 편집부에 감사드린다.

끝으로 항상 앞길을 염려해주시고 어떤 일이든 할 수 있도록 용기를 주시는 양가의 부모님, 연구와 일로 가정에 소홀할 뿐더러 논문이라도 쓴다면 예민하고 까칠하게 굴며 힘들게 해도 항상 이해해주며 힘을 주는 아내 류민과 제대로 놀아주지 못하는데도 친구처럼 아빠를 좋아하는 아들 선우에게 이 책의 공이 조금이라도 있다면 돌리고 싶다.

2021.2. 전성현 씀

차 례

제2부　도시 간 철도와 지역민

서론

식민지 철도와 지역, 도시, 그리고 부산

  '진보'와 '문명'의 상징인 철도는 인간에게 편리한 교통수단일 뿐만 아니라 특수하고 이질적인 전통적 시공간을 보편적이고 균질적인 근대적 시공간으로 탈바꿈시키는 '근대의 총아'라고 할 수 있다. 물론 철도는 철도 연선과 역을 중심으로 지역 간의 차이를 차별로 전환하여 불평등한 위계화를 조장한다. 하지만 철도에 의한 진보와 문명은 더 가치 있는 것으로 포장되었다. 때문에 개항과 더불어 세계 자본주의체제에 강제적으로 편입된 조선도 서구 열강의 근대 문명에 압도되어, '근대의 총아'인 철도 건설을 계획하고 추진하고자 했다.[1]

  그런데 조선 정부에 의해 계획되고 추진된 자체적인 철도 건설의 노력은 자금력과 기술력이 따라주지 못하는 한계뿐만 아니라 일제를 비롯한 서구 제국주의 열강의 간섭과 방해로 좌절되었다. 특히 조선을 식민지화하려는 일본의 욕망 속에서 추진된 조선 철도는 제국/식민지체제의 성립을 추동하고 강화하는 제국주의의 첨병이 되었다. 나아가 일본인의 이주 식민과 이식 자본에 의한 침략과 수탈을 직접 수행한 식민주의의 기수로 자리매김했다. 일제의 조선 철도 건설은 중심적인 간선망 계획과 건설 과

---

1) 趙璣濬, 「韓國鐵道業의 先驅者 朴琪淙」, 『日帝下의 民族生活史』, 民衆書館, 1971 ; 李炳天, 「舊韓末 湖南鐵道 敷設運動(1904~1908)에 대하여」, 『經濟史學』 5, 1981 ; 鄭在貞, 「京義鐵道의 敷設과 日本의 韓國縱貫鐵道 支配政策」, 『韓國放送通信大學論文集』 3, 1984.

정을 통해 보면 크게 네 부분으로 나눠진다.

우선, 일제는 스스로 '제1기 계획'이라고 부른 식민지 이전부터 진행된 경부, 경의선을 비롯해 병합 이후에도 추진된 호남선, 경원선, 함경선 등 5대 간선망을 구축했다. 1928년 함경선의 전부 개통으로 이는 일단락되었

[그림 1] 조선교통약도(1937)

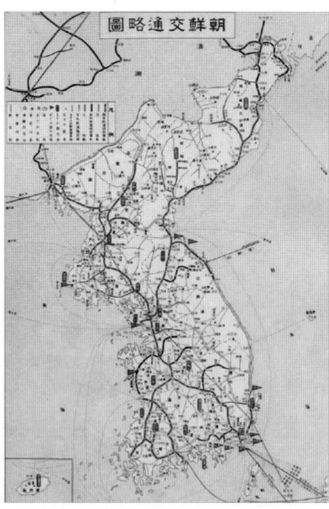

다. 조선총독부의 '제2기 계획'은 평원선의 부설과 경부, 경의선의 복선화
였다. 그런데 1914년부터 건설에 들어간 평원선은 우여곡절 끝에 1941년
에 전통되었고 경부, 경의선의 복선화는 1937년에야 추진되기 시작해
1945년에 비로소 완료되었다.[2]

식민지화가 심화되자 조선총독부는 새로운 철도 계획을 다시 입안하고
추진했다. 먼저 북선철도 3선(만포선, 혜산선, 도문선)과 '제2의 종관철도'
동해선, 그리고 종관선 횡단철도 경전선 건설을 계획한 '朝鮮鐵道十二年
計劃'(1927~1938)이 추진되었다.[3] 이들 계획선 중 북선철도는 1941년 만포
선의 개통으로 완료되었지만, 동해선과 경전선은 1945년까지 완성되지 못
했다. 그리고 경성과 경주를 잇는 경경선의 건설을 계획한 '朝鮮中央鐵道
敷設計劃'(1936~1942)이 추진되었다. 이 계획선은 새로운 '제3의 종관철도'
로 계획보다 2년 늦은 1938년부터 건설에 들어가 계획대로 1942년에 완공
되었다.[4]

일제가 한말부터 일제강점기를 거쳐 추진한 주요 간선망에 관해서는
'강제 병합'을 전후한 시기 일본의 한국철도 부설권 탈취에 관한 연구, 한
국인이 추진한 철도 건설운동에 관한 연구, 철도 건설 과정에 야기된 한국
과 일본의 대립과 갈등에 관한 연구와 일제강점기 철도망의 확장과정을

---

2) 정태헌, 『한반도철도의 정치경제학 −일제의 침략통로에서 동북아공동체의 평화
   철도로−』, 도서출판 선인, 2017, 147~152쪽 · 169~171쪽.
3) 김경림, 「日帝下 朝鮮鐵道 12年計畫線에 關한 硏究」, 『經濟史學』 12, 1988 ; 전성
   현, 「일제하 조선 상업회의소와 '朝鮮鐵道十二年計劃'」, 『역사와 경계』 71, 2009 ;
   矢島 桂, 「植民地期朝鮮における「國有鐵道十二年計画」」, 『歷史と経済』 206, 2010.
   당시 언론보도에 의하면 유일한 한반도 종관선인 경부 · 경의선에 이어 동해선을
   제2의 종관선으로 자주 지칭하고 있다. 또 다른 종관선인 경경선(중앙선)은 이와
   구분하여 '제3의 종관선'으로 서술한다.
4) 정재정, 「일제말기 京慶線(서울−경주)의 부설과 운영」, 『서울학연구』 64, 2016.

조선총독부의 철도정책과 관련시킨 연구, 일본의 철도투자와 운수영업 및 물자이동의 실태를 검토한 연구, 철도와 다른 교통기관과의 상호관계를 취급한 연구, 철도산업의 고용구조를 해명한 연구 등으로 정리할 수 있다.[5] 이들 연구를 통해 일제가 건설한 식민지 철도의 침략적이고 수탈적인 식민성이 구체적으로 밝혀졌다.[6]

그러나 기존 연구는 주로 조선총독부를 중심으로 하는 식민권력의 X형 간선철도망 건설에 집중했기 때문에 철도와 일상을 함께 하는 공간과 사람에 대해서는 심도 깊은 연구로 나아가지 못했다.[7] 최근 들어 일제강점기 한반도에 건설된 철도의 역사적 의미를 민족사 또는 국가사라는 거시적인 관점을 넘어 지역사, 도시사, 문화사 등 미시적 관점에서 보다 입체적으로 드러내고 있다.

그런데 지역의 관점('방법으로써의 지역')에서 식민지 철도를 이해하는 것은 단순히 지역(민)만의 문제나 사례만을 드러내는 것에 그치지 않는다. 지역은 일상을 살아가는 인간의 공간적 기초이며 역사적 사건의 토대이기 때문에 근대의 외피를 덮어쓴 식민의 첨병인 철도의 역사적 의미를 보다 구체적이고 입체적으로 확인할 수 있다. 특히 철도 건설을 둘러싼 이해관계를 민족적 측면에서 이분법적으로만 확인하는 것이 아니라 종적이고 횡적인 다양한 이해관계들의 역학관계를 확인할 수 있다. 이를 통해

---

5) 정재정, 『일제침략과 한국철도(1892~1945)』, 서울대출판부, 1999, 서장 참조.
6) 정재정의 선구적 연구서인 『일제침략과 한국철도(1892~1945)』(서울대출판부, 1999)와 정태헌의 종합적 저서인 『한반도철도의 정치경제학 ─일제의 침략통로에서 동북아공동체의 평화철도로─』(도서출판 선인, 2017) 참고.
7) 지역철도는 아니지만 '지역에서 바라본 철도'라는 입장에서 연구된 김동철의 글은 주목할 만하다(김동철, 「京釜線 개통 전후 부산지역 日本人 商人의 투자 동향」, 『韓國民族文化』 28, 부산대학교 한국민족문화연구소, 2006).

지역은 물론 식민지 조선을 넘어 제국 일본 권역의 역사까지도 조망할 수
있다. 그런 점에서 철도와 지역의 관계를 다루는 것은 그 의의가 크다고
할 것이다. 다만 지금까지 지역의 관점에서 이루어진 철도 연구는 일부
지선 또는 사설철도에 집중되고 있으므로[8] 이를 관설철도(국철)인 간선
망까지 포함해 식민지 철도 전체와 지역(민)과의 관계를 묻는 연구로 확
장할 필요가 있다.[9]

그렇다면 식민지 철도와 지역(민)의 관계를 어떻게 다룰 수 있을까. '근
대의 총아'인 철도의 건설이 국가 발전의 외피를 쓴 것만 아니라 지역사회
의 변화에 미치는 사회경제적 영향력은 엄청났다. 그만큼 지역유지(자본
가)들을 비롯한 지역민에게 어쩌면 가장 중요한 사안이었다. 근대 자본주
의 체제로 전환한 서구 사회를 비롯하여 일본에서도 철도의 건설과 운영

---

8) 도도로키 히로시, 「수려선 철도의 성격변화에 관한 연구」, 『지리학논총』 37, 2001 ;
　김희중, 「일제지배하의 호남선 철도에 관한 고찰」, 『호남대학교 학술논문집』 제23집,
　2002 ; 김양식, 「충북선 건설의 지역사적 성격」, 『한국근현대사연구』 33, 2005 ; 김
　민영·김양규 공저, 『철도, 지역의 근대성 수용과 사회경제적 변용 -군산선과 장
　항선-』, 선인, 2005 ; 이영민, 「경인선 철도와 인천의 문화지리적 변화」, 『인천학
　연구』 4, 2005 ; 이은진, 「마산선 개설에 관한 연구」, 『加羅文化』 19, 2005 ; 허우
　긍·도도로키 히로시, 『개항기 전후 경상도의 육상교통』, 서울대학교출판부, 2007 ;
　전성현, 「일제하 동해남부선의 건설과 지역 동향」, 『한국근현대사연구』 48, 2009 ;
　전성현, 「일제시기 동래선 건설과 근대 식민도시 부산의 형성」, 『지방사와 지방문
　화』 12-2, 2009 ; 이기훈, 「일제하 전라남도의 육상교통망 형성과 일상의 변화」,
　『지방사와 지방문화』, 13-2, 2010 ; 김찬수, 「일제의 사설철도 정책과 경춘선」, 『조
　선총독부의 교통정책과 도로건설』, 국학자료원, 2011 ; 정안기, 「1930년대 조선형
　특수회사, 京春鐵道(株)의 연구」, 『서울학연구』 64, 2016 ; 전성현, 「일제강점기 동
　해남부선의 식민성과 지역정치」, 『역사와 경계』 104, 2017.
9) 支線 또는 私鐵이 아니라 國鐵 또는 幹線과 지역의 관계를 묻는 연구는 이제 시작
　단계라고 할 수 있다. 전성현, 「일제강점기 東海線 3線과 지역」, 『석당논총』 69,
　2017 ; 박우현, 「일제시기 평원선 부설과 횡단철도의 주변화(1904~1941)」, 『한국문
　화』 89, 서울대학교 규장각한국학연구원, 2020.

은 지역(민)과의 관계 속에서 추진되지 않을 수 없었다.[10] 그러한 과정이 근대 국가가 지역(민)을 같은 시·공간 속으로 통합하고 균질화하여 내부적으로 위계화하는 방법이기도 했지만, 지역 자체의 변화와도 긴밀하게 관계되었던 것은 주지의 사실이다. 식민지 조선에서도 간선망을 포함한 지역철도는 제국 일본 및 조선총독부 등 식민권력과 밀접한 관계였을 뿐만 아니라 지역(민)과도 때래야 땔 수 없는 관계였다. 그렇기에 지역유지(자본가)를 중심으로 하는 지역민은 여론형성과 정치활동을 통해 철도의 건설과 운영에 개입하고자 했음은 당연한 사실이다.

여기서 주목해야 할 점은 식민지 조선에서 지역, 특히 식민도시가 지닌 특수성이다. 조선의 개항과 강제 병합에 따른 식민지로의 전환은 서구 제국주의국가와 달리 식민자로서 일본인들을 다수 이주시켰다. 그렇게 이주한 일본인들은 개항장과 개시장을 중심으로 '일본인사회'를 형성하기 시작했다. 그들은 자신들의 삶과 터전을 식민지에 안정적으로 구축하기 위해 차츰 도시화를 추진했다. 도시화의 기초인 도시기반시설의 확충과 운영, 즉 거주 공간의 도시화가 그것이었다. 나아가 병합 이전까지 조선인과 일본인으로 구분되었던 '지역사회'는 강제 병합과 함께 조선인을 '배제하며 포함'하는 형태로 재편되면서 지역 전체의 변화와 도시화를 주도적으로 이끌고 나갔다.[11]

게다가 조선인 일부를 포함한 일본인 중심의 지역유지(자본가)들로 구성된 공식적 자치기구들(부협의회·부회, 상업회의소·상공회의소, 학교

---

10) 原田勝正, 『鐵道と近代化』, 吉川弘文館, 1998 ; 松下孝昭, 『鐵道建設と地方政治』, 日本經濟評論社, 2005.
11) 물론 조선인의 '지역사회' 포함은 3.1운동과 같은 전민족적 운동에 기인한 바가 컸다고 할 수 있다.

조합·학교비)12)과 상설 또는 비상설의 수많은 지역단체들(번영회, 기성
회 등)이 '지역사회'를 '대표'하기 시작했다. 지역유지(자본가)들은 이들 자
치기구와 각종 단체를 중심으로 거주 지역의 도시화와 도시운영을 위한
자기 욕망을 '민의(民意)'로 포장해 '공론(公論)'으로 조성했다. 그렇게 포
장되어 조성된 '지역의 이해'에 기초해 도시기반시설 등 공공시설(공공재,
공익사업)의 건설과 유치에 앞장섰다.

점차 식민지화가 심화되고 민족별 구분과 함께 일본인들의 계급·계
층·산업·공간별 분화가 확대되면서 식민도시를 둘러싼 이해관계도 복
잡해졌다. 이른바 민족 간의 차별에 토대를 둔 불화뿐만 아니라 일본인
계급·계층·산업·공간 간의 균열과 불화도 발생했다. 어떤 부문에서는
예상치 못한 민족·계급·계층·산업·공간 간 협력과 연대도 전개되었
다.13) 즉, 표면적으로는 이들 공공시설이 지역민 전체의 이익과 결부되어
건설·유치되는 것으로 포장되었다. 하지만 그 설치와 운영은 식민권력은
물론 식민회사와 이와 연결된 일부 지역 자본가의 사적 이익과도 밀접한
이해관계를 가지고 있었다. 더군다나 조선총독부－도－부로 이어지는 식
민권력의 입장도 도시의 식민정책과 관련해 중요한 영향력을 행사했다.14)
따라서 도시화와 관련된 도시기반시설의 건설과 운영에는 각각의 이해관
계가 중첩되어 수많은 균열과 갈등, 협력과 연대가 벌어졌다.15)

12) 이른바 '공직 3단체'로 불렸던 이 단체들 중 정치, 경제기관은 조선인이 포함된 형
태로, 교육단체는 1920년대까지 민족별 분리, 1930년대부터는 부회의 특별 경제로
포함되었다.
13) 홍순권, 『근대도시와 지방권력』, 선인, 2010.
14) 도시기반시설과 같은 것은 대부분 '지방문제'로 여기며 조선총독부는 전혀 관여하
지 않을 것처럼 했지만 인가와 예산에서 최종 승인권자였다.
15) 손정목, 『일제강점기 도시화과정연구』, 일지사, 1996 ; 김백영, 『지배와 공간』, 문

특히 지역을 노선의 기 · 종점으로 하거나 연선의 한 정착지로 하는 철도는 도시의 가장 중요한 기간시설이었다. 이와 관련하여 지역마다 큰 틀에서는 제국 일본과 조선총독부의 철도 건설계획과 연동하면서 별개로 지역을 중심으로 하는 철도 건설계획을 수립하고 계획에 따라 건설도 추진했다. 이는 식민정책상 건설되는 관설철도인 간선망을 지역화하는 한편, 별개의 독자적인 사설철도도 지역유지(자본가)들이 직접 회사를 설립하거나 주주로 참여하는 등 적극적으로 개입 추진하는 것이었다. 물론 이와 같은 철도의 건설은 조선총독부의 인허가가 있어야만 가능했다. 따라서 철도를 둘러싸고 지역 안팎의 다양한 힘의 역학관계가 교차할 수밖에 없으며 이들 지역철도의 성격은 식민성과 지역성이 중층적으로 포함될 수밖에 없었다.

더불어 지역철도의 일환인 도시(간) 철도는 근대 식민도시의 공간 형성과 밀접한 관계를 맺고 있었다.16) 특히 이들 도시 철도의 경우, 도시라는 시공간을 중심으로 중심과 주변을 연결하는 통합, 균질화의 역할을 수행하며 도시 공간의 확장을 조장했다. 뿐만 아니라 停車場과 驛舍를 중심으로 하는 새로운 근대적 도시 공간을 창출했다. 또한 근대적 시가와 전통적 시가의 연결, 철도 연선과 비연선 간의 차이와 차별을 드러내는 불균등의 위계화, 즉 '비동시성의 동시성'이라고 하는 '동시대의 근대' 또한 창출했다.17)

학과지성사, 2009.

16) 도시 간 철도는 도시 간(inter-urban) 광역철도를 비롯해 간선망을 의미하며, 도시 철도는 시가전철, 지하철 등 도시 내부의 철도이다.

17) 앙리 르페브르 지음, 박정자 옮김, 『현대세계의 일상성』, 기파랑, 2005 ; 해리 하르투니언 지음, 윤영실 · 서정은 옮김, 『역사의 요동』, 휴머니스트, 2006.

한 걸음 더 나아가 간선이며 광역철도인 도시 간 철도는 기·종점 도시의 정치, 경제, 사회, 문화 각 방면의 영향력 확장에도 앞장섰다. 또한 도시와 농촌, 도시와 도시를 연결하며 지역 간의 차이를 차별로 전환하는 위계화의 과정이기도 했다. 따라서 광역철도 또는 간선철도의 경우 그 위계의 정점과 이해관계를 둘러싼 지역 간의 갈등과 연대도 조장했다. 그렇다면 지역철도인 도시(간) 철도의 건설과 운영은 근대 식민도시의 구축과정이며 도시의 근대성을 완성하는 필요충분조건이라고 할 수 있다. 또한 중심과 주변, 지역과 지역의 위계화임으로 그 과정을 통해 중층적인 근대성(식민성)과 지역성을 동시에 살펴볼 수 있을 것이다. 결국 식민도시 부산은 특히 철도와 관련된 식민성(근대성의 이면)/근대성(식민성의 표면),[18] 그리고 그것이 투영된 지역성을 살펴볼 수 있는 최적의 장소라고 할 수 있다.

주지하다시피 부산은 일본에 의해 개항된 조선 최초의 개항장이며 개항 이래 '일본인사회'가 일찍부터 조성되어 자신들의 공간을 구축해 나간 대표적인 지역이었다. 이를 조장한 일본은 이를 토대로 개항장 부산을 조선과 대륙 침탈을 위한 '교두보'이며 '관문'으로 삼았다. 일본인사회는 이를 또 적극적으로 활용했다. 즉, 일본은 조선 침탈과 대륙 침략을 위해 부산을 기점으로 하는 경부선 건설을 일찍부터 추진했다. 부산의 일본인들도 이에 부응하여 사설 부두시설인 '목잔교'를 건설하고 경부철도주식회사에 적극 참여했다.[19] 경부선 건설과 러일전쟁 승리로 일본은 조선을 보

18) 월터 D. 미뇰로 지음, 이성훈 옮김, 『로컬 히스토리/글로벌 디자인』, 에코리브르, 2013 ; 월터 D. 미뇰로 지음, 김영주·배윤기·하상복 옮김, 『서구 근대성의 어두운 이면』, 현암사, 2018.
19) 경부철도주식회사의 발기인과 주주에 부산의 일본인들이 다수 참여하고 있다(김동철, 앞의 논문, 2006).

호국으로 만든 이후, 곧바로 완전한 식민지로 전환하기 위해 일본과 조선을 연결하는 부산의 부두 건설을 추진하고 이른바 '관부연락선'을 운영하는 등 제국 일본과 식민지 조선을 하나로 연결하는 해륙연락 교통시설까지 완비했다.[20] 따라서 식민도시 부산은 개항을 통한 일본인 중심의 공간적 재편과 함께 조선 침탈과 대륙 침략을 위한 제국과 식민지의 가장 중요한 연결점의 위치에 자리매김했다.

이와 같은 제국─식민지의 연결이라는 지정학적 토대를 이용하거나 추동하면서 일본인 중심의 식민도시 부산은 도시기반시설을 착착 갖춰가며 도시화를 심화시키기 위해 교통망을 정비하기 시작했다. 특히 제국과 식민지를 연결한 '관부연락선'과 경부선을 단순히 스쳐 지나가는 연결점이 아니라 입/출의 중심 결절점으로 만들기 위해서는 부산을 중심으로 하는 교통망의 건설과 확장은 지역과 식민도시의 측면에서 중요한 사안이었다. 일본인들은 먼저, 주변 지역으로 확장 가능한 사설의 경편철도 건설구상을 토대로 안으로는 시내 교통망인 시가전철과 연결을 계획했다. 밖으로는 경상도와 전라도 등 식민지 조선 전역으로 연결하기 위한 간선철도망 건설을 위해 노력했다.

그 결과, 식민도시 부산을 중심으로 하는 철도망은 안으로는 시내외 전철, 항만 및 간선망을 연결하는 임항철도가 각각 건설되었다. 계획에 그쳤지만 제국 일본과의 해저철도까지 계획했다. 밖으로는 동래선의 확장인 부산울산선 계획을 기초로 동해남부선과 동해선이 건설되거나 추진되었다. 더불어 기존의 중추선인 경부선과 연결하는 경전선 건설까지 추진했다. 이를 통해 볼 때 부산을 중심으로 하는 교통망은 조선 침탈과 대륙

---

20) 최영호 외 지음, 『부관연락선과 부산』, 논형, 2007.

[그림 2] 부산관광안내도(1938)

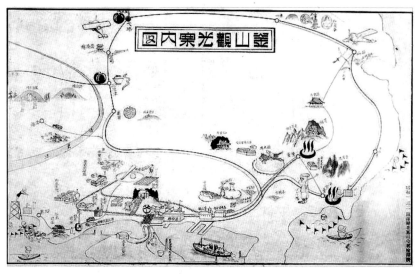

········· 시내(일본인시가) 및 시외(동래읍, 동래온천장) 전철
━━━ 부산-삼랑진-밀양-대구의 경부선, 삼랑진 분기의 경전선, 부산-동래-울산-경주
　　　-대구의 동해선

침략이라는 제국의 욕망과 함께 식민도시 부산의 기반 구축과 확장, 그리
고 특히 경제적 영향력의 확장이라는 지역의 욕망을 실현하기 위한 시내
와 항만을 연결하는 도시 철도를 비롯해 간선인 경부선, 동해선, 경전선이
라는 광역의 도시 간 철도가 부채꼴의 형태로 갖춰지게 되었던 것이다.

　이 책은 이상과 같은 흐름 속에서 식민지 철도를 식민도시 부산이라는
지역을 토대로 철도 건설과 운영의 역사적 의미를 묻고자 한다. 이는 철
도 건설과 운영을 둘러싼 다양한 이해관계들을 제국(일본, 조선총독부),
자본(식민회사, 토목청부업자), 지역(부/군/읍면, 부산, 대구, 원산), 민족
(조선인)이라는 관점에서 확인하는 과정이다. 나아가 이들 다양한 이해관
계들이 어떻게 철도 건설과 운영에 개입되었으며 그 결과 어떤 방향으로

수렴되었는지를 밝히는 과정이기도 하다. 이를 위해 이와 같은 과정을 보다 구체적으로 확인해 두텁게 묘사할 수 있는 도시 철도인 시내외 전철, 부두와 간선을 연결하는 임항 철도, 그리고 도시 간 철도이며 간선인 동해선에 집중하고자 한다. 그 과정은 분명 제한적이긴 하지만 식민지 철도의 식민성과 근대성, 그리고 지역성을 어느 정도 확인할 수 있을 것이다.

제1부

식민지 도시 철도를 둘러싼 지역사회의 동역학

1장

경편철도(동래선) 건설과
부산의 식민도시화 과정

1. 식민도시 부산의 지역철도 건설구상과
釜山軌道株式會社의 동래선 건설

1) 부산 중심의 지역철도 건설구상

부산을 중심으로 하는 지역철도 건설은 계획되어 실행되지 못했지만, 한말 동래감리를 지낸 부산출신의 박기종에 의해 최초로 추진되었다. 박기종은 1898년 윤기영과 함께 "國家를 富强케 함은 商務가 第一이오 商務를 興旺케 함은 鐵道가 第一이다"는 취지하에 '釜下鐵道會社'를 설립하고자 하였다.[1] 철도회사는 부산항으로부터 하단포에 이르는 15리(6킬로)의 길에 화물수송을 주로 하는 경편철도인 부하철도를 건설하는 것을 그 목적으로 하였다.[2] 따라서 박기종 등은 부하철도회사의 설립과 함께 경편철도 건설을 위해 농상공부에 그 인가를 청원하였다.

당시 하단포는 구포와 함께 낙동강 연안을 따라 경상남북도의 중요한 물산이 집결하는 포구로서 여기에 집산된 물산은 다시 육로 또는 연안항로를 따라 부산항에 운반되었다. 그러나 하단포와 부산항을 잇는 육로는

---

1) 農商工部, 「請願書」, 『光武二年 訴狀及題存檔』, 1898.
2) 農商工部, 「釜下鐵道會社定款」, 『光武二年 訴狀及題存檔』, 1898.

높은 고개가 가로막고 있어 운송에 어려움을 겪고 있었다. 연안항로는 바다와 강이 만나는 몰운대 앞의 險海로 인하여 많은 선박들이 난파되는 악명 높은 곳이었다. 이 때문에 박기종은 부산항과 하단포를 잇는 경편철도를 부설하여 경상남북도의 물산을 부산항으로 운반하고자 하였다. 더 나아가 이렇게 운반한 물산은 부산항을 통해 일본 등으로 수출하고자 하였다.[3]

그러나 박기종을 중심으로 하는 조선인들의 부하철도 계획은 결국 수포로 돌아갔다. 그 이유는 첫째, 철도 건설을 위한 자금조달이 제대로 이루어지지 못하였다. 둘째, 당시 일본에 의해 추진되던 경부선 건설이 하단포 상류에 있는 구포와 부산항을 연결하도록 계획되는 등 강력한 경쟁선이 존재하였다. 셋째, 부산항과 하단포 간 철도 부설 예정지에는 대티고개라는 큰 고개가 있어 철도 건설에 걸림돌로 작용하였다.[4] 이 때문에 부하철도가 부산을 기반으로 한 조선인에 의해 기획된 최초의 철도라는 점에서 나름의 의미를 지녔지만 계획에 그침으로써 지역사회에 별다른 영향을 미치지는 못하였다.[5]

부하철도 건설계획과 함께 부산 중심의 또 다른 철도인 중남부 조선을 관통하는 경부선 건설이 계획되고 있었다. 물론 경부선은 조선의 남북을 잇는 종관철도이며 간선철도이기 때문에 지역철도라고는 말하기 어렵다. 하지만 그 첫 건설 사업이 초량과 구포 사이에서 이루어졌다. 나아가 부

---

3) 農商工部, 「請願書」, 『光武二年 訴狀及題存檔』, 1898.
4) 藤永 壯, 「開港後의 '會社'設立問題를 둘러싸고」, 『韓國近代社會經濟史의 諸問題』, 부산대학교출판부, 1995, 294~295쪽.
5) 물론 부하철도 계획은 이후 일본인에 의해 지속적으로 주장되고 있는데, 아마 박기종 등이 부하철도를 계획한 이유와 목적은 지역사회에 여전히 유효했던 것으로 보인다.

산의 일본인자본이 적극적으로 경부철도주식회사의 발기인 또는 주주로 참여하고 있기 때문에 지역과 전혀 무관하지 않았다.[6] 더군다나 경부선의 본선 및 지선(馬三線)의 완공과 함께 부산의 상권이 경상남북도까지 확대되었기 때문에 지역과 밀접한 관계를 지녔다. 특히 경부선의 본선과 지선을 따라 부산의 일본인자본가들은 마산, 삼랑진, 진영, 대구, 김천까지 영업망을 확장하는 한편, 지점을 연선 지역에 설치하는 등 경부선을 지역기반의 확대로 적극 활용하였다.[7]

한편, 경부선 건설은 부산항을 중심으로 하는 부산의 도시화를 촉진시켰다. 우선 부산항 매축을 통해 근대적 항만시설을 갖추는 한편, 인근에 부산세관, 부산역, 부산우편국 등 근대적 건축물이 들어서면서 근대 도시로 발전하기 시작하였다. 그런데 초량과 부산항 사이의 연결은 동시에 해결해야 할 과제였다. 경부선이 초량을 기점으로 건설되었기 때문에 기실 부산항과 초량 사이는 사람 또는 우마에 의해 운송되는 등 불편이 적지 않았다. 따라서 부산항을 기점으로 하는 경부선의 완성을 위해 부산의 일본인자본가들은 상업회의소를 통해 이를 논의하였다.[8] 그리고 영선산 착평공사와 초량, 부산진 매축사업이 진행되자, 부산의 일본인자본가들은 적극적으로 초량, 부산진의 토지 투자 등 도시 확장을 위해 힘썼다.[9] 그

---

6) 경부철도주식회사에 발기인 또는 주주는 대부분 일본에 거주하는 자들이지만 부산의 일본인자본도 적극적으로 참여하였다. 특히 1901년의 예이지만, 발기인 190명 중 한국에 거주하는 자가 22명이고 그중 17명이 부산에 거주하고 있는 등 한국에서의 자본투자는 부산이 중심이었다. 물론 부산의 자본은 대부분 일본인자본이었고 부산을 대표하는 일본인자본가들이 대거 참여하였다(김동철, 「京釜線 개통 전후 부산지역 日本人 商人의 투자 동향」, 『韓國民族文化』 28, 부산대학교 한국민족문화연구소, 2006, 39~42쪽).

7) 김동철, 위의 논문, 42~54쪽 참조.

8) 釜山日本人商業會議所, 『釜山日本人商業會議所年報』, 1905, 13쪽.

[그림 1] 부산항(1910년대 초반)

상 - 1부두(왼쪽)와 목잔교(오른쪽),
하 - 왼쪽부터 순서대로 부산역, 부산세관, 부산우편국
출전 : 부산박물관

결과 1908년 부산항과 초량이 연결되는 한편, 초량과 부산진 해안을 중심으로 하는 매축지가 조성되어 새로운 부도심으로 확장되게 되었다.[10]

부산항을 중심으로 점차 초량, 부산진 방향으로 확장하던 부산의 도시화는 부산의 일본인자본가들의 경제적 기반 확대와 함께 진행되었다. 따라서 부산의 일본인자본가들은 그들의 경제적 기반을 더욱 확대하기 위해 경부선을 중심으로 그 좌우익을 가르는 철도 건설을 계획하였다. 이는

---

9) 東萊府, 「釜山面上尊位報告書」・「沙中面上尊位報告書」, 『東萊監吏各面署報告書』, 1995.
10) 차철욱, 「부산 북항의 매축과 시가지 형성」, 『한국민족문화』 22, 2006.

도시 또는 도시 간 철도를 넘어 '대륙의 관문'인 부산항을 중심으로 조선 내륙 깊숙이 자신들의 영향력을 확장하기 위한 장대한 계획이었다. 그 구체적인 내용은 부산항을 중심으로 부채꼴 형태의 철도 간선망을 구축하는 것이었다. 즉, 부산항을 기점으로 경남 서부, 경남 중부, 경남 동부의 세 방향으로 뻗어나가는 철도망 완성이 그것이었다.

[그림 2]의 화살표 1과 같이 이미 완성된 경남 중부를 거쳐 경북, 충남북, 경기를 관통하는 경부선을 중앙에 배치하고, 우측으로는 화살표 2와 같이 경남 동부로 나갈 수 있는 경남의 전통적 중심지인 동래를 거쳐 기장, 울산, 경주, 포항에 이르는 철도와 좌측으로는 화살표 3과 같이 경남 서부로 나갈 수 있는 교두보인 하단을 거쳐 웅천(진해), 마산, 진주에

[그림 2] 지역철도 건설계획

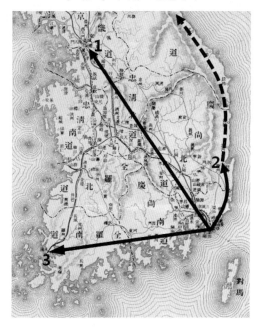

이르는 철도[11] 건설을 계획하였던 것이다.[12] 이와 같은 장대한 철도 건설

---

11) 경남 서부로 뻗어나가는 철도망 계획은 경제적 측면만이 아니라 치안적 측면도 고려된 것으로 보인다. 조선에 거주하는 일본인들을 줄곧 괴롭힌 것은 치안불안이었다. 이 때문에 스스로 무장한 경우도 비일비재하였으며 점차 일본인사회가 확대되고 병합이 이루어지자 조선주차군의 증설을 희망하였으며 1914년 일본정부의 증설안에 적극적으로 찬성하였다. 특히 1915년 사단증설안이 통과되자 조선의 일본인들은 거주한 지역마다 군대유치에 적극적이었다. 부산의 일본인들도 마

계획은 강제 병합과 더불어 현실화되어 부산항을 중심으로 좌측으로 뻗어가는 철도는 진주에서 그치는 것이 아니라 호남선과 연결하여 나주, 목포 등 전라남도에까지 이르는 새로운 부산 목포 간(또는 부산 나주 간) 철도 건설계획이 본격적으로 추진되었다.[13] 뿐만 아니라 경남 동부를 관통하는 철도도 부산의 일본인자본가들에 의해 그 실현을 위한 첫발이 내딛어졌다. 그 최초의 움직임이 부산궤도주식회사(이하 부산궤도)의 설립과 부산진 동래 간 궤도열차(이하 동래선)의 건설이었다.

2) 釜山軌道株式會社의 동래선 건설

최초의 사설철도인 동래선은 부산이사청 龜山理平太 이사관의 알선에 의해 부산의 일본인자본가들에 의해 추진되었다. 龜山 이사관은 부산거류민단이 성지곡의 새로운 수원지를 조성할 때 사용한 재료운반용 경철레일 및 기관차를 공사완료와 함께 부산의 일본인자본가들에게 경편철도

찬가지로 연대 수준의 군대유치를 위해 노력하였다. 따라서 경남 서부로 뻗어나가는 철도망은 진해, 특히 요항사령부와의 연결을 통한 치안적 측면도 고려되었던 것이다.

12) 『朝鮮時報』 1911.4.12, 「釜山延日鐵道敷設計劃」; 결과적으로 이와 같은 부산지역 일본인자본가들의 장대한 계획은 완성되지 못하고 해방이후 모두 실현되게 되는데, 즉 경전선과 동해안선이 그것이다.

13) 『朝鮮時報』 1910.10.27, 「新鐵道敷設計劃」; 『東京朝日新聞』 1910.10.30, 「釜木電鐵計劃」; 『朝鮮時報』 1910.10.30, 「釜山木浦間の電鐵」; 『東京朝日新聞』 1911.2.6, 「(本社朝鮮特電)木浦釜山輕便鐵道出願」; 『朝鮮時報』 1911.2.7, 「釜木電鐵認可か」; 『朝鮮時報』 1911.2.21, 「釜木間電鐵設計」; 『大阪每日新聞』 1911.2.23, 「南朝鮮電氣鐵道」; 『釜山日報』 1911.2.24, 「釜木間の鐵道」; 『釜山日報』 1911.2.25, 「南韓鐵道談, ▲發起人佐藤潤象氏」; 『朝鮮時報』 1911.2.25, 「釜木電鐵に就て」; 『朝鮮時報』 1911.2.28, 「南韓鐵道の眞相」; 『報知新聞』 1911.3.2(1일 석간), 「南朝鮮電鐵會社發起」.

동래선으로 이용할 수 있도록 알선했다.[14] 이에 따라 부산의 일본인자본
가들은 레일 및 기관차 구입비를 절약하며 1909년 6월 한국 정부에 부산
진으로부터 동래온천장까지 연장 6哩5分2呎의 경편궤도 포설에 대한 특
허를 신청하여 내무대신으로부터 그 특허권을 받았다.[15] 이에 따라 같
은 해 8월에는 자본금 5만 원의 부산궤도주식회사를 설립하였다.[16] 다음
[표 1]은 부산궤도의 발기인 및 중역 명단이다.

[표 1] 부산궤도주식회사 발기인 및 중역(1909)

성명	주소	참여구분	도항시기	영업종목/ 상업회의소/ 민단
大池忠助	변천정	발기인, 취체역사장	1875(기로회)	여관업 · 정미업 · 무역상/ 상업회의소의원(역원)/ 민단의장
豊田福太郎	매립신정	발기인, 취체역	1880(기로회)	무역상/ 상업회의소의원/ 민단의원
小宮万次郎	본정	발기인, 감사역	1878(기로회)	무역상/ 상업회의소의원/ 민단의원
福田恒祐	서정	발기인, 취체역		
五島甚吉	서정	발기인, 취체역	1880(기로회)	장유양조업 · 정미업 · 무역상/ 상업회의소의원(부회두)/ 민단의원
山本純一	행정	발기인, 취체역	1887(기로회)	오복상 · 장유양조업/ 상업회의소의원(역원)/ 민단의원
迫間房太郎	본정	감사역	1880(기로회)	무역상/ 상업회의소의원(역원)/ 민단의원
栗屋端一	남빈정	발기인, 전무취체역		거류민단조역

출전 : 釜山日本人商業會議所, 『釜山日本人商業會議所年報』, 1909, 328~330쪽 ; 『釜山日報』 1912.
3.27, 「耆老會發會式」 ; 朝鮮總督府鐵道局, 『朝鮮鐵道史』 제1권, 1929, 728~729쪽 ; 倉地哲,
「輕鐵布設許可書」, 『朝鮮瓦斯電氣株式會社發達史』, 1938, 28쪽.

---

14) 『釜山日報』 1910.9.25, 「工事竣工の喜悅, 技師 淺見忠次氏談」 ; 『釜山日報』 1913.
11.23, 「東萊輕鐵の由來, 龜山臺灣警視總長談」 ; 『釜山日報』 1915.10.31, 「電車と
東萊溫泉, 櫻亭生」.
15) 倉地哲, 「輕鐵布設許可書」, 『朝鮮瓦斯電氣株式會社發達史』, 1938, 28쪽.
16) 朝鮮總督府鐵道局, 『朝鮮鐵道史』 제1권, 1929, 728~729쪽.

[표 1]을 통해 보면, 조선 최초의 사설철도회사인 부산궤도는 개항과 더불어 이른 시기 조선으로 건너와 부산에 터 잡고 조선의 식민화를 현장에서 직간접적으로 견인하였던 도항 1세대에 의해 설립되었다.[17] 특히 大池忠助, 迫間房太郞, 五島甚吉은 도항 1세대 '부산의 3대 거두'로까지 거론되던 인물이었다. 따라서 이들은 부산은 물론 조선 거주 일본인사회의 중심인물이었으며 부산 일본인사회의 원로들 모임인 耆老會에 소속되어 있었다. 뿐만 아니라 이들은 지역 사회를 좌지우지하는 일본인 자치기구인 부산민단의 중심인물들이었다. 더불어 부산 경제는 물론 조선 경제까지 쥐락펴락하던 대자본가로 대부분 부산상업회의소를 주도하던 인물들이었다.[18]

동래선 건설을 위해 이들이 부산궤도를 설립한 이유는 일차적으로 일본인들의 생활문화와 밀접한 온천욕을 원활하게 하고 이를 통해 이윤을 확대

---

17) 개항 이후 한일병합까지 일본인들의 조선으로의 대규모 정주는 세 시기로 구분해 볼 수 있다. 첫 번째 시기는 1876년 부산 개항을 전후한 시기로 대체적으로 대마도를 중심으로 한 구주지역의 일본인들이 중심을 이루고 있다. 두 번째 시기는 청일전쟁을 전후한 시기로 여전히 구주지역의 일본인들이 중심을 이루고 있지만 점차 오사카 등 관동지역의 일본인들도 차츰 증가하고 있다. 세 번째 시기는 러일전쟁을 전후한 시기로 이제 동경 등 관서지역의 일본인들까지 조선으로 진출하고 있다(高崎宗司, 『植民地朝鮮の日本人』, 2002, 岩波書店). 이와 같은 일본인들의 조선으로의 정주는 조선의 식민화와 연동하여 일본의 push 요인과 조선의 pull 요인이 상호 중첩되어 진행되었다(木村健二, 『在朝日本人の社會史』, 1989, 미래사). 이주한 조선 거주 일본인들은 그 시기와 지역 그리고 계층에 따라 다른 특징을 가질 텐데도 아직까지 이에 대한 구체적인 연구는 진행되지 못하고 있다. 일부의 연구와 이후 일제의 관변자료 및 일제침략에 대한 부정적 시각에 의해 선험적으로 조선 거주 일본인들을 '수준 이하의 일본인'으로 규정하고 있다. 필자는 조선 거주 일본인의 성격을 시기, 지역, 계층별로 구별하여 파악해야 하며 병합 이후 일본인 사회를 새롭게 조명하여 그 동질성과 이질성을 밝혀내어야만 조선 거주 일본인의 성격을 이해할 수 있을 것으로 생각한다(전성현, 「식민자와 식민지민 사이, '재조일본인' 연구의 동향과 쟁점」, 『역사와 세계』 48, 2015).

18) 홍순권 편, 『일제시기 재부산일본인사회 주요인물 조사보고』, 선인, 2006.

하기 위해서였다. 일본인들이 동래온천에 관심을 가지기 시작한 것은 조선
시대부터였다. 개항과 더불어 부산에 진출한 일본인들도 줄곧 동래온천으
로의 진출을 시도하였다. 그 과정에 1883년 前田獻吉 부산영사가 동래부사
와 교섭하여 공중욕탕 중 여탕의 일부를 빌려 부산거류민단역소의 관리로
일본인들도 잠깐이지만 이용할 수 있었다. 그러다 1897년에 다시 일본영사
가 한국 궁내부와 교섭하여 온천 일부와 부속가옥을 10년간 임대 경영할
수 있도록 하였다. 이때부터 본격적으로 일본인들에 의한 동래온천 유입과
개발이 시작되었다.[19] 특히 숙박요양시설인 여관과 더불어 일본인자본가
들의 별장이 속속 들어서고 있는 점을 통해 볼 때[20] 일본인에게 동래온천
은 서구 '부르주아의 유토피아'인 교외에 해당한다고 할 수 있을 것이다.[21]

　더군다나 러일전쟁의 승리로 일본인들의 조선 이주는 점차 늘어났고
대륙침략을 위한 발판 마련의 일환으로 부산항 개발이 전개되면서 동래
온천은 더 이상 부산의 일본인만을 위한 교외는 아니었다. 이제 동래온천
은 부산 및 조선 일본인만의 교외가 아니라 본국 일본인들이 조선과 대륙
을 여행할 때 즐길 수 있는 휴양지로까지 확대되기에 이르렀다. 따라서
부산의 일본인자본가들은 동래온천을 부산항과 연계할 수 있는 교통기관
의 설비를 계획하였고 그 일환이 동래선이었다. 다만 항만 개발이 한창
진행되고 있는 와중이었기에 바로 연결할 수는 없었다. 향후 부산항과 직
접 연결을 예상하며 기존의 경부선과 연계가 쉬운 곳에서부터 동래선을

---

19) 久納重吉, 『東萊案內』, 森友書店, 1917, 34~35쪽.
20) 동래온천의 대표적인 숙박시설인 봉래관도 처음에는 豊田의 별장으로부터 시작
　　하였으며 이어 大池, 迫間, 福田, 上田, 高瀬, 芥川 등 부산의 대표적 일본인들의
　　별장이 속속 만들어졌다(久納重吉, 위의 책, 41~42쪽).
21) 로버트 피시만, 박영한·구동회 옮김, 『부르주아 유토피아』, 한울, 2000, 제2장 부
　　르주아 유토피아 만들기 참조.

부설하기 시작하였다.

1909년 11월 말, 부산궤도는 부산진성 안으로부터 동래남문에 이르는 연장 4哩19鎖의 공사를 완료하였다. 계속해서 남문에서 온천장에 이르는 연장 1哩76鎖의 선로를 12월 18일에 준공하였다.[22] 앞에서 언급했듯이 궤도로는 성지곡의 계곡물을 일본인시가의 식수원으로 하는 부산수도공사 때 사용한 재료공급용 경철이 이용되었다. 최초 동래선의 전체 구간을 완전히 보여주는 지도 등 자료는 현재 남아 있지 않다. 그렇지만 단편적인 지도와 회고 및 1912년 실시된 개선 때의 내용을 통해 최초 동래선의 모습을 살펴보도록 하자.

[그림 3] 경부선과 동래선(1911)　　　[그림 4] 동래선 부산진 방면(1917)

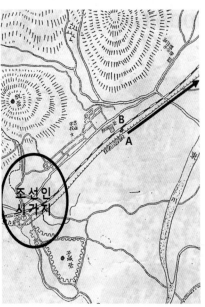

[그림 3]은 조선총독부 지질조사국에서 1911년에 간행한 『釜山市街全圖』 내 「釜山港附近地圖」 부분도이다. 지도상의 표시와 같이 동래선 철도가 그려져 있는 것으로 보아 1910년 전후에 실측된 것으로 보인다. 이를 통해 볼 때, 부산궤도의 최초 동래선은 당시 자료와 같이 부산진성으로부터 동래 방면으로 진행되고 있었다고 할 수 있다. 그 시작지점은 경부선과 가장 인접한 곳으로 서로 나란히 진행되다가 서면의 東川을 사이에 두고 경부선은 왼쪽으로 굽어져 구포 방향으로, 동래선은 동천을 건너 동래 방향으로 북상하고 있다. 그러나 이 지도만으로는 동래선의 동래 방면은 물론 부산진 방면 시작지점을 명확하게 파악할 수 없다.

다시 동래선의 부산진 방면 시작지점을 자세히 살펴보기 위해 이후의 지도이지만 보다 상세한 부산부청에서 1917년에 간행한 『釜山府全圖』의 부분도인 [그림 4]를 살펴보자. 이에 의하면 동래선의 부산진 방면 시작지점인 부산진성 안 정차장을 '輕鐵釜山鎭驛'(A)으로 표기하고 있다. 이 지점은 조선인 밀집지역인 자성대 맞은편으로부터 상당히 떨어져 북쪽에 위치하고 있고 경부선의 '釜山鎭驛'(B)과 바로 인접해 있다. 즉, 최초의 동래선이 부산진성 안에서 시작하였다고 하지만 자성대와 부산진 시장을 중심으로 하는 조선인 시가를 관통하는 것이 아니라 조선인 시가로부터 상당히 떨어진 북쪽 끝임을 알 수 있다. 그렇다면 최초 부산진 방면의 동래선은 부산진성 안으로부터 시작하였지만 조선인 시가를 포함하지 않고 단지 경부선 부산진역과의 연결만을 고려한 노선이었음을 알 수 있다.

다음으로 동래 방면 및 온천장 방면의 노선을 살펴보도록 하자. 노선도와 같은 직접적인 자료가 없어 단정지을 수는 없지만, 1915년 전철 개통 때의 회고에 의하면 1912년 개선되고 1915년 전철로 변경된 이후의 노선과는 명백히 차이가 있는 것으로 보인다. 회고에 의하면 처음 동래온천장

[그림 5] 동래선 온천장 방면(1929)   [그림 6] 동래선 온천장 전경과 경편철도(1911)

방면의 선로는 "지금의 남문정차장(1915년 현재 전차정류장-필자) 바로
앞 세병교의 왼쪽에 있는 福田別莊 조금 앞에 남문정차장이 있었고 거기
서 서쪽 편 산(금정산-필자)을 따라 온천장까지" 이어졌다. 그래서인지
당시 금정산으로부터 쏟아져 내려온 빗물에 의해 자주 수해를 입었다.[23]
즉, 잦은 폭우로 동래천이 범람하였고 이 때문에 철도가 유실되어 철도운
행이 중지되는 일들이 자주 일어났다.[24]

그렇다면 남문정차장과 함께 온천장 종점도 서쪽의 산기슭에 있었다고
할 수 있다. 이후 노선의 개선에 의해 남문정차장은 비로소 남문 부근으
로 옮겨졌으며 온천장정차장도 봉래관을 기준으로 할 때 서남쪽 3丁 정도

---

23) 『釜山日報』 1915.10.31, 「電車と東萊溫泉」.
24) 『朝鮮時報』 1911.8.10, 「輕鐵軌道變更陳情」 ; 『釜山日報』 1911.8.10, 「東萊有志陳
情, ▲輕鐵線路附け煥への希望」 ; 『釜山日報』 1911.8.15, 「西門有志も亦起つ」.

떨어져 있던 것이 동남쪽 3丁 정도 떨어진 곳으로 이전하였다.[25] 그렇다면 최초 동래선의 동래온천장 방면노선은 [그림 5][26]의 일반적으로 알려져 있는 전철 노선인 B노선과 달리 점선의 A처럼 동래천(또는 범어천, 현재의 온천천)을 건너지 않고 금정산 자락을 따라 온천장까지 곧장 진입하였던 것이다. 이는 1911년(明治 44년) 직인이 찍혀있는 [그림 6]의 경편철도 사진을 통해서도 확인된다.

이렇게 보면, 부산궤도가 건설한 최초의 동래선은 1912년 경편철도로의 개선과 1915년 전기철도로의 개선을 통해 일반적으로 알려져 있는 동래선의 모습과 상당 부분 차이가 있다. 특히 부산진성과 동래성 안팎의 전통적인 조선인 시가를 모두 포함하고 있지 않다는 점은 중요하다. 그렇다면 최초의 동래선은 전통적인 조선인 시가를 포섭하는 직접적인 도시의 확장보다는 단지 일본인들의 중심 시가와 교외를 연결하는 도시 철도의 성격을 지닌 것으로 볼 수 있다. 또한 그 목적도 부산 및 조선의 일본인들은 물론 본국으로부터 조선으로 들어오는 일본인들을 위한 휴식공간으로서의 교외에 그친다고 볼 수 있을 것이다.

동래선 건설 이후 운영 상황을 살펴보면, 부산궤도는 선로건설이 끝나자 제반 사항을 정리하고 12월 31일 운수개시를 한국정부에 청원하였다. 다음해인 1910년 3월 7일 한국 내부대신으로부터 인가를 받아 운수영업을 시작하였다.[27] 열차 운행은 1일 5회 왕복이었으며 사용차량은 기관차와 1 · 2 · 3등 객차 각각 2량씩이었다.[28] 영업상황은 양호하여 약 2할의 이익

---

25) 『釜山日報』 1912.5.17, 「東萊溫泉新道」.
26) 발행자 미상의 1929년 발행된 『釜山府を中心とせる名所交通圖繪』의 부분도이다.
27) 倉地哲, 앞의 책, 28쪽.
28) 조선총독부철도국, 앞의 책, 731쪽.

을 올리는 등 순조롭게 영업이 진행되었다.[29]

[표 2] 부산궤도주식회사의 동래선 운수성적(1910)

運輸收入	營業哩程	客車收入	貨車收入	平均營業收入
	6.2哩	2,576円	121円	6,026円
營業收支	營業收入	營業費	差引益金	建設費對比利率
	2,697円	2,345円	351円	0.030

출전 : 朝鮮總督府鐵道局, 『朝鮮鐵道史』 제1권, 1929, 733쪽.
비고 : 평균영업수입은 1日1哩이고 차인익금은 75日分임.

　물론 아직 사설철도와 관련된 법령이 제정되지 않았고, 일제에 의해 철
도 건설에 대한 구체적인 정책이 수립되기 이전이었다. 그 때문에 사설철
도 보조금도 없었다. 그러나 부산의 도시화와 경제적 기반의 확대를 위해
지역 일본인자본가들이 중심이 된 부산궤도의 동래선은 순조롭게 운행되
기 시작했다. 이에 따라 당시 진행되고 있던 부산항 축항과 더불어 부산
의 도시화와 경제적 이익의 확대에 점차 기여할 예정이었다. 그 시점에
부산의 도시화와 경제적 기반 확대를 위한 더 큰 규모의 회사설립이 추진
되었고 이에 대해 부산의 일본인자본가들은 적극적으로 참여하게 되었다.

---

29) 『釜山日報』 1910.6.4, 「韓國瓦斯電氣會社發起趣旨槪要」.

2. 朝鮮瓦斯電氣株式會社의 동래선 개선과 도시공간의 식민지적 확장

1) 조선가스전기주식회사의 설립과 동래선의 인수

부산의 일본인자본가에 의해 계획되고 추진된 지역철도는 1910년 조선이 완전한 식민지가 되면서 본격적으로 변화를 맞게 되었다. 특히 통감부시기부터 진행된 부산항 매축이 완성되는 한편, 조선과 대륙을 연결할 수 있는 安奉線도 완성되게 되자 부산은 일본인들이 말하는 명실상부한 "대륙으로 향하는 관문"이 될 수 있는 토대가 마련되었다.[30] 따라서 부산의 일본인자본가들은 이러한 상황을 적극적으로 활용하여 부산의 도시화는 물론 자신들의 이익확대를 내륙을 거쳐 대륙으로까지 뻗어나갈 수 있도록 하는 기반 마련에 집중하고자 하였다. 그러한 과정이 대자본의 투자를 통한 근대적 도시 기반시설의 확충이며, 그 구체적인 내용은 부산에서의 전기, 가스의 보급과 전기철도(이하 전철) 및 경편철도의 건설이었다.

당시 부산항 매축을 주도하고 있던 佐藤潤象[31] 등은 부산항의 전철 사업에도 관심을 가지고 있었다. 그 때문에 도쿄와 오사카 일본인자본가들을 규합하여 1909년 부산이사청 松井巫 이사관에게 부산항 전철 사업계획서를 제출하였다.[32] 당시 부산항의 일본인자본가들은 전철 사업보다는 증기철도 사업에 관심이 많았다.[33] 또한 佐藤이 규합한 자본은 사업을 부

---

30) 『釜山日報』 1910.6.4,「韓國瓦斯電氣會社發起趣旨概要」; 『經濟新聞』 1910.6.6, 「韓國瓦斯電氣株式會社と釜山の前途」.

31) 佐藤潤象의 부산항 매축에 대해서는 차철욱, 앞의 논문, 2006 참조.

32) 『釜山日報』 1910.6.2,「韓國瓦斯電氣會社創立由來, 佐藤潤象氏の所談」.

산에서 영위함에도 불구하고 부산 자본이 포함되지 않았다. 佐藤 등은 일단 분위기의 조성과 함께 부산 자본의 참여를 타진하며 때를 기다렸다.

그러던 중 그는 1910년 가스사업과 함께 다시 도쿄와 오사카 일본인자본가들을 발기인으로 하여 사업계획서를 제출하였다. 그 사이 부산의 일본인자본가들은 본국의 적십자총회에 참석하여 시가전철을 경험하게 되고 그 필요성을 인식하게 되었다. 그 결과 부산에서도 전철에 대한 요구가 본격적으로 일어났고, 부산이사청에 네 방면으로부터 사업계획서가 제출되었다.[34]

부산이사청은 이를 부산민단 및 부산번영회에 자문하였다. 그러자 부산의 일본인들은 일본 본국의 자본과 부산의 자본이 연합하고 전기철도사업뿐만 아니라 가스사업까지 포함하는 한국가스전기주식회사(1913년 朝鮮瓦斯電氣株式會社로 개칭, 이하 조선가스로 줄임)에 그 건설을 허가하기로 결정하였다.[35] 다음 [표 3]은 인가신청 당시 제출된 조선가스의 발기인 명단이다.

[표 3]을 보면, 조선가스는 명백하게 도쿄의 일본인자본가와 부산의 일본인자본가가 결합되어 설립된 회사임을 알 수 있다. 물론 인가신청 시의 발기인 27명을 지역별로 살펴보면, 도쿄 방면이 월등히 많다. 하지만 도쿄를 제외한 구마모토, 야마구치 등 규슈는 부산권으로 파악되고 있어, 그

---

33) 조선총독부철도국, 앞의 책, 734~735쪽, 大池忠助의 담화. 그래서 大池忠助를 중심으로 하는 부산의 일본인자본가들은 부산궤도의 설립을 추진하였고 회사설립과 함께 증기철도인 동래선을 건설하였던 것이다.

34) 부산이사청에 사업신청서를 제출한 사람은 ①松平 남작 외 27명의 한국가스전기회사, ②경성의 일한가스전기, 오사카의 小平道三郎, 부산 今西峯三郎, 豊田福太郎씨, ④山口縣 三井대의사, 中野 諸氏였다(『朝鮮時報』 1910.5.20, 「韓國瓦斯電氣會社特許に就て, 龜山理事官談」).

35) 『朝鮮時報』 1910.5.20, 「韓國瓦斯電氣會社特許に就て, 龜山理事官談」.

[표 3] 조선가스전기주식회사 발기인 명단(1910)

지역	명단	명수
東京	松平正直(남작), 井上敬次郎, 西五辻文仲(남작), 伊藤德三, 磯部保次, 中澤安麓, 林謙吉郎, 吉本天象, 高島義恭, 小泉策太郎, 可兒彌太郎, 竹村卯三郎, 平山勝熊, 牟田口元學, 川田鷹, 斯皮厚, 野中万助, 南部助之丞, 安藤儀太郎,	19
大阪	荒木英一	1
北海道	野原勇助	1
熊本	小松良	1
山口	神田靜治	1
釜山	佐藤潤象, 志村作太郎, 大池忠助, 迫間房太郎, 五島甚吉	5

출전 : 『釜山日報』 1910.5.20, 「瓦斯電氣事業の願書, 附其目論見書」.

수에서는 큰 차이가 있겠지만 도쿄자본과 부산자본의 합동으로 볼 수 있을 것이다. 또한 조선가스가 인가신청한 사업계획서에는 사업의 본위를 부산으로 할 것과 주식을 부산으로부터 모집할 것이라고 명기하였기 때문에 가스업만 영위하겠다고 하는 두 신설 회사와 경성을 본위로 하는 일한가스전기주식회사와는 분명히 달랐다.36) 결국 부산이사청을 비롯하여 부산민단, 부산번영회는 대규모의 자본이 필요한 가스·전기·철도사업을 위해서는 부산만의 자본으로는 어렵다고 판단하고, 일본 자본을 끌어들여 부산의 도시화를 위한 회사를 설립하였던 것이다.

조선가스는 창립을 위한 주식모집에 들어갔다. 계획상으로는 부산 본위의 기업에 충실하기 위해 6만 주 중 부산에 2만 주, 부산 인근인 야마구치현에 1만 5천 주 등 부산권에 3만 5천 주를, 남은 2만 5천 주는 도쿄, 오사카 등 본국에 배당될 예정이었다.37) 그러나 도쿄 방면의 자본가들을 중심으로 구성된 창립위원회는 부산에 1만 5천 주, 야마구치현에 1만 주를

36) 『朝鮮時報』 1910.5.20, 「韓國瓦斯電氣會社特許に就て, 龜山理事官談」.
37) 『經濟新聞』 1910.7.21, 「朝鮮視察談, 社末 K生筆記」.

배당하며 최초 계획보다 1만 주가 적은 2만 5천 주를 부산을 중심으로 하
는 지역에 배분하였다. 창립위원회의 배분과는 달리 부산의 경우 2만 6천
주의 응모가 이루어졌고, 야마구치현의 경우 1만 5천 주의 응모가 이루어
지는 등 부산을 중심으로 하는 자본가들의 참여가 적극적이었다. 그러자
다시 도쿄 중심의 창립위원회는 오히려 도쿄 방면의 주식을 늘리고, 부산
및 야마구치현의 주식 각 3천 주와 2천 주를 도쿄 방면으로 전환하였다.
결국 도쿄를 중심으로 일본 본국의 주식은 약 4만 주, 부산을 중심으로 하
는 주식이 약 2만 주가 되어 최초 설립인가 당시의 계획과는 달리 도쿄
중심의 회사로 설립되게 되었다.[38]

[표 4] 조선가스전기주식회사 주주의 지역별 분포(1915)

지역	東京	朝鮮	愛知	岐阜	京都	神奈川	滋賀	山口	三重	兵庫	靜岡	埼玉	廣島
주주수	218	48	207	66	26	42	14	26	31	33	46	18	19
주식수	17,712	8,545	7,795	3,226	2,610	1,990	1,920	1,750	1,710	1,500	1,500	1,500	1,200
지역	栃木	大阪	福岡	福島	新潟	宮城	秋田	長崎	群馬	山梨	千葉	福井	기타
주주수	12	21	13	7	7	6	1	3	9	4	4	6	33
주식수	910	800	780	490	450	420	420	360	350	250	240	230	1,030

출전 : 『朝鮮時報』 1915.9.26, 「瓦電株主府縣別」.

38) 『釜山日報』 1910.7.1, 「韓國瓦電株と株主」 ; 『朝鮮時報』 1910.7.1, 「韓國瓦斯電氣會
社株主選定(1), 小泉策太郎氏談」 ; 도쿄중심의 회사구성은 1910년대 중반까지 부산
중심의 일본인자본가들과 보이지 않는 갈등관계를 노정하게 되었고 결국 1915년
을 기점으로 부산의 일본인자본가가 조선가스의 사장으로 취임하게 된다. 그렇다
고 해서 회사가 부산중심으로 재편되었던 것은 아니다. 여전히 주식 보유는 6만
주 중 도쿄가 17,713주로 가장 많았고 그 다음으로 부산을 중심으로 하는 조선이
8,545주로 많았다(『朝鮮時報』 1915.9.26, 「瓦電株主府縣別」). 그러나 회사의 영업
대상이 부산이 중심이다 보니 점차 부산중심의 회사로 전환되는 것은 당연한 이
치였고 설립 초기부터 본점의 부산이전을 열망하던 부산의 일본인자본가들은
1920년대에 들어 그 결실을 맺게 된다.

[표 4]와 같이 1915년 정도가 되어도 여전히 주식 보유는 6만 주 중 도쿄
가 17,713주로 가장 많았고 그 다음으로 부산을 중심으로 하는 조선이
8,545주로 많았다.39) 앞에서도 살펴보았듯이, 주식모집을 도쿄 중심의 창
립위원회가 주도하는 가운데 일본에서 주로 모집하였기 때문에 본국 자본
이 대부분을 차지하였다. 그러나 1,000주 이상 보유하고 있는 대주주 5명 중
3명이 부산의 대자본가인 迫間房太郎(1위, 1,290주), 大池忠助(4위, 1,150주),
香椎源太郎(5위, 1,000주)이었기 때문에 주주 수와 무관하게 부산의 위치
는 무시할 수 없는 수준이었다.40) 또한 회사의 영업대상이 부산지역이었
기 때문에 더욱 부산의 중요성이 강조되었다. 그 때문에 점차 부산 중심
의 회사로 전환되는 것은 당연한 이치로 받아들여졌다.

　회사 주식의 모집이 끝나자, 1910년 10월 도쿄에서 창립총회를 열고 부
산·경남을 중심으로 하고, 조선 전역으로 가스·전기·전철사업을 확대
하고자 하는 목적하에 회사 경영은 시작되었다. 조선가스 본점을 부산에
두어야함에도 불구하고 도쿄 방면의 영향력 때문에 우선 도쿄에 두고 지
점을 부산에 두는 임시적 조치를 취하였다. 한편 회사 중역은 부산의 대
자본가인 大池忠助, 迫間房太郎, 五島甚吉 등 일부 포함되었지만 [표 5]와
같이 대부분 도쿄 방면의 인사들로 그 진용이 갖추어졌다. 그리고 도쿄마
차철도주식회사 사장이었던 牟田口元學을 회장으로, 佐藤潤象을 상무취
체역으로 하여 회사를 이끌어나가도록 하는 등 그 운영에서도 일본 본국
중심으로 구성되었다.41) 다음 [표 5]는 창립 초기 회사의 중역진들이다.

39)『朝鮮時報』1915.9.26,「瓦電株主府縣別」.
40)『釜山日報』1915.9.6,「朝鮮瓦電大株主, ▲百株以上百八十七人」.
41) 倉地哲, 앞의 책, 34~35쪽.

[표 5] 조선가스전기주식회사 중역(1910~1915)

성명	주소	1기(1910)	2기(1911)	3기(1912)	4기(1913)	5기(1914)	6기(1915)	7기(1915)
牟田口元學	동경	취체역 회장	취체역 회장	취체역 회장	취체역 회장	취체역 회장	취체역 회장	
佐藤潤象	부산	상무 취체역	상무 취체역	상무 취체역	상무 취체역	상무 취체역	상무 취체역	
井上敬次郎	동경	취체역						
小泉策太郎	동경	취체역	감사역	감사역	감사역	감사역	취체역	상담역
吉本天祥	동경	취체역						
大池忠助	부산	취체역	취체역	취체역	취체역	취체역	취체역	상담역
迫間房太郎	부산	취체역	감사역	감사역	감사역	감사역	감사역	
平山勝熊	동경	취체역						
可兒彌太郎	동경	감사역						
五島甚吉	부산	감사역	감사역	감사역	감사역	감사역	취체역	
伊東德三	동경	감사역						
高橋義恭	동경	감사역						
神田靜治	산구		취체역	취체역	취체역	취체역		
磯部保次	동경		취체역	취체역	취체역	취체역	취체역	
伊藤德三	명고옥							취체역
香椎源太郎	부산							회장 겸 상무
深谷又三郎	동경							취체역
金子謹吾	동경							취체역
藤井彦四郎	경도							취체역
坂田文吉	부산							감사역
田中博	경도							상담역

출전 : 『國民新聞』 1910.10.28, 「株式會社 登記簿 第17冊 第731號」 ; 『時事新報』 1911.4.22, 「韓國瓦斯電氣株式會社」 ; 『朝鮮時報』 1912.3.1, 「第三會決算報告」 ; 『釜山日報』 1913.3.9, 「社名改稱認可申請」 ; 『釜山日報』 1914.3.1, 「(東京特電)瓦電總會結了」 ; 『釜山日報』 1915.9.22, 「(東京特電)瓦電會社臨時總會」 ; 『釜山日報』 1915.9.26, 「(東京特電)瓦電重役會議決議」 ; 倉地哲, 『朝鮮瓦斯電氣株式會社發達史』, 1938, 106~108쪽.

[표 5]를 보면, 설립 초기인 제1기 중역은 주식 수와 비례하여 대체적으로 도쿄를 중심으로 구성되어 있음을 알 수 있다. 그래서 중역회의도 대

부분 도쿄에서 진행되었다. 이 때문에 영업지인 부산의 중역들은 본점의 부산 이전과 더불어 효율적인 회사운영을 위한 방안을 강구하였다. 때마침 회사 설립과 동시에 도쿄 중역간의 갈등관계가 노정되자, 부산의 중역들은 이를 중재하며 부산 중심의 회사운영을 주장하여 회장을 제외하고 대부분 부산에 기반을 둔 일본인자본가들이 중역으로 선출되도록 힘썼다.[42] 그 결과 2기 이후 중역진은 대부분 부산의 일본인자본가였으며, 더군다나 중역회의도 영업지인 부산에서 진행되었다. 이처럼 조선가스를 이끌어나가는 중심은 부산을 중심으로 하는 일본인자본가들이었음을 위의 표를 통해 알 수 있다.

한편 [표 5]와 같이 1915년에는 조선가스 중역진이 대폭 변경되었다. 당시 기존 경영진(회장 및 상무)은 총독부로부터 인가받은 울산으로의 동래 연장선 건설을 위한 새로운 회사 창설에 분주하여 회사 경영에 소홀하였다. 그러자 부산 중심의 중역진들은 부산시내의 전철 건설을 즉각 실행하기 위해 자본금 불입을 추진하였다. 이 때문에 일본 본국의 주주들은 경영진과 부산의 중역에 반대하는 의견을 제출하는 등 경영진 및 중역진과 주주 간의 갈등이 노골화되었다. 특히 일본 관서지역 주주들이 기존 경영진 및 중역진의 회사운영에 반기를 들며 당시 전철 건설을 위한 자본금 불입을 적극적으로 반대하는 등 그 갈등이 노골화되면서 회사의 갈등은 심각한 사회문제로 대두되었다. 결국 새롭게 취체역으로 선출된 부산의 일본인자본가 香椎源太郎이 다시 취체역 회장에 선출되면서 혁신안을 제

---

42) 『日本新聞』 1911.3.13, 「韓國瓦斯の內訌」; 『時事新報』 1911.3.14, 「韓國瓦斯紛擾眞相, 牟田口氏辭職の理由」; 『釜山日報』 1911.3.22, 「韓國瓦斯紛擾談, ▲瓦電取締役迫間房太郎氏」; 『朝鮮時報』 1911.4.6, 「瓦電會社に就て, =迫間房太郎氏談=」; 『釜山日報』 1911.4.7, 「韓國瓦電刷新談, ▲五島甚吉氏」.

출하였고 이 문제는 일단락되었다. 혁신안은 중역진을 도쿄, 교토, 부산의 세 지역으로 고루 배분하고 중역의 임금은 당분간 무보수로 하는 한편, 주주들의 이익 배당도 연 8주에서 연 5주로 낮추어 이익금을 가지고 전철 건설에 들어가도록 하는 것이었다.

이상의 사태는 새로운 회사로 옮기고자 하는 경영진, 부산의 도시화를 적극 추진하고자 하는 부산 중심의 중역들, 그리고 개인의 경제적 이익을 보장하고자 하는 본국 주주들 사이의 이해관계가 서로 대립하여 '풀뿌리 식민자' 간의 갈등관계로 노출된 것이다. 이는 일본인자본가라도 그 지역적 기반에 따라, 그리고 경제적 기반에 따라 이해관계가 달라지며 더 나아가 적대적일 수도 있다는 점을 잘 보여준다. 그럼에도 불구하고 조선가스는 1915년부터 부산의 일본인자본가가 취체역 회장과 상무취체역을 겸임하며 회사를 운영하게 되어 부산 중심의 회사 운영은 변함이 없었다고 해도 과언이 아닐 것이다.[43]

[그림 7] 조선가스전기주식회사와 발전소

---

43) 1920년대가 되면 회사 본점도 도쿄에서 부산으로 이전한다.

　회사의 경영진과 중역이 결정되자 본격적으로 경영에 들어갔다. 1910년 조선가스는 설립허가에 따라 본격적인 사업을 진행하기 전에 우선 부산의 일본인자본가들에 의해 설립된 부산궤도주식회사와 부산전등주식회사를 매수하였다. 특히 부산궤도의 매도는 동래선의 권리도 포함되어 있었기 때문에 중요하였다. 회사의 매도 가격은 5만 5천 원으로 동래선 건설비로 들어간 비용이 3만 5천 원이었기 때문에 1만 5천 원의 순이익을 남기는 등 투자에 대한 이익을 즉각 환수하였다.[44] 그렇게 확보된 순이익은 곧바로 부산궤도의 창설에 관여한 부산의 일본인자본가에게 1주에 6원 50전의 차액 이윤을 배당되었다.[45] 지역자본가들의 소위 조선 개발이라는 개발이 어떻게 수익으로 전환되는지 구체적으로 드러나는 지점이라고 할 수 있다.

2) 輕便鐵道로의 개선과 도시공간의 확장

　조선가스는 설립과 동시에 부산궤도의 동래선을 매수하고, 인가명령서에 따라 곧바로 선로조사에 들어갔다. 동래선 개선은 기존 선로를 교체하는 것뿐만 아니라 차량 또한 전부를 교체해야 하는 막대한 공사비가 소요되는 사업이었다. 뿐만 아니라 조선인 시가인 동래를 노선상에 포함시킬 예정이어서 공사비는 더욱 인상될 수밖에 없었다. 당시 안봉선의 개선과 함께 이전의 선로 180마일 정도와 1대 4, 5만 원의 기관차 40대 정도가 불용으로 남게 되었다. 회사 경영진은 일단 동래선의 영업을 계속하는 한편,

---

44)『釜山日報』1910.5.20,「東萊輕鐵の配當額」.
45)『朝鮮時報』1911.2.28,「軌道會社解散決定, (淸算人の選定)(一株の割當十九圓)」.

궤도 개량을 위해 안봉선의 철궤를 양도받아 이용할 계획을 세우고 도쿄의 만철 총재와 교섭을 진행하였다.[46] 한편 안봉선의 철궤를 불하받지 못할 경우를 대비하여 미국과의 교섭 계획도 함께 수립하였다.[47] 조선가스와 만철 간의 교섭은 원만하게 이루어져 안봉선 철폐 경철궤조 10마일 분과 더불어 철도용 기관차, 객차, 화차 등을 양도받기로 하고 만주까지 가서 인계받았다.[48]

이제 본격적인 개선작업이 진행되었다. 그 사이 조선가스는 기존 동래선의 실측조사를 끝내고 철도 건설과 관련하여 필요한 토지 구입도 이미 끝냈다.[49] 남은 것은 개선될 노선의 확정이었다. 회사는 이미 계획을 수립하였고, 동래 주민도 요구하던 성내 우회로와 부산진 해안선을 최종 결정하였다.[50] 계획대로면 전통적인 조선인 시가 모두가 동래선에 포함될 수밖에 없었다. 기존 선로와 거리상 별 차이가 없다하더라도 조선인 시가를 철도 연선에 편입시킴으로써 얻을 회사의 이익은 실로 막대할 것으로 예상되었다. 이 때문에 동래선은 이제 동래성을 통과하여 동래천의 우측을 크게 돌아 온천장까지 진행되며, 그 연선에 남문역은 물론 온천장역이 새롭게 건설될 예정이었다.[51]

조선가스는 동래선 개선을 위해 약 6마일의 선로에 이미 깔려 있는 2呎

46) 『朝鮮時報』 1911.6.7, 「東萊輕鐵の改善」.

47) 『釜山日報』 1911.10.11, 「輕鐵電報注文, ▲安奉輕鐵交涉不縺の時」.

48) 『朝鮮時報』 1911.10.17, 「軌條讓渡承諾」; 『釜山日報』 1911.11.8, 「(大連特電)輕鐵拂下調熱」; 『朝鮮時報』 1911.11.15, 「輕鐵の改善, -▽佐藤潤象氏談-」; 『釜山日報』 1911.11.15, 「安奉輕鐵購入談, ▲佐藤韓國瓦電常務談」.

49) 『釜山日報』 1911.11.16, 「輕鐵土工々事進捗」.

50) 『朝鮮時報』 1911.12.6, 「東萊輕鐵改修」.

51) 『釜山日報』 1911.12.6, 「輕鐵線路變更」; 『釜山日報』 1911.12.6, 「佐藤瓦電常務談」.

(610㎜)의 궤조를 제거하고 안봉선의 철폐 궤조를 이용하여 2呎6吋(762㎜)로 개설하였다. 제거된 2척의 궤조와 기관차 및 객차 등은 경부선 천안역에서 온양온천장 사이 대략 6마일 정도의 경편철도 건설에 사용되기 위해 다시 양도되었다.52) 이와 같은 안봉선의 동래선 전환, 동래선의 온양선 전환, 그리고 이미 본 것처럼 최초 성지곡 수도공사 운반용 경철의 동래선 전환 등을 통해 볼 때 일본에 의한 조선의 '개발'이라는 것도 기실 '적은 자본의 투자와 많은 이익의 창출'이라는 전형적인 식민지적 자본 순환의 메커니즘에 따라 전개된 것임을 철도 궤조의 상호 구입을 통해 알 수 있다.

동래선의 개선 공사는 4공구로 나뉘어 '당연'하겠지만 일본인 토목업자들에 의해 진행되었다. 그 가운데는 부산에 기반을 둔 토목업자도 있었다.53) 필요한 재료도 일본인들에 의해 수급되는 등 철저하게 일본인 중심의 공사로 진행되었다.54) 1공구는 부산진으로부터 부산진 해안까지, 2공구는 부산진으로부터 좌수영까지, 3공구는 좌수영으로부터 동래 남문까지, 4공구는 동래 남문으로부터 온천장까지였다. 첫 공사인 2공구 공사가 1912년 1월 15일부터 시작하여, 마지막 4공구 공사는 1912년 7월 1일에 끝나 그 달 초에 전 구간이 완전히 개통되었다.55) 다음 [표 6]은 부산궤도의 동래

---

52) 『釜山日報』 1911.12.26, 「輕鐵不用材料讓受談, ▲天安, 溫陽間に利用せん」.
53) 동래선의 제2공구 부산진좌수영간은 日下鶴吉에게, 제3공구 좌수영남문간은 稻葉組 代總人 山本平三郎에게, 제4공구 남문역으로부터 온천장까지는 부산의 守屋長次에게 낙찰되었다(『釜山日報』 1911.12.28, 「輕鐵改築工事入札」; 『釜山日報』 1911.12.29, 「輕鐵改築工事落札」; 『朝鮮時報』 1912.2.20, 「輕鐵改修請負」).
54) 『釜山日報』 1912.2.14, 「請負入札廣告」; 『釜山日報』 1912.2.16, 「輕鐵線路砂利請負」.
55) 『朝鮮時報』 1912.1.18, 「輕鐵改修工事」; 『朝鮮時報』 1912.2.7, 「輕鐵四區工入札期」; 『釜山日報』 1912.2.10, 「輕鐵工事進捗」; 『釜山日報』 1912.2.20, 「輕鐵新工事の落札」; 『朝鮮時報』 1912.2.20, 「輕鐵改修請負」; 『釜山日報』 1912.4.13, 「輕鐵改修開通, ▲來る二十一日より新客車運轉」; 『朝鮮時報』 1912.4.14, 「輕鐵改修一部落成」; 『釜山日報』 1912.7.5, 「南門溫泉場間輕鐵全通, ▲本日より」.

선과 조선가스의 개선된 동래선을 비교한 것이다. 이를 통해 개선된 동래
선이 지닌 특징과 그 의미를 확인할 수 있다.

[표 6] 부산궤도주식회사의 동래선과 조선가스전기주식회사의 개선된 동래선 비교

회사	궤도	길이	노선	비교(연장)
부산궤도	2呎	6哩5分2呎	부산진(성내), 좌수영, 남문, 동래 온천장	
조선가스 전기	2呎6吋	약6哩	부산진(부산진 해안), 좌수영, 남문, 온천장	부산진성 안으로부터 부산진 매축지, 동래성 남문으로부터 동래 城內

[표 6]과 같이 부산궤도에 의해 건설된 동래선은 2呎의 협궤였다. 그 때
문에 객차가 적고 여객수송에 불편할 뿐만 아니라 안전상에도 문제가 있
었다. 조선가스는 이를 2呎6吋으로 넓히는 한편, 객차와 화물차 또한 개량
하고 발차수도 늘리고자 하였다. 뿐만 아니라 기존 노선에 부산진성과 동
래성을 포함함으로써 전통적인 조선인 시가를 포함하는 노선을 만들었
다.56) 특히 부산진 해안까지 연장함으로써 전통적인 조선인 시장인 부산
진 시장을 포함하였을 뿐만 아니라 동래성 남문과 서문 안팎에 거주하던
조선인들과 일본인들의 요구와 결부되어 동래성 쪽으로 노선을 더 깊숙
이 진입시켰다.57)

---

56) 『釜山日報』 1911.6.13, 「東萊城內と輕鐵, ▲佐藤常務は延長方針」 ; 『釜山日報』
1911.6.13, 「東萊停車場位置, ▲東萊城內外居住人の興望」 ; 『釜山日報』 1911.6.21,
「輕鐵釜山鎭海岸に延長計劃」 ; 『釜山日報』 1911.6.21, 「海岸輕鐵停車場と接續汽
船」 ; 『朝鮮時報』 1911.6.23, 「瓦電輕鐵の擴張」 ; 회사 측뿐만 아니라 동래 주민들
도 적극적으로 선로의 성내 유입을 요구하고 있었다(『釜山日報』 1911.6.13, 「東萊
停車場位置, ▲東萊城內外居住人の興望」 ; 『釜山日報』 1911.8.10, 「東萊有志陳情,
▲輕鐵線路附け煥への希望」 ; 『釜山日報』 1911.8.15, 「西門有志も亦起つ」).

57) 『釜山日報』 1911.6.13, 「東萊停車場位置, ▲東萊城內外居住人の興望」 ; 『朝鮮時

　이미 살펴보았듯이 최초 동래선이 동래천을 건너지 않고 금정산 자락을 따라 온천장까지 진행하였다면 개선된 동래선은 동래천을 건너 오른쪽의 동래성 남문시가로 더 진입하여 서문을 거쳐 동래온천장으로 진입하였다.[58] 따라서 남문역은 최초의 동래천변에서 동래성 남문 가까이로 더 접근하게 되었으며 온천장역은 기존의 역으로부터 40~50미터 동남쪽으로 옮겨지게 되었다.[59] 이 때문에 동래성 남문 등 읍성 유적은 동래선의 개선에 사용되기 위해 매수되는 등 전통적 시가의 파괴를 가져왔다.[60] 결국 동래선의 개선은 동래성을 둘러싼 전통적인 조선인 마을을 파괴하고 성 안팎의 조선인 시가를 관통하여 온천장으로 진행하였다.

　이를 통해 볼 때, 조선가스는 크게 세 가지 측면에서 동래선의 개선을 추진했다고 할 수 있다. 우선, 점차 늘어날 동래온천의 욕객을 위해 좀 더 넓고 편리한 교통시설을 갖출 필요가 있었다. 그 욕객 가운데는 조선인도 포함되었다. 1910년 현재 동래부 내 조선인 4,414호 25,444명 중 부산진에 948호 6,851명(약 27%), 읍내면에 1,507호 8,397명(33%)이 거주하는 등 조선인 전체의 60%를 차지할 정도로 조선인 중심 거주지였다.[61] 따라서 부산진과 동래의 전통적인 조선인 시가를 적극적으로 선로에 포함시키고자 계획하였으며 그대로 실행하였다.

　　報』1911.8.8,「瓦斯電氣會社の將來, ▽佐藤常務取締役談」;『釜山日報』1911.8.10,「東萊有志陳情, ▲輕鐵線路附け煥への希望」;『釜山日報』1911.8.15,「西門有志も亦起つ」;『朝鮮時報』1911.8.10,「輕鐵軌道變更陳情」.

58)『朝鮮時報』1911.12.6,「東萊輕鐵改修」;『釜山日報』1911.12.6,「輕鐵線路變更」.

59)『釜山日報』1911.9.6,「東萊より(一), △口生」;『釜山日報』1912.6.7,「輕鐵各驛停車場建築」; 새로운 정차장의 조성과 더불어 온천까지 진입로 또한 신설되었다(『釜山日報』1912.5.17,「東萊溫泉新道」).

60)『朝鮮時報』1912.5.29,「東萊の昨今」.

61) 東萊府,『各面洞訓令存案』, 1910.

뿐만 아니라 조선가스는 발기취의서에서 밝힌 것처럼 동래선을 전철로 개선하여 온천소재지의 번영은 물론 연선 일대의 번영도 목표로 하였다.[62] 따라서 기존의 동래선을 전철로 개선하고 부산항으로부터 새롭게 건설할 부산항 초량 간, 초량 부산진 간 선로를 연결시켜 부산과 동래를 하나의 선로로 연결하고자 하였다. 이는 부산항을 중심으로 하는 일본인 거주지의 팽창과 동시에 전통적인 조선인 시가의 일본인 중심 시가로의 종속을 의미한다고 해도 과언이 아닐 것이다.[63]

게다가 조선가스는 부산의 도시화와 더불어 동래선을 연장하여 울산까지 운행함으로써 부산의 영향권을 경남 동부지역으로 확대하는 한편, 경편철도 운행의 이익을 확대하고자 하였다.[64] 지금까지 동해 연안지역으로부터 들어오는 물산은 철로가 아니라 연안 해안을 따라 선박에 의해 운반되었다. 그러나 바다를 통한 물자 운송은 위험성이 상당히 컸고 그다지 많은 물량을 확보할 수 없는 단점이 있었다.[65] 그래서 부산의 일본인자본가들은 동부 경남의 조선인 최대 중심지인 동래를 동래선의 건설로 포섭할 뿐만 아니라 동래 이북인 울산, 경주, 포항, 대구 등지까지도 자신들의 영향력을 확장하고자 하는 계획을 구상하고 있었던 것이다.[66]

결국 부산궤도의 기존 동래선이 부산진과 온천장을 연결하는 일본인 욕객 중심의 단순한 교외 철도였다면 조선가스의 동래선은 부산진과 동

62) 『釜山日報』 1910.6.4, 「韓國瓦斯電氣會社發起趣旨槪要」; 『朝鮮時報』 1910.6.4, 「設立趣意書」.
63) 『朝鮮時報』 1911.2.16, 「電車と釜山, 某當路者談」.
64) 『釜山日報』 1910.11.29, 「東萊輕便延長計畫」; 『朝鮮時報』 1910.12.7, 「東萊輕鐵の延長」; 『朝鮮時報』 1911.5.24, 「東萊輕鐵問題, ▲大池重役談」.
65) 『朝鮮時報』 1911.6.22, 「蔚山日鮮民の督促」.
66) 『朝鮮時報』 1911.8.8, 「瓦斯電氣會社の將來, ▽佐藤常務取締役談」.

래온천장 사이에 부산진성 안과 동래성 안을 경유하게 함으로써 조선인들의 철도 이용을 적극 권장하는 한편, 이들 조선인 마을을 일본인 중심의 부산항의 영향권 안으로 종속시키기 위한 계획이었던 것이다. 이것은 부산항으로부터 동래온천까지 그 연선의 민족별 공간을 구획하고 이를 위계화하는 한편, 균질의 근대 식민도시로 통합하기 위한 도시 철도의 예비단계였다고 할 수 있다.[67]

조선가스는 선로의 개선과 더불어 새로운 역사의 건설과 역사로부터 온천장에 이르는 새로운 도로와 가교의 개설, 그리고 온천장 앞에서 남문 밖까지 흐르는 南川의 준설 사업을 추진하여 여객 및 욕객들의 교통 편의를 보장하고자 하였다.[68] 또한 동래선의 개선과 더불어 동래온천의 대대적인 개발계획이 속속 진행되었다. 구 온천장의 욕실 증축은 물론 백삼십은행의 새로운 욕장 설치계획이 회사와의 교섭을 통해 진행되었다. 大池여관의 신축 낙성과 기존 蓬萊館의 정원 및 소동물원 조성 등 욕객을 위한 부대시설의 설치도 적극적으로 추진되었다.[69]

더 나아가 동래온천장에서 범어사에 이르는 지역을 공원화하고 특히 온천장 일대의 9천 평에 대단위의 공원을 10개년에 걸쳐 조성한다는 계획도 수립되었다. 더불어 이에 대한 조직 구성과 예산 확보 등이 구체적으로 논의되었다.[70] 각종 개발 또는 계획과 더불어 조선가스는 동래선 개선완료를

67) 朝鮮總督府農商工部, 『釜山方面商工業調査』, 1911, 124~157쪽.
68) 『釜山日報』 1912.5.19, 「東萊川の架橋工事, ▲東萊,溫泉場間の便利」;『朝鮮時報』 1912.5.19, 「東萊の河川及び道路」;『釜山日報』 1912.5.22, 「道路改修の速成を切に希望す, 東萊 鮮人代表者」;『釜山日報』 1912.6.15, 「輕鐵停車場建設工事」.
69) 『朝鮮時報』 1912.3.30, 「東萊通信」;『朝鮮時報』 1912.5.29, 「東萊の昨今」;『朝鮮時報』 1912.6.14, 「東萊たより」;『朝鮮時報』 1912.6.21, 「東萊通信」.
70) 『釜山日報』 1912.9.12, 「東萊公園計畫, ▲十ケ年計劃」;『釜山日報』 1912.10.4,

전후하여 욕객의 확대를 위해 철도운임의 할인은 물론 각종 할인 상품을 발행하였다. 주로 봉래관 등 온천장과 결합하여 목욕, 숙박, 교통을 한꺼번에 할인할 수 있는 패키지 상품 등을 발행하여 욕객의 증가를 조장하였다.[71]

이상과 같이 부산의 일본인자본가들이 중심이 된 조선가스는 동래선이라는 교외 철도의 개선과 확장을 추진하면서 경제적 이익을 증대시키기 위한 방안을 계획하고 추진하였다. 이는 결과적으로 도시 철도로 기능하며 부산의 도시화와 광역화에도 영향을 미쳤으며, 역으로 이를 추진하는 주요한 요인이 되었다.

3. 동래선의 電氣鐵道로의 전환과 도시공간의 식민지적 위계화

부산의 일본인들이 조선가스전기주식회사로 하여금 설립과 함께 부산궤도의 동래선을 인수하도록 한 것은 앞에서 본 것처럼 회사의 3대 사업 중 하나인 부산항의 순환선인 시내전철과 연결하여 도시의 남북을 관통하는 도시 철도로 만들기 위해서였다. 회사는 설립과 동시에 부산궤도의 동래선을 인수하고 궤도를 2呎6吋으로 확장하는 한편, 노선의 개선도 추진하였다. 개선된 동래선은 부산진성 안으로부터 부산진 해안까지 연장하여 조선인 시가를 통과하는 한편, 동래성 안으로 진입하여 또 다시 조

「東萊通信」.

71)『朝鮮時報』 1912.3.8, 「輕鐵往復切符發賣, ▲割引入浴券をも添付」;『釜山日報』 1912.3.8, 「東萊輕鐵の大割引」;『朝鮮時報』 1912.7.2, 「輕鐵の往復割引」;『釜山日報』 1912.7.5, 「入浴切符値下げ」.

선인 시가를 관통하여 동래온천장까지 연결하는 노선이었다. 결과적으로
1914년 府制의 실시와 이를 통한 새로운 행정구역 개편에 따라 초량과 부
산진이 부산부에 포함되어[72] 동래선은 부산부의 도시 확장에 중요한 고
리로 작용하게 되었다. 따라서 부산진 해안까지의 동래선 연결은 시내와
교외를 잇는 도시 철도로 전환할 수 있는 기초를 닦은 것이라고 할 수 있
다. 그러나 여전히 동래선은 부산항과 연결되지 못하였기에 완전한 도시
철도로서 기능하지 못했다.

　시내전철은 조선가스의 설립목적과 밀접한 관계를 맺고 있었으며 부산
의 일본인들이 가장 염원하던 사업으로 회사 설립과 함께 선로조사 및 관
계 관청의 인허가 수속 등 부설을 위한 수순을 밟으며 착착 진행되는 듯
하였다.[73] 동래선과의 연결과 부산항 일본인 시가의 도로 사정을 감안하
여 시내전철은 최초 3呎6吋의 복선전철에서 2呎6吋의 단선전철로 수정되
었다.[74] 그러나 소위 '철도파'였던 회사의 牟田口 회장은 시내전철보다는
울산으로의 동래연장선 건설에 더욱 관심이 많았고 동래선의 개선 완료
와 더불어 동래연장선 건설에 적극적으로 뛰어들었다.[75] 이에 부산의 일

---

72) 김연지, 「1914년 경상남도 지방행정구역의 개편과 성격」, 『역사와 세계』 31, 2007,
　　60~62쪽 ; 1914년 부제에 의해 일본인이 많이 살지 않던 부산면과 용주면 일부가
　　포함된 것은 총독부가 지세상 면치에 유리하다는 이유를 대고 있지만 이미 많은
　　일본인들의 토지침탈과 진출이 당시에 이루어졌기 때문이다. 일례로 조선가스전
　　기회사의 설립과 함께 시내전철의 부설을 위해 부동산의 확보를 그 중요한 사업
　　목적으로 넣고 있는 것을 보아도 알 수 있다. 그리고 일본인의 토지침탈 등을 야
　　기한 동인은 1911년 진행된 부산진 해안까지의 동래선 연장 및 부산항과의 연결
　　계획이었다고 할 수 있다.
73) 『釜山日報』 1910.11.26, 「電鐵敷設着工申請」 ; 『朝鮮時報』 1911.2.14, 「市街電車開
　　通期」 ; 『朝鮮時報』 1911.4.28, 「街鐵と民團」.
74) 『釜山日報』 1911.7.16, 「電鐵命令事項變更」.
75) 『朝鮮時報』 1912.4.6, 「牟田口社長談(二)」 ; 『釜山日報』 1912.4.7, 「牟田口瓦電社

본인들을 중심으로 하는 여론은 물론 주주 및 중역들의 우려와 반대가 터져 나왔다.[76] 부산의 일본인 여론에 밀려 牟田口 회장은 초량 부산진 간의 전철 또는 부산 시내 일주선의 건설을 추진할 계획을 밝혔다.[77]

시내전철의 부설은 회사의 애초 계획서와 명령서에 의하면 총 3기에 걸쳐 진행될 예정이었다.[78] 그 구체적 내용은 다음과 같으며 이를 1911년 즈음에 만들어진 「부산항」지도[79]에 표시하면 [그림 8]과 같다.

이에 따르면, 부산항을 중심으로 일본인 중심시가를 일주하는 [그림 8]의 1, 2기와 같이 이른바 '시가 일주선'이 우선 사업이었다. 특히 1기는 구시가의 일주선이고 2기는 신시가의 일주선이었다. 이어서 부산항의 정차장으로부터 초량정차장, 초량정차장으로부터 부산진을 연결하는 3기 사업도 계속사업으로 예정되어 있었다. 부산의 일본인들은 1차적으로 시가 일주선의 완성을 바라고 있었다.[80] 물론 순서와 상관없이 시내전철의 부

長談」；『朝鮮時報』1912.10.8,「瓦電會社の晩餐」；『釜山日報』1912.10.8,「牟田口氏演說概要」.

76) 『朝鮮時報』1912.10.3,「(言論)瓦電會社の活動」；『釜山日報』1912.10.4,「(釜山日報)電鐵敷設は如何」；『釜山日報』1912.10.9,「(釜山日報)牟田口瓦電會長の演說を讀む(上)」；『朝鮮時報』1912.10.9,「(言論)市街電鐵の急設」；『朝鮮時報』1912.10.17,「(言論)街鐵の急設」；부산궤도주식회사 사장이었으며 당시 조선가스전기주식회사의 취체역이기도 했던 부산의 대표적 일본인자본가인 大池忠助의 회고를 통해서도 이 점은 분명하다(조선총독부철도국, 앞의 책, 734~735쪽).

77) 『釜山日報』1912.10.15,「街鐵敷設の方針 ▲牟田口瓦電會社會長談」；『釜山日報』1912.10.16,「(釜山日報)釜山街鐵敷設の方針決定か」；『朝鮮時報』1912.10.22,「電鐵敷設着手」.

78) 『釜山日報』1910.5.20,「瓦斯電氣事業の願書, 附其目論見書」；『釜山日報』1910.5.20,「特許及命令書」；『朝鮮時報』1910.5.20,「韓國瓦斯電氣會社指令」.

79) 1918년 제작된 〈조선신지도〉에 수록된 본 '부산항' 지도는 조선총독부 지질조사국에서 간행한 1911년의 「부산시가전도」와 거의 동일할 뿐만 아니라 제2잔교가 없으며 시내전철 노선이 계획단계의 노선임을 감안하면 1911년 즈음에 간행된 지도를 〈조선신지도〉에 수록한 것임에 틀림없다.

[그림 8] 시내전철 건설계획(1910)

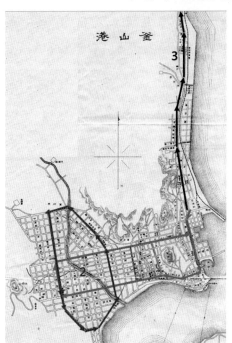

[1기] 부산정차장으로부터 분기하여 停車場通, 長手通, 幸町通을 거쳐 土城町에 이르러 고등여학교 앞을 지나 大廳町通에 이르고 다시 大廳町通을 거쳐 埋立新町 停車場通에 이르는 도로

[2기] 土城町 고등여학교 앞 모서리로부터 남으로 新遊廓道路에 이르고 다시 新遊廓通 및 安樂町 앞 상업학교 앞을 거쳐 富民町 감옥도로에 이르러 南曲하여 재판소부지 앞에 이르는 도로

[3기] 부산정차장 앞으로부터 稅關山英國領事館山鑿平新道路 및 草梁古館을 거쳐 釜山鎭停車場에 이르는 도로

설을 바라는 자도 많았다. 특히 일본인시가의 각종 주거문제를 해결하기 위해서는 초량 및 부산진으로의 시가 확장은 중요한 사항이었다.[81] 따라서 사업의 진행과정에 따라서는 일본인시가 순환선인 1, 2기선보다 부산진으로부터 초량, 초량으로부터 부산항까지의 노선이 더 빨리 진행될 수도 있었다.

---

80) 『朝鮮時報』 1911.3.30, 「(言論)瓦電會社に望む」.

81) 과장이겠지만 용두산을 중심으로 하는 일본인 구시가에는 한 층에 7~8쌍의 부부가 살 정도로 주거환경이 열악하다고 지적하며 신시가 또는 초량 쪽으로 어떻게든 전철이 부설되어 이러한 문제를 해결하였으면 좋겠다고 하고 있다(『朝鮮時報』 1911.2.16, 「電車と釜山, 某當路者談」).

1912년 7월 조선가스에 의해 개선된 동래선이 개통되자 부산의 일본인 언론은 시내전철의 조속한 건설을 지속적으로 주장하였다. 특히 당시는 부산항과 초량을 막고 있던 영선산 착평 공사가 끝나가고 있었으며[82] 새롭게 부산진 매축이 진행될 예정이었다.[83] 더불어 초량과 부산진 사이에 12間 도로가 착공될 예정이었으며 전철 노선공사에 필요한 도로 확보가 용이하여 초량 부산진 간의 전철화가 더 빨리 진행될 여지도 충분히 있었다.[84] 결국 회사는 1912년 12월, 초량 부산진 방향을 시내전철 1기선으로 변경하고 일본인 구시가 일주선과 서부 신시가 일주선을 2, 3기선으로 변경하였다.[85]

그런데 또 다시 회사는 중역회의를 통해 광궤(3呎6吋)로의 변경 및 부산항부산진선을 장수통을 거쳐 회사의 발전소까지 연장하는 변경안까지 제출하였다. 한편 경무총감부는 시내전철의 건설과 관련하여 반드시 중앙이 아니라 片側에 건설할 것을 규정하였다. 이렇게 되자 전철의 편측건설이 상점의 판매에 지장을 줄 것을 염려한 장수통의 중소상점들이 연합하여 전철연기기성회를 조직하고 전철의 연기를 주장하였다. 반면 대자본가로 구성된 부산번영회와 대청정의 일본인들은 이에 반대하며 즉각 전철 건설을 주장하는 등 부산의 일본인들 사이에 갈등과 혼란이 가중되

---

82) 영선산 착평공사는 1909년에 시작하여 1913년 3월에 완전히 끝났다(朝鮮總督府土木局, 『釜山鑿平工事報告』, 1913).

83) 1912년 5월에 토지회사도 설립되는 등 1912년부터 부산진 매축공사가 진행되기 시작하였다. 1910년대 부산진 매축에 대해서는 차철욱, 「1910년대 부산진 매축과 그 성격」, 『지역과 역사』 20, 2007 참조.

84) 『朝鮮時報』 1912.10.10, 「牟田口社長談, (二)電鐵尙早と避病院移轉」.

85) 『朝鮮時報』 1912.12.28, 「電鐵施工申請」 ; 『釜山日報』 1912.12.29, 「電鐵施工認可申請」·「電鐵設計變更」·「市內電鐵施工內容」.

었다.[86] 그러자 회사는 다시 시내전철을 기존 궤도 2척6촌의 片側單線으로 부산항의 부산우편국으로부터 동래온천장까지 약 10마일에 걸쳐 건설하는 것으로 확정하였다. 그리고 부산진 동래온천 간의 기존 경철은 전선 부설과 함께 전동차와 병용하여 사용하기로 하였다.[87]

그런데 변경신청에 대한 조선총독부의 인가가 늦어지고 1차 세계대전의 발발로 인한 재료 구입의 어려움과 초량 철도관사의 이전이 순조롭게 해결되지 못해 곧바로 건설에 들어가지 못하였다. 다시 1년여를 기다린 끝에 겨우 1915년 1월 31일부로 건설허가가 떨어졌다.[88] 조선가스는 공사 착수계를 제출하고 부산진에서 고관까지, 고관에서 초량까지, 초량에서 부산항의 우편국까지 3구간으로 나누고 부산진에서 고관까지 구간에 대한 공사입찰에 들어가 본격적으로 건설에 들어갔다.[89] 그 와중에 회사는 분규에 빠지고 취체역 회장이 변경되는 등 우여곡절 끝에 고관으로부터 부산진과 부산우편국으로부터 초량까지가 연이어 건설되고 마지막으로 초량으로부터 고관까지 연결되어 완성되었다. 특히 고관 부산진 간 공사는 부산진 성벽의 대부분이 제거되는 등 전통적 시가의 파괴와 함께 진행되었다.[90] 개통식은 1915년 10월 31일 동래온천장에서 성대하게 개최되었

---

86) 和田利彦, 『新聞雜誌切拔張込帳 拔萃帖』 제10호(1913년 6월 28일부터 10월2일까지), 春陽堂, 1913.

87) 『釜山日報』 1913.9.20, 「釜山漁港, 東萊間電鐵敷設確定, ▲軌道二呎六吋, 片側單線 ▲總督府各部と內交涉濟み」; 『朝鮮時報』 1913.9.20, 「電鐵敷設確定, ▲軌道二呎六吋 ▲漁港より東萊まで ▲片側敷設單線」.

88) 『釜山日報』 1915.2.3, 「電鐵敷設許可」; 『釜山日報』 1915.2.11, 「市街電鐵敷設認可」.

89) 『釜山日報』 1915.4.25, 「釜山電鐵工事着手」; 『釜山日報』 1915.5.6, 「電鐵工事一部 入札」; 『朝鮮時報』 1915.5.6, 「瓦電工事入札」.

90) 『朝鮮時報』 1915.8.29, 「電鐵工事進捗」; 『朝鮮時報』 1915.9.7, 「釜山鎭方面電鐵工事」.

으며 11월 1일부터 본격적으로 운행에 들어갔다.[91] 1909년 최초 궤도철도
로 건설된 동래선은 1912년 부산진 해안까지 연결되어 동래읍성을 거치는
경편철도로 개선되었고 다시 1915년 부산항까지 연장하여 전기철도로 개
선되면서 부산항-부산진-동래온천장을 잇는 완전한 도시 철도로 거듭
나게 되었다.

이상과 같은 동래선과 부산항 방향으로의 연장인 시내전철 3기선의 완
공은 부산의 일본인자본가들이 중심이 된 조선가스가 어떠한 목적하에
철도 건설에 나섰는지를 구체적으로 보여 준다. 그리고 지역철도를 통한
부산의 도시화가 어떤 모습으로 구체화되었는지를 또한 알 수 있게 해준
다. 동래선을 통한 부산의 도시화 과정은 [그림 9]와 같이 곧 광역권의 중
핵인 부산항을 '도심'으로, 매축이 진행되어 향후 공업지가 될 예정지로서
이미 많은 일본인들의 진출이 이루어지고 있는 부산진을 '부도심'으로, 그
리고 자본가와 관리의 별장과 온천위락시설이 들어서고 있는 동래온천장
을 '교외'로 하는 수평적 공간 배분을 통해 근대 도시를 형성한 것이라고
할 수 있다. 또한 이러한 근대 도시의 형성은 단순히 '도심-부도심-교
외'의 수평적 공간 배분만을 추구한 것이 아니라 일본인 중심의 도심, 부
도심, 교외에서의 민족적 공간의 수직적 위계화도 동시에 추진되는 전형
적인 식민 도시의 이중적인 모습으로도 나타났다. 즉 도심인 부산항과 주
변인 대신동 및 초량·영주동의 조선인 거주지, 부심인 부산진 매축지와
주변인 부산진 조선인 시가, 그리고 교외인 동래온천장과 주변인 동래 조
선인 시가로 연결되는 수직적 위계화가 중층적으로 완성되었다고 할 수
있다. 따라서 동래선은 최초의 도시 간 철도로부터 도시 철도로 전환되면

---

91) 『釜山日報』 1915.10.31, 「本日の電車開通式」.

[그림 9] 철도와 식민도시 부산의 공간구조

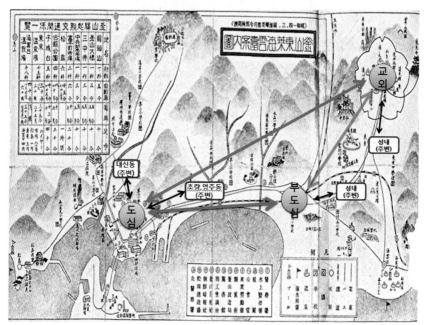

서 단순한 일본인들의 중심 교외 간의 수평적 연결망이 아니라 근대 식민
도시로의 통합과 그 속에 민족별 계층별 차별과 차이의 구획된 공간을 통
해 균질한 도시로 통합하는 도시 철도의 의미를 지닌다고 할 수 있다.

2장

시내외 전철 건설과
지역사회의 역학관계

1. 시내외 전철의 건설과 계획

1) 전차선로의 계획

개항을 전후하여 부산의 일본인들은 부산을 중심으로 각종 사회, 경제 단체 등 자치조직을 형성하고 일본의 조선 침탈에 적극 가담하며 조선의 식민화에 앞장섰다. 조선이 완전히 식민화되어가던 시기 이미 확고한 일본인사회도 형성했다.[1] 그리고 일본인사회의 형성은 근대적 도시공간의 필요, 도시기반시설의 확충과 결부되어 '서부 신시가지'로의 확장으로 이어졌다.[2] 한편, 조선 침탈과 대륙 진출의 교두보로서 부산이 지닌 지정학적 중요성을 인식한 일제는 부산항의 본격적인 개발에 들어갔다.[3] 부산을 중심으로 하는 안팎의 도시 개발 분위기는 고스란히 일본인사회의 이해와 합치되어 도시기반시설의 확장을 가속화시켰다. 그 구체적인 일환이 도시 및 도시 간 교통시설의 확충이었다.

1장에서 살펴본 것처럼 부산의 일본인자본가들은 1909년 부산궤도주식

---

1) 홍순권 외, 『부산의 도시 형성과 일본인들』, 도서출판 선인, 2008 참조.
2) 柳田久太郎, 『韓國釜山港市街明細圖』, 1907.
3) 차철욱, 「부산 북항의 매축과 시가지 형성」, 『한국민족문화』 22, 부산대 한국민족문화연구소, 2006.

회사를 설립하고 부산의 인근 휴양지인 동래온천장을 연결하는 경편철도
를 건설했다.[4] 부산궤도가 건설한 동래선은 부산진에서 동래온천장 사이
를 운행하는 교외선이었기에 부산항을 중심으로 하는 일본인시가의 교통
시설로 활용할 수 없었다. 당시 부산의 일본인들도 도시기반시설로서 전
철의 필요성을 인지하고 있었다.[5] 다만 대규모 자본이 필요했기 때문에
증기철도의 건설에 역점을 두고 있었다.[6]

　반면 부산항 매축을 책임지고 있던 일본 자본의 대리인 佐藤潤象 등은
전철 사업에 일찍부터 관심을 가지고 도쿄와 오사카 자본가를 규합하여
1909년 부산이사청에 사업계획서를 제출했다.[7] 부산이사청은 당시 새로
운 도시기반시설은 부산을 본위로 하는 회사에 의해 건설되어야 한다는
확고한 의지가 있었다. 따라서 부산거류민단 및 부산번영회의 자문을 통
해 지역자본가들이 참여하는 한편, 분야도 전철(경편철도 포함)뿐만 아니
라 전기, 가스 등 제반 도시기반시설을 모두 담당할 수 있는 회사를 원했
다. 이에 따라 설립된 회사가 한국가스전기주식회사(1913년 조선가스전기
주식회사로 개칭, 이하 조선가스)였다.[8]

　조선가스는 부산이사청과 일본인사회의 이해를 만족시키기 위해 부산

---

4) 朝鮮總督府鐵道局, 『朝鮮鐵道史』 제1권, 1929, 728~729쪽 ; 朝鮮瓦斯電氣株式會社,
　「輕鐵布設許可書」, 『朝鮮瓦斯電氣株式會社發達史』, 1938, 28쪽.
5) 한국부산항시가명세도상의 부산항개설에도 일본인거류지의 도시기반시설 확충과
　전철 건설이 예견되고 있다.
6) 부산의 일본인자본가가 성장 중에 있다하더라도 독자적인 도시기반시설을 확충
　하기에는 여전히 자본력이 부족했다. 따라서 조선 최초의 사설철도회사라고 하는
　부산궤도주식회사도 부산의 일본인 자본뿐만 아니라 일본 본국의 자본이 유입되
　었다.
7) 『釜山日報』 1910.6.2, 「韓國瓦斯電氣會社創立由來, 佐藤潤象氏の所談」.
8) 『朝鮮時報』 1910.5.20, 「韓國瓦斯電氣會社特許に就て, 龜山理事官談」.

의 일본인자본과 일본 본국자본이 결합하여 설립된 회사였기 때문에 이른바 도시기반시설에 대해서는 처음부터 독점권을 가지고 사업을 추진했다. 즉, 부산의 도시기반시설을 독점적으로 경영할 수 있는 특허권을 주었지만 일본인사회의 요구를 반드시 이행해야 할 '준공영' 회사라고 해도 과언이 아니다.[9] 따라서 조선가스의 3대 사업 중 하나인 전철 건설은 이미 설립되었던 부산궤도의 동래선 인수와 개선에서 시작되었다. 이러한 과정은 차후 건설될 시가전철과의 연결을 통한 남북을 관통하는 도시 철도의 건설이라는 측면에서 중요했다.

한편, 조선가스는 구체적이지 않았지만 전철 노선을 1기선과 2기선으로 구분하고 1기선은 부산시가, 2기선은 부산시가의 일부와 초량, 부산진으로 설정했다.[10] 부산이사청은 특허 및 명령서에서 "특허의 날로부터 3개월 이내에 궤도의 포설 순서 및 공사 방법을 정하고 설계계산서 및 도면을 첨부하여 부산거류민단역소를 경유하여 이사관의 인가를 받고, 이를

---

9) "당초 此種의 독점업은 회사에 위탁하지 않고 부산시 스스로 경영하는 것이 득책이라고 할 것이나 곧바로 부산민단이 경영하는 것은 약간 벅차서, 만약 할 수 없다면 가능한 다수의 부산거류민 자본을 포함한 회사에 위임하는 외에는 없었다. 곧 일한와사와 같이 생판 남에게 빼앗겨 버리는 것보다는 <u>영업권의 幾部分이라도 부산민단의 손에 보유하고 싶어 한다는 점에 민단의 희망과 이사관의 방침이 일치하고 그 위에 또 이 기회를 이용하여 一切의 전기가스사업을 통일하는 것이 부산의 이익이라고 하는 의논이 일치하였기</u> 때문에 현재 영업의 전등회사 및 경편철도, 가스의 출원자, 전철의 출원자, 곧 일한가스전기회사를 제외한 이외의 것을 쳐낼 일환이었던 한국가스전기가 특허를 얻을 수 있었다(강조는 필자)"(『經濟新聞』 1910.7.21, 「朝鮮視察談, 社末 K生筆記」).

10) 『釜山日報』 1910.5.20, 「瓦斯電氣事業の願書, 附其目論見書」 ; 이때 '부산시가'는 부산거류민단구역으로써 서부 신시가지까지 포함된 용어이다. 따라서 본 논문에서는 '부산시가' 또는 '시가'는 부산거류민단구역을 의미하여 '시가전철' 또는 '시가노선(시가선)'은 이 구역 내 전철을 의미하고 '시내전철' 또는 '시내노선(시내선)'은 이 구역은 물론 초량, 부산진까지를 포함된 용어이다.

변경할 때에도 역시 이와 같이" 하도록 했다. 이로써 이사청은 물론 민단 등 일본인사회의 이해를 명확하게 반영하도록 했다.[11] 따라서 최초 허가 된 명령노선을 통해 일본인사회가 전철을 어떻게 건설하고자 했는지를 확인할 수 있다. 더불어 1911년 조선총독부 지질조사국이 발행한「부산시 가전도」상의 예정노선을 상호 비교 검토하면 그 의미가 더욱 구체적으로 드러난다. 부산의 전철 건설은 시가전철을 중심으로 총 3기에 걸쳐 진행 될 예정이었다. 구체적인 노선은 [표 1]과 같다.

[표 1]은 1910년 회사 설립 당시의 명령노선과 1911년 조선총독부 지질 조사국에서 간행한「부산시가전도」상의 예정노선을 보기 쉽게 표시한 것 이다. 전철의 건설 주체인 회사와 인허가 주체[12]인 조선총독부가 각각 표 시한 명령 및 예정노선은 대체적으로 일치하지만 시기 때문인지 부분적 차이는 있었다. 우선, 조선가스의 계획노선 중 1기선은 일본인시가 일주 선으로, 부산항에서 토성정까지 대청정통과 장수통을 양축으로 큰 순환선 을 그리고 있다.

반면 조선총독부의 예정노선은 부산항에서 토성정까지 큰 순환선을 그 리고 있는 것은 같지만 그 사이를 연결하는 짧은 노선을 겹겹이 설정하여 여러 겹의 순환선이 가능하도록 하고 있다. 이와 같은 차이는 초기 명령 노선 설정 이후 전개된 해당 지구의 전철 건설 주장이 1911년 단계의 지 도에 반영된 것이라고 생각되지만 자료 부족으로 명확하지는 않다. 다만

---

11)『釜山日報』1910.5.20,「特許及命令書」;『朝鮮時報』1910.5.20,「韓國瓦斯電氣會社 指令」.

12) 전철 건설 인허가는 최초 부산이사청이 담당했으나 조선총독부가 설치되자 총독 부로 이관되었다. 하지만 최초의 명령서대로 관련 내용은 민간을 거치도록 되어 있어 여전히 전철 건설은 부산의 일본인사회와 이해를 조정해야만 했다(『釜山日 報』1910.11.26,「電鐵敷設着工申請」).

[표 1] 조선가스전기주식회사의 전철 명령노선과 예정노선

	명령노선	예정노선
1기	부산정차장으로부터 분기하여 停車場通, 長手通, 幸町通을 거쳐 土城町에 이르러 고등여학교 앞을 지나 大廳町通에 이르고 다시 大廳町通을 거쳐 埋立新町 停車場通에 이르는 도로	
2기	土城町 고등여학교 앞 모서리로부터 남으로 新遊廓道路에 이르고 다시 新遊廓通 및 安樂町 앞 상업학교 앞을 거쳐 富民町 감옥도로에 이르러 南曲하여 재판소부지 앞에 이르는 도로	
3기	부산정차장 앞으로부터 稅關山英國領事館山鑿平新道路 및 草梁古館을 거쳐 釜山鎭停車場에 이르는 도로	

출전 : 『釜山日報』 1912.10.15, 「街鐵敷設の方針▲牟田口瓦電會社會長談」 ; 『釜山日報』 1912.10.16, 「(釜山日報)釜山街鐵敷設の方針決定か」 ; 『朝鮮時報』 1912.10.22, 「電鐵敷設着手」 : 朝鮮總督府 地質調査局, 『釜山市街全圖』, 1911.

비고 : 예정노선 중 1~2기선은 1911년 조선총독부 지질조사국에서 간행한 부산시가전도상에 표시되어 있으며, 필자가 1, 2기선에 각각 점선, 파선으로 강조하여 지도상에 표시했다.

일본인시가 일주라는 큰 틀에서 계획노선과 예정노선이 일치하고 그 사이의 짧은 연결선들은 차후 인구의 증가 및 필요에 의해 계획될 수 있다는 측면에서 설정한 것으로 생각해도 무방할 것이다.

다음으로 [표 1]과 같이 조선가스의 명령노선에는 3기선이 설정되어 있지만 지도 속의 예정노선에는 표시되어 있지 않다. 이는 회사의 명령노선을 자세히 살펴보면 그 이유를 알 수 있다. 즉, 조선가스가 건설할 3기선은 구체적이지 못했다. 단순히 부산정차장에서 초량, 고관을 거쳐 부산진 정차장까지 이르는 노선만을 설정한 것이었다. 왜냐하면 당시 조선총독

부에 의해 영선산 착평과 북항 매축이 진행되고 있었고 이후 부산진 매축
공사도 예정되어 있었다.[13] 이 공사가 마무리 되어야 도로와 시가지가 조
성될 수 있었기 때문이었다.

한편, 명령노선과 지도 속의 예정노선이 동일한 2기선은 [표 1]과 같이
'서부 신시가지'를 순환하는 노선으로 1기선인 구 일본인시가 일주선을 횡
단하는 노선이었다.[14] '서부 신시가지'는 1900년대부터 조성되기 시작했으
나, 1910년 당시까지 여전히 확장이 더디게 진행되고 있었다. 그런 의미에
서 2기선 건설은 서부 신시가지의 번영과 확장을 추동하는 기반시설로 이
용하기 위해 적극적으로 계획된 것이다.[15] 따라서 부산의 일본인사회가
조선가스를 통해 건설하고자 했던 부산의 전철은 1, 2기 노선, 즉 일본인
밀집지역과 밀접예정지역인 구/신 일본인시가에 집중되어 있음을 알 수
있다. 이는 특허명령서에서 영업구역을 부산거류민단 지역 내로 한정하
고 있는 것만 보아도 알 수 있다.

그러나 이후 실제 건설은 명령노선과 다르게 전개되었다. 이는 영리를
목적으로 하는 회사조직인 조선가스의 경영방침이 내부적으로 강화되었
기 때문이었다. 또한, 조선총독부의 부산항 개발에 따른 북부로의 시가지
확장과 1914년 부제 실시에 의해 거류민단이 해체되고 부산부의 영역이
부산진까지 확장된 사실과도 결부되었다.[16]

---

13) 차철욱, 「1910년대 부산진 매축과 그 성격」, 『지역과 역사』 20, 부경역사연구소, 2007.
14) 『釜山日報』 1910.12.22, 「大池取締意見」.
15) 『朝鮮時報』 1912.10.4, 「餘滴」.
16) 『朝鮮時報』 1912.10.8, 「瓦電會社の晩餐」 ; 『釜山日報』 1912.10.8, 「牟田口氏演說概要」 ; 『釜山日報』 1915.11.4, 「釜山繁榮の北漸」 ; 『朝鮮總督府官報』 號外, 1913.10.30 ; 『朝鮮總督府官報』 號外, 1914.1.25 ; 釜山府, 『釜山府勢一斑』, 1917, 3~4쪽.

2) 전차노선의 건설

(1) 동래 및 부산진 노선의 건설

회사는 1910년 5월 10일 특허를 받은 이후 주식 모집과 더불어 창립총회를 거쳐 회사 중역진을 선정하고 1911년 말부터 본격적인 기업 활동을 전개했다. 회장을 비롯한 상무취체역에 일본 자본을 대표하는 牟田口元學과 佐藤潤相이 선정되었다.[17] 이 때문에 최초 부산이사청 및 부산거류민단 등 부산의 일본인사회가 원했던 부산을 본위로 한 회사가 아니라 자본에 기반을 둔 영리회사로 점차 변하기 시작했다. 그 첫 발걸음이 전철 건설에서 드러났다. 회사는 최초 명령서에 설정된 1~3기 노선 중 1기선 건설이 부산거류민단이 제공하기로 한 도로의 다액 사용료, 도로의 협소함으로 인한 추가 증설, 그리고 시가전철의 노선 거리가 짧음으로 인한 낮은 이용률 등 비영리적이라고 핑계를 대기 시작했다. 그러면서 부산궤도주식회사로부터 인수한 동래선의 개선 및 전철화와 새로 조성되는 초량 및 부산진 방면으로의 전철 건설로 자연스럽게 넘어갔다.[18]

조선가스는 1911년 6월 30일부로 하부된 조선총독부의 변경명령서에 맞춰[19] 기존의 동래선 궤도 2피트를 2피트 6인치(76.2cm)로 확장하고 일단

---

17) 朝鮮瓦斯電氣株式會社, 앞의 책, 1938, 34~34쪽. 당시 牟田口元學은 도쿄마차주식회사 사장이었으며 佐藤潤相은 일본 정상 大倉喜八郎이 출원한 부산매축회사 상무취체역이었다.

18) 『朝鮮時報』1912.4.6,「牟田口社長談(二)」;『釜山日報』1912.4.7,「牟田口瓦電社長談」.

19) 조선총독부의 변경명령서 내용은 1. 複線을 單線으로 바꿀 것, 2. 軌條幅員 3呎6吋을 2呎6吋으로 바꿀 것, 3. 市內駛走 최고속도 1시간 12哩를 8哩로 바꿀 것, 4. 제1기선은 이 변경명령발포일로부터 1년6개월 이내, 제2기선은 동3년 이내에 공사에 착수할 것이었다(『釜山日報』1911.7.16,「電鐵命令事項變更」).

경편철도로 개선했다. 노선에도 차이가 있었다. 부산진 방면 노선이 향후 건설될 초량, 부산진 방면 전철과 연결되기 위해 부산진 해안까지 확장되었다. 더불어 동래 방면 노선이 동래읍성을 가로질러 우회하게 되었다. 그 결과, 부산진과 동래의 조선인 마을이 노선에 포함되었다.[20] 결과적으로 조선가스의 동래선 개선은 단기적으로는 온천욕객의 증가를 도모하기 위해 기존의 노선에 더해 인근의 조선인 마을까지 노선에 포함시킨 경제적 측면이 강했다. 더불어 장기적으로는 향후 전개될 부산항까지의 연결을 염두에 둔 개선이었기에 부산진과 동래 방면의 전통적인 조선인 마을을 일본인 중심의 영향권 안으로 포섭하여 공간별로 위계화하는 측면(구심력)도 강했다. 또 다른 한편, 내륙으로 확장되는 노선 건설을 연이어 계획하면서[21] 연선 '개발'이라는 면에서 부산항을 기반으로 한 일본인들의 영향력을 내륙으로 확대하는 측면(원심력)도 강했다. 따라서 동래선은 독자 노선이 아니라 부산과 연결을 염두에 두고 처음부터 교외 전철로 전환되도록 계획되었던 것이다.

동래선의 전철 전환은 1912년 7월 개통과 함께 구체화되었다. 당시 회사는 개선된 동래선의 개통과 더불어 울산, 경주, 포항, 대구와 연결하는 동래연장선 건설에 주목했다. 이 때문에 시가전철 건설에는 미온적이었다.[22] 회사의 이러한 미온적 태도에 대해 부산의 일본인 언론은 연일 기존 명령서대로 전철 건설을 주장하며 회사를 압박했다.[23] 결국 회사는

---

20) 조선가스전기의 동래선 개선과 도시 공간적 의미는 이 책의 1장 참조.
21) 조선가스전기는 동래에서 울산을 거쳐 대구에 이르는 동래연장선을 계획했다(이 책 2부 1장 참조).
22) 『朝鮮時報』 1912.10.8, 「瓦電會社の晩餐」; 『釜山日報』 1912.10.8, 「牟田口氏演說槪要」; 『朝鮮時報』 1912.10.10, 「牟田口社長談, (二)電鐵尚早と避病院移轉」.
23) 『釜山日報』 1912.10.9 · 12 · 13, 「牟田口瓦電會長の演說を讀む(上 · 中 · 下)」; 『朝

당시 새롭게 정리된 초량 방면의 12간 도로에[24] 전철을 먼저 건설하는 것으로 변경했다. 즉 초량 부산진 방향을 전철 1기선으로 변경하고 원래 1, 2기선이었던 일본인시가 일주선과 횡단선을 2, 3기선으로 변경하는 안을 제출했다.[25] 그러나 조선총독부의 전철 편측건설규정과 장수통 상점 및 야점들의 전철 연기론에 부딪쳐 다시 부산우편국에서 동래온천장까지 약 10마일에 걸친 노선으로 변경했다. 또한 기존의 동래선은 電線 설치와 함께 전철병용으로 하는 수정안을 조선총독부에 제출했다.[26] 이후 조선총독부의 검토를 거쳐 우여곡절 끝에 1915년 1월 31일부로 허가를 받았다.[27]

그 결과 부산항으로부터 초량, 부산진에 이르는 전철 건설과 동시에 電線 가설이 완료되어 1915년 10월 31일 개통식과 더불어 11월 1일부터 개통되었다.[28] 개통과 함께 동래선은 교외선으로 설정되어 처음에는 화물차만 경편철도로 이용되었다. 그러나 이마저도 1916년 1월 1일부터 전철로 전용됨으로써 약 6년여의 경편철도시대는 마감했다.[29] 이후 부산항에서 동래온천장까지 남북을 횡단하는 전철이 개통되고, 식민화와 도시화의

鮮時報』1912.10.9,「(言論)市街電鐵の急設」;『朝鮮時報』1912.10.17,「(言論)街鐵の急設」;『釜山日報』1912.10.29,「(言論)瓦電會社に望む」.

24) 『釜山日報』1912.10.20,「北部新道開通, ▲釜山草梁間十二間道路▲明二十一日より通行開放」.

25) 『朝鮮時報』1912.12.28,「電鐵施工申請」;『釜山日報』1912.12.29,「電鐵施工認可申請」・「電鐵設計變更」・「市內電鐵施工內容」.

26) 『釜山日報』1913.9.20,「釜山漁港,東萊間電鐵敷設確定」;『朝鮮時報』1913.9.20,「電鐵敷設確定」.

27) 『釜山日報』1915.2.3,「(京城特電)電鐵敷設許可」;『朝鮮時報』1915.2.11,「市街電鐵敷設認可」.

28) 『釜山日報』1915.11.2,「釜山の電鐵開通式, 東萊溫泉場は人の波」.

29) 『釜山日報』1916.1.1,「貨物電車運轉, 二電車を增發して」.

심화로 인해 부산의 번영이 북부 시가지 쪽으로 옮겨가면서 점차 여객이 증가했다.[30]

[그림 1] 부산전차 개통 당일의 광경

출전 : 부산일보

▲運轉時間 및 回數
부산우편국 앞(기점)과 동래온천장(종점)과의 쌍방에서 매일 오전 6시부터 오후 10시까지 발차(국전 온천장 간 운전시간 48분을 요함).

북행
우편국 앞에서 동래온천장 오전 6시를 시작으로 1일 15~6회 발차
同上 초량행 8분마다 발차
초량으로부터 16분마다 발차

---

30) 『釜山日報』 1915.11.4, 「釜山繁榮の北漸」.

부산진으로부터 48분마다 발차

남행
동래온천장에서 부산우편국 앞행 오전 5시 52분을 시작으로 1일 15~6회 발차
부산진으로부터 16분마다 발차
초량으로부터 8분마다 발차

▲賃金
부산, 초량 간 1구
초량, 부산진 간 2구. 그 1구마다 승차임금 3전
부산진 이북 온천장 간은 종래의 경철과 동일하게 12전
부산, 온천장 간을 합하여 21전(즉, 종래의 기차운임 경부선 및 경편철도
합계=18전에 비교하여 3전이 높음)
부산 부산진 간 경부선 기차운임 6전에 대해 전차는 9전[31]

　한편 조선가스는 다시 시가전철의 건설에 들어가 1916년 대청정선,
1917년 장수통선을 완성했다. 그러나 이윤 확대에 급급하여 적극적으로
전철 개선 및 운영 개선에 임하지 않았다. 지역사회의 불만은 고조되었고
급기야 전차요금과 구역의 변경요구가 등장했다. 특히, 동래지역의 경우
3~4구간의 교외선으로 구분하고 요금은 거리에 비해 시내선보다 높았다.
그뿐만 아니라 요금할인규정도 없었기 때문에 불만이 고조되었다. 따라
서 관련 문제에 대한 개정요구와 함께 동래선을 온천장 안까지 연장해달
라고 요구했지만 회사는 이익이 안 된다며 이를 무시했다.[32]

---

31) 『釜山日報』 1915.11.2, 「釜山電鐵愈開業, 昨一日正午より」.
32) 『朝鮮時報』 1921.9.5, 「電車改善 希望協議」;『朝鮮時報』 1921.9.6・7, 「東萊有志對
瓦電側の電車改善押問答(上・下)」;『朝鮮時報』 1926.4.17, 「東萊釜山間の電車電
信の値下陳情」.

그러나 1923년경 연이어 부산 및 동래지역민들에 의해 전개된 전차부
영운동 등 거센 저항에 부딪치면서 임기응변의 미봉책으로 선로 개선, 전
차 개선, 그리고 선로 연장에 적극 부응하는 개선책을 내놓기 시작했다.[33]
그런데 미봉책조차도 우선은 시내선이었고 동래선은 교외선이었기에
여전히 소외되었다. 회사가 가장 적극적이었던 선로 개선도 시내선보다
늦었다.[34] 이 때문에 1926년경 다시 전개된 전기부영운동에 동래지역은
적극 참여했다.[35] 그 결과, 동래선 개선책으로 동래온천장 인입선이 받아
들여져, 1927년 10월 호안 매축, 교량, 선로, 건물의 설치를 토대로 동래온
천장 안까지 전철이 연장되었다.[36] 이로써 동래선은 노선의 완성을 고했
다.[37]

---

33) 회사의 개선 방침은 전선을 3피트 6인치로 하는 것, 주요선을 복선화하는 것, 서부
에 연장하는 것이었다(『朝鮮時報』 1923.6.9, 「果して誠意ありや瓦電の電車改善請
願」).

34) 『釜山日報』 1925.9.28, 「電車線路敷替工事」 ; 『東亞日報』 1925.10.1, 「東釜電車線路」.

35) 『朝鮮時報』 1926.9.14, 「釜山電氣府營問題發起人會, 集まるもの六十有餘名」 ; 『朝
鮮時報』 1926.9.21, 「犇々と押寄せる聽衆無慮千數百 橫暴極る瓦電を糾彈せよ!」 ;
전기부영운동에 대해서는 홍순권, 『근대 도시와 지방권력』, 선인, 2010, 368~375쪽
및 이 책 1부 3장 참조.

36) 『釜山日報』 1927.6.9, 「釜山鎭市中へ電車引込み」 ; 『中外日報』 1927.8.3, 「溫泉場
까지 電車延長工事」 ; 『釜山日報』 1927.10.6, 「東萊溫泉場引込電車運轉」 ; 『釜山日
報』 1927.10.22, 「東萊溫泉電車引込線」 ; 『釜山日報』 1927.10.23, 「次は民衆的な溫
泉プールを設けたい」 ; 『東亞日報』 1927.10.25, 「東釜間의 電車 溫泉場線開通」 ;
『釜山日報』 1927.10.28, 「この土曜日曜は東萊へ=東萊へ」 ; 『釜山日報』 1927.10.29,
「溫泉新驛の開始祝賀」 ; 『釜山日報』 1927.10.29, 「東萊溫泉場電鐵引込延長線工事」.

37) 이후 동해남부선의 건설로 동래까지 경쟁선이 생기자 조선가스전기(1937년부터
남선전기)는 적극적으로 해운대 또는 동래와 해운대를 연결하는 환상선 건설계획
을 수립하는 한편, 요금인하도 단행했다(『中外日報』 1930.3.21, 「釜山瓦電의 電車
延長計劃」 ; 『釜山日報』 1931.9.1, 「海雲臺へ電車敷設か」 ; 『朝鮮時報』 1934.7.13,
「瓦電會社の電車賃金値下」 ; 『釜山日報』 1942.9.28, 「府民の足電車 府域に隨つて
ばす計劃」). 동래선의 요금인하와 관련해서는 다음 절 참조.

[그림 2] 동래온천장 전철 인입선과 호안 매축, 온천교 건설, 역사 설치

출전 : 부산일보

　부산진선은 부산항에서 부산진입구까지 노선으로, 최초 명령서 단계에서는 시가노선에 포함되지 않은 3기선이었다. 그러나 영선산 착평과 북항 및 부산진 매축에 따른 북부 신시가지 조성과 함께 1914년 부제 실시 및 행정구역 개편에 의해 부산부에 편입되었다. 따라서 회사 입장에서 부산진선은 북항 및 부산진 매축을 통해 조성되는 넓은 도로를 전철 노선에 이용할 수 있다는 점과 동래선에 바로 접속할 수 있다는 점에서 노선이 짧은 반면 비용이 많이 드는 시가노선보다 경제적으로 유리했다. 더불어 조선총독부의 전철 편측건설규정과 장수통선 인가반려에 힘입어 부산항에서 동래온천장까지의 전철 건설안을 변경 제출하고 1915년 1월 31일부로 인가받았다.

　조선가스는 곧바로 공사착수계를 제출하고 부산진에서 고관, 고관에서 초량, 초량에서 부산항의 우편국까지 3구간에 걸쳐 건설에 들어갔다.[38]

---

38) 『釜山日報』 1915.2.3, 「電鐵敷設許可」 ; 『釜山日報』 1915.2.11, 「市街電鐵敷設認可」 ; 『釜山日報』 1915.4.25, 「釜山電鐵工事着手」 ; 『釜山日報』 1915.5.6, 「電鐵工事一部入札」 ; 『朝鮮時報』 1915.5.6, 「瓦電工事入札」 ; 『朝鮮時報』 1915.8.29, 「電鐵工事進捗」 ; 『朝鮮時報』 1915.9.7, 「釜山鎭方面電鐵工事」.

특히 1915년 '시정 5주년 기념 공진회' 개최 관계로 많은 일본인들이 조선으로 들어올 것을 대비해 서둘러 전철을 건설했다.[39] 이 때문에 부산진 방면의 도로 건설이 마무리되지 못해 경부선 복선 부지를 임시 차용했다. 이듬해 다시 원래의 전철 부지에 노선을 건설함으로써 부산항에서 부산진입구까지의 노선을 완성시켰다.[40]

조선가스는 이어서 줄곧 논란의 대상이었던 서부 시가지 방면으로 전철 건설에 들어갔다. 어느 정도 전철 건설이 마무리되자 이윤 확대에만 관심을 쏟으며 전철 경영에는 소극적이었다. 이 때문에 부산 및 동래지역민들의 거센 저항에 부딪쳤고 이를 무마하기 위해 각종 개선책을 계획했다. 그중 하나가 전철의 복선화였고, 다른 하나가 범일정까지 노선 연장이었다.[41]

이후 복선화는 이루어졌지만 연장노선은 계획에만 그쳤다. 그러자 당시 전기부영운동이 한창인 가운데 그와 별개로 小原爲, 文尙宇 등 부산진 유지를 중심으로 지역 주민들은 적극적으로 노선 연장과 임금균일제를 요구하기 시작했다.[42] 이에 부산부와 교섭을 통해 회사는 부산진입구에서 좌

---

39) 시정 5주년 기념 공진회 개최기 이전까지 기공을 완료해야 한다는 권고는 경남도 제49호의 지령으로 별도 하부되었다(『朝鮮時報』 1915.2.16, 「市街電鐵敷設速成の 督促」).

40) 『釜山日報』 1916.6.17, 「電鐵線の改修, 古館永嘉臺間」 ; 『釜山日報』 1916.6.29, 「電 鐵改修工事」.

41) 전철 복선화는 1924년 4월 부산역전에서 부산진입구까지 약 2마일에 걸쳐 공사를 시작하여 8월 말에 완료했다(『朝鮮日報』 1924.8.29, 「電車複線全通」 ; 倉地哲, 앞의 책, 74쪽). 이때 조선가스가 계획한 것은 부산진 가스정류소 앞에서 부산진 우시장 방면까지의 연장이었다(『釜山日報』 1926.11.13, 「電車の延長計劃, 釜山鎭の 終點方面」).

42) 이때부터 부산진입구에서 서면으로 연결되는 연장노선의 건설을 주장했으며 1930년에는 더욱 적극적으로 연장노선의 건설과 함께 전포선의 폐지를 주장했다 (『釜山日報』 1927.6.8, 「府營屠獸場移轉改善 釜山鎭電車線路延長」 ; 『朝鮮時報』 1929.12.29, 「釜山繁榮會の名で三線新設を要望す」 ; 『東亞日報』 1930.1.10, 「釜山

천정을 거쳐 범일정에 이르는 700m 선로를 계획하고, 1932년 12월 6일부
로 면허를 받아 공사에 들어가 1933년 9월 21일 복선으로 개통했다.[43]

[그림 3] 1930년대 부산진 방면 노선

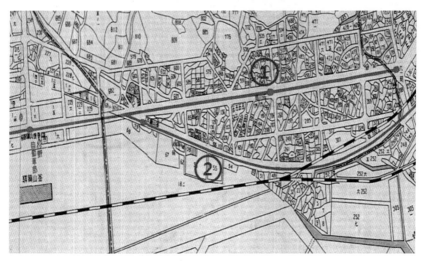

이로써 부산진에는 두 개의 전차선로가 존재하게 되었다. 즉, [그림 3]
과 같이 ① 부산역에서 범일정까지의 선로([그림 4])와 ② 부산진입구에서

電車 改善을 北部市民이 促進」;『朝鮮日報』1930.1.12,「釜山電車線로延長과 車
體改善을 陳情」;『東亞日報』1930.1.27,「釜山電車賃 五錢均一制」). 이때 전포선
은 부산진선과 동래선을 연결하는 跨線橋 노선을 의미하며 이는 연장선인 범일정
선이 건설되고 1942년에서 1944년 사이 서면과 직접 연결되면서 폐지되는 노선으
로 보인다.

43) 『東亞日報』1932.5.7,「棧橋와 驛前에 電車線路敷設」;『釜山日報』1932.7.23,「釜
山進大通り電車延長願書」;『朝鮮日報』1932.7.27,「釜山鎮大通路에 電車線路를
延長」;『東亞日報』1932.12.15,「釜山瓦斯電車線一部延長을 免許」;『釜山日報』
1933.9.22,「釜山鎮から凡一町へ愈よ開通した電車」;『東亞日報』1933.9.23,「釜山
電車延長 범일정까지에(釜山)」.

동래온천장까지 가는 선로([그림 5])가 그것이다. 이는 부산진 대도로의
완성과 시가지 확장으로 범일정선이 건설되고 범일정을 시내선의 종점으
로 삼은 반면, 여전히 부산진입구부터 동래온천장까지 동래선은 교외선으
로 규정하고 있다는 점에서 부산진선은 시내와 시외를 구분하는 경계선
으로 작용했음을 알 수 있다.

[그림 4] 범일정선의 개통과 전차(1933.9)　　　[그림 5] 교외선과 전차(영가대 부근)

출전 : 부산일보　　　　　　　　　출전 : 부산일보

　이후 다시 서면 공업지대의 확장과 1936년 부산부의 영역이 서면까지
확장되는 과정에 서면까지 전철을 연장 개통해달라는 요구가 증가했다.
그리고 1942년 동래군까지 부산부로 편입되자 범일정선은 드디어 서면과
연결되면서 기존의 부산진입구에서 서면까지의 노선은 폐지되고 동래까
지 전철 선로는 단일한 노선에 포함되었다.[44] 하지만 부산진선이 서면까
지 확대되어 동래선과 연결된 이후 동래선이 시내선에 포함되었는지는
알 수 없다.[45]

---

44) 『釜山日報』 1935.8.9, 「西面方面の交通機關 瓦電へ非難」 ; 『釜山日報』 1940.3.6,
　　「釜山府民の足が要望する」 ; 『釜山日報』 1941.11.28, 「釜山電車今昔譚(下)」.

이상과 같이 초기 전철 건설은 원래 계획인 일본인 중심의 시가 일주선
이 아니라 부산과 부산 교외를 연결하는 도시 철도로부터 시작하여 연선
의 도시화와 이를 통한 부산부 영역의 확대를 추동하는 도시기반시설로
자리 잡았다. 이는 반대급부로 기존 시가의 전철 건설 요구를 더욱 강력
하게 야기했다. 이를 통해 결과적으로 시내와 교외라고 하는 근대 도시의
위계화된 공간 분할을 만들어냈다. 이 위계화된 공간은 부산진 지역을 경
계로 하여 지역적·민족적 차별 및 소외의 공간 분할과 결부된 식민성을
드러냈다고 할 수 있다.[46]

(2) 시가노선의 건설

부산의 전철은 일본인들이 자신이 거주하는 공간을 근대적 도시공간으
로 만들기 위해 자본까지 투자하며 건설하고자 한 것이었다. 하지만 조선
가스가 설립되자 당초의 방침이 지역 중심에서 자본 중심으로 바뀌기 시
작했다. 따라서 도로가 좁고 노선이 짧아 비영리적인 시가전철보다는 도
로가 확보되어 있고 내륙으로까지 확장할 수 있는 동래선과 초량, 부산진
방면을 더 선호하게 되었다.

한편, 조선가스의 이러한 생각에는 당시 조선총독부의 철도 정책도 영
향을 미쳤다. 조선총독부는 회사가 특허를 받을 때에는 없었던 「조선경편

---

45) 현재 남아 있는 전차 종점 흔적이 서면인 것을 보면 서면을 기점으로 시내선과
　　교외선이 해방까지 존재했음을 보여주는 것은 아닌가 한다. 현재 이와 관련해서
　　일제 말(1942~1944년) 범일정에서 서면까지의 노선은 1946년 미군에서 제작한 부
　　산 지도를 통해 확인된다(Army Map Service, 『KOREA CITY PLANS, PUSAN』, 1946).
46) 시내와 교외의 공간 분할이 차별과 소외의 공간 분할인 것은 전차임금과 전차구
　　간제를 통해 잘 드러난다. 이에 대해서는 다음 절 참조.

철도령」과 관련부속법령을 1912년 6월 15일 제정 공포하는[47] 와중에 변경 명령서를 서둘러 하부하여 전철 건설에 직접 개입했다. 특히 전철 궤도 를 2피트 6인치 단선으로 제한하는 한편, 전철 건설을 편측으로 규정함으 로써 더욱 영리적이지 못하게 했다. 더군다나 이 때문에 1기선에 포함되 어 있던 장수통의 야점들은 건설에 반대했고, 이를 핑계로 조선총독부는 건설 허가를 계속해서 미뤘다. 반면 조선경편철도령은 조선총독부 자체 의 예산으로 간선철도망 건설이 요원한 시점에서 민간 자본을 통해 조선 을 개발하고자 제정되었다. 따라서 경편철도 건설에 보조금 지급을 규정 함으로써 회사가 동래선 개수 이후 전철 건설에 나서지 않고 경편철도인 동래연장선 건설에 집중하도록 추동했다.[48]

그렇다고 해서 조선가스는 시가노선 건설을 주장하는 여론을 무시할 수 는 없었다. 표면적으로 여론을 따르는 척하면서 조선총독부의 허가 방침 에 따라 동래선과 연결할 수 있는 부산항에서 부산진까지 전철 건설과 동 래선 전철 병용의 수정안을 제출했다. 곧바로 허가받게 되자 전철 건설에 들어갔다. 당연히 '부산시가'의 일본인들은 노선 연장을 요구하기 시작했 다. 특히 대청정, 서정, 보수정, 부평정, 토성정, 초장정 등 서부 유지들은 서부전철기성동맹회를 조직하고 부산역에서 대청정을 거쳐 조선가스의 발전소까지 전철 연장을 요구했다.[49] 여기서 주목되는 점은 서부전철기

---

47) 관련 법령은 다음과 같다. 조선총독부 재령 제24호 조선경편철도령, 조선총독부령 제117호 조선경편철도령시행규칙, 동 제118호 철도운수규정, 동 제119호 경편철도 및 궤도의 건설운수기타업무에 관한 건, 동 제120호 전용의 경편철도 및 궤도에 관한 건(『朝鮮總督府官報』 제540호, 1912.6.15).

48) 조선총독부 철도국, 앞의 책, 723~725쪽.

49) 『朝鮮時報』 1915.4.29, 「西部有志の要求」;『釜山日報』 1915.5.4, 「西部電鐵期成▲ 同盟會を組織す」;『朝鮮時報』 1915.5.4, 「電鐵速成の要望」.

[그림 6] 1910년대 중후반 시가노선

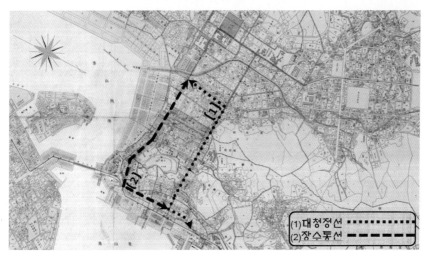

성동맹회가 주장하는 노선은 [그림 6]의 [1]과 같이 원래의 1기선 중 장수
통 방면을 제외한 노선이라는 것이다. 이는 장수통 야점들의 반발과 조선
총독부의 허가 반려를 극복하기 위한 방편일 뿐만 아니라 나날이 발전해
가는 북부 신시가지에 비해 여전히 개발을 기다리고 있는 서부 신시가지
의 발전을 위한 목적도 있었다.[50]

이후 동맹회의 적극적인 운동과 함께 내홍을 겪던 회사의 용인을 다행
히 얻어내어 노선 변경안은 제출되었다. 또한 새롭게 부산 자본을 대표하
여 조선가스의 사장이 된 香椎源太郎을 통해 재차 총독에게 탄원하는 한
편, 다시 노선 연장안을 부분 수정하여 조선총독부에 제출했다.[51] 그 결

---

50) 『釜山日報』 1915.5.14 · 15, 「西部市街繁榮策(上 · 下)」 ; 『釜山日報』 1915.11.4, 「釜
　　山繁榮の北漸」 ; 『釜山日報』 1915.12.25 · 26, 「電鐵延長許可如何(上 · 下)」.

51) 『釜山日報』 1915.5.26, 「西部電鐵延長愈々決定せり」 ; 『朝鮮時報』 1915.5.26, 「西部
　　電鐵決意」 ; 『釜山日報』 1915.6.20 · 25, 「電鐵線路變更申請」 ; 『釜山日報』 1915.

과 1916년 6월 1일부로 부산우편국 앞에서 대청정, 보수정, 부평정을 거쳐 부성교에 이르는 연장 노선은 마침내 인가되었다. 회사는 곧바로 공사 준비에 착수하여 9월 5일 준공계를 제출하고 22일 개통했다.[52]

대청정선([그림 6]의 [1], [그림 7])이 개통되자 곧이어 그간 문제가 되었던 장수통 방면의 건설요구가 터져 나왔다. 若松兎三郎 부산부윤을 비롯하여 부산번영회는 물론 일본인 신문도 장수통 방면의 전철 건설을 통해 시가 일주선의 완성을 주장했다. 장수통 방면은 일본인들이 부산의 '긴자'라고 할 만큼 번화한 거리이며 많은 사람들이 운집하는 곳이었기에 애초부터 교통상의 편의를 위해 전철 건설을 희망했던 구간이었다. 그러나 초기 조선가스의 경영방침과 조선총독부의 반대는 물론, 장수통 상점 및 야점들의 반대까지 겹치면서 건설이 이루어지지 않았다. 더군다나 북부 신시가지 조성과 전철 건설 등으로 부산의 번영은 점차 북부 방면으로 옮겨가자, 위기감을 느낀 '부산시가'의 일본인들은 다시 장수통 방면의 전철 건설을 주장하기 시작했다. 특히, 그때까지 장수통 방면의 전철 건설을 반대하던 寺內正毅 총독이 내각 수반으로 자리를 옮기자 편측건설규정이 완화될 수 있다는 기대도 팽배했다. 또한 장수통 방면 상점 및 야점의 반대 명분이 시가 일주선이 완성되지 않은 점이었기에 대청정선이 완성된 시점에서 더 이상 반대할 명분도 없었다.[53]

12.22, 「電鐵延長如何, 香椎瓦電社長談」;『釜山日報』1916.4.13, 「西部電鐵設計變更」;『釜山日報』1916.4.22, 「西部電鐵線變更申請」.

52) 『釜山日報』1916.6.10, 「鐵道認可指令」;『釜山日報』1916.9.5, 「延長電鐵竣工」;『釜山日報』1916.9.11, 「西部電鐵延長線の試運轉」;『釜山日報』1916.9.26, 「大都會の氣分漂ふ西部市街」.

53) 『釜山日報』1916.10.24, 「長手通りに電鐵延長の議」;『釜山日報』1916.10.27, 「釜山繁榮會十月例會」;『釜山日報』1917.7.13, 「長手通り電鐵延長線の出願」;『釜山日報』1917.10.6, 「長手通電鐵延長認可せらる」;『釜山日報』1917.11.25, 「釜山市中

[그림 7] 대청정선과 전차　　　　　[그림 8] 장수통선과 전차

출전 : 부산박물관　　　　　　　출전 : 부산박물관

　계속되는 지역 여론의 건설 주장에 香椎 사장도 공감하며 이듬해인
1917년 7월 9일 부산우편국 앞에서 매립정, 장수통, 행정, 부평정통을 거
쳐 부성교 부근의 대청정선과 이어지는 약 1마일의 연장노선([그림 6]의 [2],
[그림 8])을 조선총독부에 출원했고, 마침내 9월 22일부로 인가되었다.[54]
그리고 11월부터 건설에 들어가 곧바로 준공하고 12월 20일부터 영업을
개시했다. 그때까지 문제가 되었던 장수통 야점은 인근의 '新夜店町'(부산
상업회의소 거리)으로 이동하게 되어 시가 일주선 운행에 차질이 없게 되
었다.[55]

心點の移動」; 『釜山日報』 1917.12.6, 「電鐵延長の急務」.

54) 『釜山日報』 1917.4.18, 「電車長手線の測量」; 『釜山日報』 1917.7.12, 「長手延長電鐵
　　出願」; 『釜山日報』 1917.10.5, 「長手延長電鐵認可」.

55) 얼마 지나지 않아 이동한 야점이 점차 부진에 빠지자 부산번영회는 야점을 다시
　　장수통에 부활시키려고 편측 야점을 청원하는 한편, 일본인 언론은 야간 전차의
　　운행 중지를 통한 야점 부활을 주장하는 등 다시 장수통 야점의 부활 여론이 거세
　　졌다. 이후 장수통 복선화가 추진되었지만 끝내 이루어지지 않았는데 그 이유 중
　　하나가 야점의 반대였다. 따라서 장수통 야점은 1921년 즈음 본래의 자리로 다시
　　돌아온 것 같다(『釜山日報』 1917.11.17, 「夜店近く新夜店町に移轉」; 『釜山日報』
　　1918.5.1, 「長手夜店復活案」; 『朝鮮時報』 1921.5.28, 「輿論は遂に實現して長手通
　　に夜店出願」).

한편, 시가 일주선이 완성되자 부산번영회와 일본인 언론은 재빨리 하단까지 전철 연장을 주장하기 시작했다. 하단 방면으로 전철 연장은 서부 신시가지 방면으로 전철 연장을 의미했다. 이 방안은 창립당시 중역이었던 大池忠助가 주장한 것으로 부산번영회에서도 역시 같은 주장을 되풀이했다. 시가 일주선은 부산의 일본인들이 기대한 최초 명령서대로 이루어지지 않았지만 지속적인 요구에 의해 어느 정도 시가 일주선의 기능을 수행할 수 있게 되었다.

그런데 시가 일주선은 더 이상 최초의 목적처럼 번화가의 교통 편의만을 추구할 수는 없었다. 애초 부산 전철의 목적은 교통 편의시설의 확충을 통한 부산 중심시가의 번영 촉진이었다. 하지만 시내선이 먼저 북부 시가지를 거쳐 동래와 연결됨으로써 중심축이 교통시설과 함께 원심력에 의해 북부로 이동했다. 아직 확고한 구심력을 갖추지 못한 상태에서 점차 중심점이 북쪽으로 이동하는 것을 지켜본 부산시가 일본인들은 다시 시가 일주선을 중심으로 강고한 구심력을 발휘하며 사방으로 뻗어나갈 수 있는 수단을 강구하고자 했던 것이다.[56] 따라서 이후로는 중심축인 시가 일주선을 확장하면서 하단을 목표로 한 서쪽으로 전철 연장이 진행될 수밖에 없었다.

시가노선(서부 신시가지 포함)과 북부 신시가지선을 건설하고 이를 연결한 이후 전철 경영은 회사 측에서 볼 때 순조로웠고 이윤은 착착 쌓여갔다.[57] 하지만 지역민에게는 전차요금이 다른 도시보다 높은 편이었고

---

56) 『釜山日報』 1910.12.22, 「大池取締意見」 ; 『釜山日報』 1916.10.27, 「釜山繁築會十月例會, 交通問題に付論議」 ; 『釜山日報』 1917.12.6, 「電鐵延長の急務」 ; 『釜山日報』 1917.12.20, 「電車釜山市內を一周す」.

57) 朝鮮瓦斯電氣株式會社, 앞의 책, 54쪽 ; 『朝鮮時報』 1921.3.18, 「其無誠意を雄辯に物語る瓦電今期の純益」.

전철 시설은 그다지 좋지 못했다. 모든 전철이 단선인데다 전차 또한 좋지 못해 교통량이 많은 부산역전에서 부산우체국전까지는 걷는 편이 낫다고 할 정도로 교통형편이 나빴다.[58] 이에 각 지역마다 전차개선기성동맹회가 만들어지고 연일 전차요금 인하요구 등을 관계 기관에 청원하기 시작했다. 결국 부산부윤과 부산부협의회는 전차의 근본적 개선을 위한 전차부영을 결의했다.

반면 조선가스는 전차만이 아니라 가스, 전기 등 모든 부문의 매수를 주장하면서 부윤과 부협의회 측의 요구를 회피하고자 했다.[59] 이 문제는 다시 전기부영운동으로 확대되어 1920년대 부산 지역사회의 중대한 문제로 대두되었다. 이 와중에 회사는 지역민의 전차부영요구를 전철의 편의시설 확충을 통해 돌파하고자 했다. 따라서 선로 개선, 전차 개선, 그리고 선로 연장요구에 적극적으로 부응하고자 했다. 특히, 구시가 전철과 관련해서는 서부로의 연장선 건설과 부성교에서 부산역전까지의 복선 건설이 계획되었다.[60]

---

58) 『釜山日報』 1918.9.26・27, 「西伯利出兵に會し大釜山港施設を論す(八・九)」;『朝鮮時報』 1921.4.2, 「復線を原則とする市内電車の運轉」;『朝鮮時報』 1921.4.29, 「亂暴な電車」;『朝鮮時報』 1921.5.31, 「電車の立往生」;『朝鮮時報』 1921.6.16, 「電車の大故障」;『朝鮮日報』 1923.1.9, 「전차에 대한 불평」.

59) 『朝鮮時報』 1921.9.6, 「東萊有志對瓦電側の電車改善押問答(上)」;『朝鮮時報』 1921.9.7, 「東萊有志對瓦電側の電車改善押問答(下)」;『東亞日報』 1921.12.10, 「釜山電車의 減額運動」;『東亞日報』 1922.8.29, 「釜山電車府營」;『東亞日報』 1922. 9.10, 「電車買收府協議會(釜山)」;『朝鮮時報』 1922.11.19, 「瓦電買收と府の態度」; 『朝鮮時報』 1923.3.3, 「瓦電會社の買收は内地の比率に依るば不當なり」;『朝鮮時報』 1923.3.3, 「電車の價格を申出ねば總督の裁定に任す」.

60) 장수통선의 복선 건설은 교통의 완화를 위해 필요한 것이었지만 도로가 협소하고 번화한 거리이기 때문에 상가는 물론 관계 당국의 반대로 실행되기가 어려웠다. 이 점을 잘 알고 있던 회사가 다른 노선을 두고 이 노선을 복선화하겠다고 나선 것에 대해 여론은 이익 증대만을 고민하며 명령선 건설과 요금 인하를 미루려는

[그림 9] 1920년대 중후반 시가노선

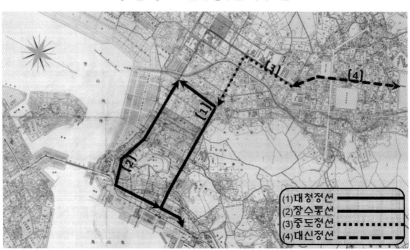

(1)대청정선
(2)장수통선
(3)중도정선
(4)대신정선

서부로의 노선 연장은 회사 창립 때 규정된 명령선이었기에 당연한 것
이었다. 회사는 표면상 시가 일주선의 미개통 노선을 예정 계획선으로 설
정했다. 이에 서북부 주민들은 대신동 방면의 발전에 비춰 중도정과 보수
정을 아우르는 대신동 방면 노선을 함께 건설해줄 것을 회사와 관계 당국
에 요망했다. 당시 진주지역과 갈등을 빚던 도청 이전이 결정되자 조선가
스는 주민의 요구를 일부 받아들여 보수정의 대청정선에서 법원 및 도청
앞을 지나 중도정에 이르는 노선([그림 9]의 [3], [그림 10]) 연장을 출원하
고 부산부와 협의한 후 1925년 9월 말 완공했다.[61]

술책이라며 수상히 여겼고 고스란히 전기부영운동으로 이어졌다(『朝鮮時報』
1925.9.17, 「釜山の瓦斯電氣事業は速かに'府營'とせよ(其二)」).
61) 『朝鮮時報』 1924.2.9, 「第二期豫定線延長運動起る」;『釜山日報』 1925.2.22, 「電車
線西部延長と富民橋架替問題」;『東亞日報』 1925.4.3, 「釜山電車延長運轉(釜山)」;
『朝鮮時報』 1925.9.6, 「五日から電車が開通した富民橋」.

[그림 10] 중도정선과 전차(법원 앞 교차점)　　　[그림 11] 도청 앞 대신정 전차선로

출전 : 부산일보　　　　　　　　　　출전 : 부산박물관

　　하지만 여전히 회사는 명령선의 적극적인 건설과 운임 개선 등 근본적 개선책을 회피했고, 다시 전기부영운동에 직면했다. 서부 유지들은 영리 중심의 경영방침을 비판하며 공설운동장 준공을 기회로 대신정선 연장과 창립 당시 시가 일주선의 완성을 재차 요구했다. 특히, 대신정 연장선([그림 9]의 [4], [그림 11])은 경남체육협회는 물론이고 부산부와 부협의회까지 요구함으로써 결국 1928년 9월 개통을 이끌어냈다.[62] 이로써 불완전하지만 시가전철의 모습이 대체적으로 갖춰졌다. 몇몇 노선이 계획되어 있거나 요구되고 있었지만 부산의 일본인들이 애초에 구상했던 시가 일주선을 중심으로 북쪽과 서쪽으로 뻗어나갈 수 있는 兩翼의 시내선이 형성되었다. 이제 부분적인 확장과 더불어 교통 편의의 개선을 위해 선로 개선

---

62)『朝鮮時報』1927.2.14,「大運動場の新設に伴ひ電車線路の引込を運動」;『釜山日報』1927.12.21,「西部電鐵延長を瓦電に要望す」;『朝鮮時報』1928.3.10,「大新町グラウンドへ電車敷設を交渉中」;『朝鮮時報』1928.4.15,「グランドに通ずる電車線の敷設」;『中外日報』1928.5.26,「府議案 三大事項決議」;『東亞日報』1928.6.16,「大新町電車延長은 三個月內로 竣工」;『東亞日報』1928.7.6,「瓦電의 申請中인 新線과 複線」;『東亞日報』1928.9.23,「釜山電車에 延長工事竣工」.

이 강화되었다.

그동안 전기부영운동이 결국 일본 내각의 긴축정책으로 자연 폐기되었다. 하지만 조선가스의 전철 경영에 대한 지역민의 불만은 여전했다.[63] 회사는 이에 부응하는 듯 적극적 영업방침을 수립하고 시가전철의 복선화에 집중하는 한편, 시가 일주선의 마지막 남은 노선의 연장 건설도 출원했다. 더불어 전철 전체 노선의 궤도를 3피트 6인치로 교체하기로 계획하고 인가를 얻어 착공했다.[64] 조선총독부는 장수통 복선이 포함된 회사의 계획에 대해서는 도로의 협소와 연도 주민의 반대를 이유로 또 다시 불허했다.

그러자 조선가스는 장수통만을 제외한 新線 포함 복선 건설을 출원하여 허가를 받아냈다. 1934년 9월 말 부성교에서 토성교를 지나 도청까지 복선([그림 12]의 [5])을 건설하면서 명실상부한 시가 일주선을 완성했다.[65] 한편, 궁민구제사업의 일환으로 간선도로와 도진교 건설이 진행되자, 부 당국 및 목도 지역민은 간선도로와 도진교에 전철 건설을 협의했다. 이어

---

63) 『朝鮮時報』1929.12.29, 「釜山繁榮會の名で三線新設を要望す」;『東亞日報』1930. 1.10, 「釜山電車 改善을 北部市民이 促進」;『朝鮮日報』1930.1.12, 「釜山電車線로 延長과 車體改善을 陳情」;『東亞日報』1930.1.27, 「釜山電車賃 五錢均一制」;『釜 山日報』1930.4.18, 「釜山府民의 電車複線要望」;『釜山日報』1930.11.14, 「釜山電 車의 複線急速實現을 督促」;『朝鮮時報』1930.11.23, 「電車賃金均一實行運動へ釜 山北部有志連이 近く具體的に進むか」.

64) 『朝鮮時報』1929.12.5, 「郵便局を起點とし長手, 大新町に複線」;『東亞日報』1931. 8.3, 「釜山電車廣軌」;『朝鮮時報』1931.11.12, 「釜山電車路廣軌交替」; 하지만 여전히 운임 개선은 소극적이었다. 게다가 운임 개선을 복선화 이후로 미뤘기 때문에 복선화는 운임 개선을 위한 전제 조건이었다(『朝鮮日報』1930.2.19, 「電車線路 延長과 車賃引下運動」;『釜山日報』1930.12.9, 「釜山의 電車複線」).

65) 동시에 대신정까지 복선화도 이루어졌다(『朝鮮時報』1932.8.21, 「長手通りの複線 は不可だと商取引に影響すと地元關係者陳情」;『朝鮮時報』1932.8.30, 「長手通り 電車複線反對」;『朝鮮日報』1933.12.17, 「單線電車軌道 複線으로 改設」;『釜山日 報』1934.2.9, 「富城橋-高女校-裁判所前に至る電車複線の新設」;『釜山日報』1934. 10.1, 「釜山西部電車複線開通紹介 西部釜山の交通機關增設」).

서 해안 간선도로와 도진교의 개통에 따라 1934년 11월 15일 대교통선([6]),
이듬해 2월 27일 목도(영도)([7])까지 연장 개통되었다.[66] 이로써 일주선에
포함되었던 부평시장통선과 대창정선(X표시)은 폐지되었다.

[그림 12] 1930년대 초중반 시가노선

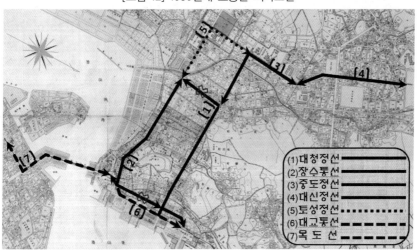

(1)대청정선
(2)장수통선
(3)중도정선
(4)대신정선
(5)토성정선
(6)대교통선
(7)목도선

[그림 13] 대교통선과 전차

[그림 14] 도진교와 목도선 그리고 전차

출전 : 부산박물관

출전 : 부산박물관

---

66) 『朝鮮時報』 1932.3.8, 「牧島架橋に電車 府と會社の意嚮聽取」 ; 『東亞日報』 1932.
5.7, 「棧橋와 驛前에 電車線路敷設」 ; 『釜山日報』 1933.6.16, 「府內主要地點の電車
複線計劃」 ; 『東亞日報』 1934.11.15, 「釜山幹線路에 電車를 運轉」.

이제 남은 문제는 운임 개선과 일부 남아있던 단선의 복선화였다. 특히, 장수통선은 번화가일 뿐만 아니라 도로가 협소하여 복선화에 걸림돌이었다. 이 때문에 항상 정체를 빚어 교통상의 불편이 이만저만 아니었다. 오죽하면 牛馬보다 느려 차장이 "급한 분은 걸어서 가십시오"라고 말할 정도였다.[67] 하지만 복선화는 상점가와 조선총독부의 반대로 건설 이전부터 쉽지 않았다. 근본적인 문제해결이 필요했고 해결안은 이미 나와 있었다.

1925년 池田佐忠은 남항 방파제 축조 및 매립공사를 출원했다. 부산부는 남항 매립지에 해안도로를 조성하고 이곳에 전철을 건설하고자 계획했다. 남항 방파제 공사가 완료되고 매립이 녹정 인근까지 완료되어가자 매축을 담당했던 池田과 부산상공회의소를 중심으로 한 부산의 유지들은 새 도로(소화통)로 전철 이전을 주장했다.[68] 하지만 당시 전철 회사는 조선총독부의 전기사업자 통합방침에 의해 6개 전기회사와 통합되어 수립된 남선합동전기주식회사(이하 남전)로 바뀌었다. 남전은 조선가스처럼 부산을 본위로 하는 회사가 아니었기에 전철 설비 투자는 전시 물자부족을 이유로 거의 방치하면서 여전히 장수통 복선화에 집착하며 시간을 허비했다. 1940년 다시 장수통 상점가와 부산부회 간화회는 남전의 장수통 복선화에 반대하며 소화통 전철 건설을 철도국과 남전 본사에 진정했고,

---

67) 『釜山日報』1929.8.11,「電氣が府營となつたら市內を複線とし電車の速力を增す」 ;『朝鮮時報』1931.9.17,「軌道も廣め時速度を增加す瓦電の新計劃進む」;『釜山日報』1940.3.15,「長手通り電車復線の是非を廳く」.

68) 池田國司,『池田佐忠 事業と人生』,東京,1999, 135~151쪽 ;『朝鮮時報』1925.8.31,「南濱と綠町の埋立が成つなら松島に電車線路を延」;『朝鮮時報』1937.11.9・10,「釜山電車改善の急務 池田佐忠氏談(一・二)」;『朝鮮時報』1937.11.20,「長手通りの電車複線問題」.

[그림 15] 1940년대 초반 시가노선

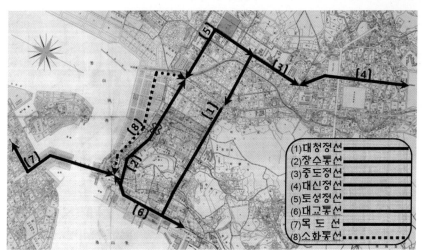

결국 다음해 소화통 복선 건설([그림 15]의 [8])이 인가되면서 공사에 들어
가 1941년 12월 개통되었다.[69]

　이제 일본인 거주 중심의 시가 일주선은 최초 계획을 넘어 확장된 형태
로 완성되었다. 부산의 일본인들이 '자신들의 터전'으로 생각하며 완성하
고자 했던 도시화의 한 모습이며 도시화를 추동하는 한 요인인 전철은 이
상과 같이 시가 일주선을 중심에 두고 서부(대신정), 북부(범일정, 동래온
천장), 남부(목도)로 뻗어나가는 모습이었다. 더 구체적으로는 조선과 대
륙 진출의 출입구인 부산항과 부산역을 정점으로 한 도시 교통기관의 완
비라고 할 수 있을 것이다. 이는 일본인 중심시가를 강고한 구심력으로
하여 사방으로 뻗어나가고자 했던 식민주의자의 욕망이 투영된 것이다.

---

69) 『釜山日報』 1940.4.27, 「長手の電車を昭和通りへ移轉」 ; 『釜山日報』 1940.8.2, 「電
　車の複線陳情」 ; 『釜山日報』 1941.8.24, 「昭和通りの電車複線」 ; 『釜山日報』 1941.
　11.28, 「複線に備へて電車整理廢合案完成」.

물론 전철 건설과 운영은 일방적이지 않았다. 특히 공공재로서 '부민의 발'인 전철은 식민성과 근대성이 중첩되어 있기 때문에 여러 힘들의 교차·갈등·봉합을 통해 만들어지고 운영되었다고 해도 과언이 아니다.

2. 전철 건설과 운영을 둘러싼 역학관계

1) 조선총독부와 부산의 전철

전철과 관련하여 조선총독부는 주로 건설부문에서 인허가의 최종 승인 주체로서 영향력을 미쳤다. 그런데 전철을 비롯한 사설철도와 관련해서 조선총독부가 들어서기 전 허가된 철도 노선들도 존재했다. 이들은 대부분 한국정부 또는 일본 본국의 법에 따라 허가되었고 건설되었다.[70] 부산의 전철 건설도 이미 부산이사청의 특허명령을 받은 상태였고 관련 회사인 조선가스전기주식회사가 창립되어 전철 건설에 나서고 있었다. 따라서 조선총독부는 관계법령의 제정을 위해 조사하는 과정에서 회사에 대해 전철 건설의 변경 명령서를 하부했다. [표 2]는 명령서를 비교한 것이다.

[표 2]와 같이 창립초기 부산이사청의 명령도 한 차례 변경되었다. 변경 내용은 궤간을 넓히고 궤도는 단선으로 하며 속력을 높인 것이었다. 당시 부산시가의 폭이 7간(12.73m)에 지나지 않았기 때문에 복선은 어렵다고 판단하고 대신 궤간을 광궤로 넓히고 속력을 높여 교통 편의를 도모한 것이었다. 그런데 조선가스가 동래선 개선을 위해 조선총독부 철도국과 협의

---

70) 朝鮮總督府鐵道局, 앞의 책, 1929, 727~765쪽.

[표 2] 조선가스전기주식회사 명령서

	최초 명령서(부산이사청)	변경 명령서(부산이사청)	변경 명령서(조선총독부)
일자	1910년 5월 10일	1910년 7월 1일	1911년 6월 30일
궤간	3피트 6인치	4피트 8인치	2피트 6인치
궤도	복선	단선	단선
속력	시간당 8마일	시간당 12마일	시간당 8마일

출전 : 『釜山日報』 1910.5.20, 「特許及命令書」 ; 『釜山日報』 1910.7.1, 「瓦電設計變更許可」 ; 『釜山日報』 1911.7.16, 「電鐵命令事項變更」.

했을 때 철도국은 부산 가로가 7간인데 전철 폭원이 4피트 8인치(142.24cm)면 너무 넓은 것은 아닌가 하고 우려했다.[71] 조선총독부는 부산의 전철 건설에 문제가 있음을 인지한 후 관련 법령이 제정되기 전에 서둘러 변경 명령서를 하부했다. 그런데 이 변경 명령서대로 출원을 해도 시가전철은 지속적으로 인가받지 못했다. 불허의 이유는 곧바로 제정된 관련 법령의 제정 목적, 부속법령 중 전철 건설과 관련된 조항, 그리고 조선총독부 경무총감의 별도규정 때문이었다.

조선총독부는 사설철도와 관련하여 "산업의 개발과 지방교통기관 정비가 긴요하다"고 판단하고 1912년 조선의 특수 사정 및 외국의 실례를 참작하여 제령 제25호 「조선경편철도령」과 부속법규를 제정 공포했다.[72] 더불어 통치 안정화와 부원 개발이 철도 건설과 결부되어 있음을 인지하고 사설철도에 대한 보조를 내규로 정하여 경편철도 건설을 촉진했다.[73] 따라서 조선총독부가 변경 명령서에서 궤간을 2피트 6인치(76.2cm)로 낮춘 것은 경편철도의 궤간 2피트 6인치와의 연결을 고려한 것이었다.[74] 이에

71) 『釜山日報』 1910.12.27, 「輕鐵幅員方針, 鐵道管理局の執る所」.
72) 『朝鮮總督府官報』 제540호, 1912.6.15.
73) 朝鮮總督府鐵道局, 『朝鮮鐵道四十年略史』, 1940, 466~470쪽.

따라 조선가스는 시가전철 건설에 미온적이었고 오히려 경편철도였던 동
래선 개선 이후 동래연장선 건설에 집중했던 것이다.[75]

한편, 전철 건설과 관련된 부속법령인 「경편철도 및 궤도건설, 운수, 기
타 업무에 관한 건」(조선총독부령 제119호)에는 궤도의 궤간을 "특별한
경우를 제외하고 3피트 6인치"로 규정했다. 건설에 관해서는 "單線일 경우
兩側 人家의 連槍으로부터 4間 이상, 기타 장소는 3間 이상" 떨어져야 하
며, "複線인 경우 兩側 人家의 連槍으로부터 5間 이상, 기타 장소는 4間 이
상" 떨어져야 한다고 상세히 규정했다.[76] 이상의 법규를 통해 볼 때 전철
건설을 위해서는 단선일 경우 2간(3.64m) 정도의 여유가 있어야 하고 인
가와의 거리를 포함하면 최소 8간(14.55m) 정도는 필요했다. 따라서 영선
산 착평과 북항 및 부산진 매축공사로 인해 조성되는 12간(21.82m) 도로
가 법규상 전철 건설에 적합했다. 변경 명령서대로 2피트 6인치의 협궤로
줄여도 시가노선은 도로 폭이 7간에 그쳐 도저히 힘들었다.

이와 맞물려 조선가스는 비영리적이라고 판단한 시가전철보다 부산항
에서 초량을 거쳐 부산진에 이르는 노선을 먼저 건설하려고 했다. 그러나
여론에 밀려 궤간을 3피트 6인치로 바꾸고 1기선(시가노선의 일부인 장수
통선)과 3기선(부산진선)을 연결하는 직선 노선을 조선총독부에 출원했
다. 관련 법령과 편측건설규정으로 일본인사회는 혼란에 휩싸였다.[77] 회

74) 『朝鮮時報』 1913.6.28, 「電鐵敷設と延長」; 『朝鮮時報』 1913.7.5, 「電鐵敷設方針」.
75) 朝鮮總督府鐵道局, 앞의 책, 1929, 723~725쪽.
76) 『朝鮮總督府官報』 제540호, 1912.6.15, 141쪽.
77) 『朝鮮時報』 1913.7.18, 「電鐵と片側敷設」; 조선총독부 경무총감부의 전철 편측건
    설규정은 부산의 일본인들 사이에 전철 건설과 관련하여 대혼란을 야기시켰다.
    노선에 포함된 장수통의 상점가는 즉각 장수통선 연기론을 주장하며 편측건설을
    반대했고 부산번영회를 비롯한 부산시가선 건설을 주장하는 일본인들은 중앙에

사는 재차 2피트 6인치 단선의 부산항－동래온천장 노선을 출원하여 결국 건설허가를 받았다. 부산항에서 초량, 부산진에 이르는 노선과 동래선의 전철 병용은 당시 조선총독부가 의욕적으로 추진하고 있던 부산항과 부산역을 연결하는 조선 및 대륙 진출의 출입구 조성사업과 잇닿아 있었다. 그리고 이 노선은 동래연장선과도 연결되어 조선총독부가 추구하는 사설철도 방침과도 부합했다. 조선총독부의 전철 인허가 방침이 지역이 아니라 제국의 논리에 있었다는 점을 이를 통해 알 수 있다.

여기서 사설철도 관련 법령과 더불어 새로운 규정을 통해 시가노선을 불허했다는 점도 주목된다. 전철 건설 명령서 자체를 이유 없이 취소할 수 없는 상태에서 지역민이 희생을 감수하며 시가노선의 건설을 요구할 때 또 다른 불허의 이유가 필요했다. 조선총독부는 경무총감부를 통해 전철의 편측건설이라는 새로운 규정을 제시했다.[78] 이 규정은 '부산시가' 중 가장 번화가인 장수통 상점과 야점들의 건설 반대 운동을 야기시켰다. 이를 빌미로 시가전철에 대한 허가는 지속적으로 미뤄졌다. 이 문제는 寺內 총독이 물러나면서 사라졌지만 더욱 가중된 교통 혼잡과 야점들의 반발로 복선 건설은 일제시기 내내 불허되었다.[79]

그런데 寺內 총독의 이와 같은 방침에는 또 다른 이유가 있었던 것 같다. 1928년 조선군참모장이었던 寺內 총독의 아들 寺內壽一은 자신의 부친이 부산의 전철 건설을 줄곧 불허한 이유를 국방상의 문제였다고 회고

건설할 수 있다며 즉각 건설을 주장했다. 한편, 장수통이 반대하면 대창정통에 전철을 건설해달라고 하는 여론도 비등했다.
78) 『釜山日報』 1913.7.22, 「電鐵敷設は街路の片側に限る可し」.
79) 『東亞日報』 1928.8.1, 「釜山電車의 複線은 不許可」; 『釜山日報』 1930.9.18, 「釜山の電車複線」.

했다. 당시는 병합 직전이라 더더욱 "조선 산업개발상 전체의 시설은 국
방의 근본방침으로 넣고 행"했다는 것이다. 그래서 "첫째, 국방상 허가하
는 것이 불가능"했다고 한다. 구체적으로 "일단 완급의 경우 첫째 군대가
통행하는 길이 선로에 의해 막혀 버리게 됨으로 국방상 대차질이 생기기
때문에 인가할 수 없었다"는 것이다.[80] 즉, 군대가 출동해야 하는 시급한
경우를 대비해 도로를 비워둬야 한다는 것이다. 이 점 또한 전철 건설에
제국주의적 힘이 관철되었음을 보여주는 단적일 예라고 할 수 있다.

2) 조선가스전기주식회사와 부산의 전철

도시기반시설이라고 하는 공공재 경영의 독점권을 지역사회로부터 넘
겨받아 창립한 조선가스전기주식회사는 지역의 입장에서 특허명령에 명
시된 대로 전철 건설이라는 의무를 충실히 수행해야 하는 '준공영' 회사였
다. 그럼에도 불구하고 1910년 전철 건설의 특허권에 명시한 1기선인 시
가 일주선은 5년 이상 첫 삽도 뜨지 못했다. 더불어 1916년 대청정선과
1917년 장수통선의 짧은 일주선만을 완성시킨 뒤 더 이상 연장 건설이나
설비 투자에 소홀했다. 1917년부터 1923년까지 연장된 선로는 전혀 없는
반면, 전차요금의 안정적 획득을 통한 이윤 확대만을 추구함으로써 부산
의 일본인을 비롯한 지역민들의 불만을 초래했고 결국 전차부영운동에
직면했다.[81]

전차부영운동이 심화되자 부분적인 개선의 노력을 기울였지만 미개통

---

80) 『朝鮮時報』 1928.4.6, 「軍事上から割出された不便な釜山の電車軌道」.
81) 『朝鮮時報』 1925.9.17, 「釜山の瓦斯電氣事業は速かに'府營'とせよ」.

명령선 건설 및 요금 인하 등 근본적인 개선책 없이 소극적 경영방침에 따라 전철을 운영해갔다. 그리고 일본인들이 가장 요망했던 시가 일주선은 1934년 9월 단선과 복선의 기형적인 형식이었다가 새로운 도로의 완성을 통해 1941년 12월에야 비로소 완성되었다. 고작 4km 정도의 시가 일주선 건설에 30년 이상이 걸렸다는 것만 봐도 회사가 독점권을 가지고 공공사업에 제대로 복무하지 않았다는 것을 잘 알 수 있다. 이유는 창립의 목적이 어떻든 자본의 논리에 따르는 주식회사였기 때문이었다.

[표 3] 조선가스전기주식회사 주주의 지역별 분포

	東京	朝鮮	愛知	岐阜	京都	神奈川	滋賀	山口	三重	兵庫
1915	17,712 (218)	8,545 (48)	7,795 (207)	3,226 (66)	2,610 (26)	1,990 (42)	1,920 (14)	1,750 (26)	1,710 (31)	1,500 (33)
	朝鮮	岡山	東京	山口	愛知	京都	兵庫	埼玉	大阪	岐阜
1928	35,730 (81)	23,780 (61)	23,497 (116)	8,477 (26)	6,160 (87)	3,450 (23)	2,960 (21)	2,950 (10)	2,641 (16)	2,290 (20)
	朝鮮	東京	岡山	山口	愛知	埼玉	京都	大阪	兵庫	神奈川
1932	43,241 (172)	20,680 (127)	20,490 (66)	9,462 (28)	5,940 (77)	3,460 (13)	3,300 (19)	3,091 (16)	2,160 (20)	1,341 (17)
	朝鮮	東京	岡山	山口	愛知	大阪	埼玉	兵庫	京都	神奈川
1936	55,075 (188)	20,526 (110)	16,770 (51)	9,952 (26)	4,950 (65)	3,952 (18)	3,400 (11)	2,030 (19)	1,750 (17)	1,281 (17)

출전 : 『朝鮮時報』 1915년 9월 26일자, 「瓦電株主府縣別」 ; 朝鮮瓦斯電氣株式會社, 『營業報告書』 제36 · 45 · 53호, 1928 · 1932 · 1936.
비고 : 주주의 지역은 상위 10개 지역만 표시한 것이고 ( ) 안의 수는 주주수이다.

조선가스는 설립 과정에서 부산지역의 자본만으로 설립될 수 없었기 때문에 [표 3]과 같이 도쿄, 교토, 오사카 같은 일본의 대도시와 야마구치, 오카야마 등 부산과 가까운 도시의 일본 자본이 대대적으로 참여했다. 이로 말미암아 공공사업으로서 전철 건설보다는 영리사업으로서 전철 경영에 임할 소지가 충분했다. 회사 창립 초기에는 부산 본위의 회사로 만들기 위해 6만 주의 주식 중 부산과 인근지역에 3만 5천 주를 배정하고 나머지 2만 5천 주를 도쿄와 오사카에 배정할 예정이었다. 그러나 창립위원회가 도쿄 방면의 자본가들이 중심이 되면서 점차 주식은 도쿄를 중심으로 4만 주, 부산을 중심으로 2만 주 정도 배분되었다.[82] 더군다나 부산 인근도 부산과 가깝지만 일본 지역임으로 전적으로 부산을 의미하지 않았다. 따라서 [표 3]의 1915년 창립 초기 순수한 부산 자본은 약 8,000주, 전체 주식의 14.3% 정도에 그쳤다. 이처럼 회사 초기는 도쿄를 중심으로 하는 자본에 좌지우지될 수밖에 없었다. 때문에 이윤이 희박한 시가 일주선 건설은 미뤄지고 동래선 개선과 동래연장선이 주목받았다.

한편, 기존 사업을 미루고 새로운 사업으로의 확장에 주목하던 牟田口 회장 등 일부 중역들로 말미암아 주주 사이에 내분이 생겼다. 이를 무마한 부산의 대자본가 香椎源太郞이 사장이 되면서 원래의 사업으로 되돌아가는 듯했다.[83] 1936년 [표 3]처럼 증자를 통해 지역에 기반을 둔 자본도 43.9%까지 확대되었다. 하지만 부산 본위의 기업이라는 생각은 점점 더 옅어졌다. 주주들의 희생을 감수하는 적극적인 경영을 하지 않았을 뿐만 아니라 전차, 전기부영운동 과정에도 주주들의 이해를 대변하는 자세를 취했다. 이 때문에 부산의 일본인 언론은 물론 지역민들의 대대적인 성토와 더불어 부영운동을 심화시켰다.[84] 그런 와중에도 회사는 자본금을 300만 원

---

82) 『經濟新聞』 1910.7.21, 「朝鮮視察談, 社末 K生筆記」；『釜山日報』 1910.7.1, 「韓國瓦電株と株主」；『朝鮮時報』 1910.7.1, 「韓國瓦斯電氣會社株主選定(1), 小泉策太郞氏談」.

83) 그때까지 회장이었던 牟田口元學과 상무취체역이었던 佐藤潤相은 조선가스전기에서 해임되고 동래연장선 등 경편철도 건설을 목적으로 창립한 조선경편철도주식회사로 자리를 옮겼다(이 책 1부 1장 참조).

에서 600만 원으로 증자함으로써 부영을 위한 매수가 불가능하게 만드는 등 지역을 생각하지 않는 영리회사로서의 면모를 여실히 드러냈다.[85]

나아가 부산의 일본인들을 비롯한 지역민들의 전차임 균일제 또는 요금인하 요구에 대해서도 소도시의 경우 균일제는 모두 실패했으며 요금인하는 막대한 손실을 초래한다는 이유로 거부했다.[86] 1930년대 들어 부산부 영역이 서면으로까지 확대되고 1936년 서면이 부산부에 편입되자, 다시 전차임 균일제에 대한 여론이 비등해졌다. 부산부회조차 나서서 회사의 폭리를 규탄하며 요금 균일제를 가결했다. 하지만 회사는 끝내 양보하지 않았다.[87] 조선가스를 흡수 통합한 남선합동전기주식회사도 "수송력을 현재 이상 증가할 때" 대응할 것이라고 하며 끝끝내 지역민의 요구를 거부했다.[88] 그러나 실상 조선가스의 영업성적은 호황이었다. 수입금과 지출금의 비율도 2:1 또는 3:2로 초과 지출 없이 매해 이익금과 이월금을 꾸준히 남겼다. 이를 통한 주주 배당률은 1920년을 넘기면서 매년

84) 『朝鮮時報』 1923.3.9, 「電車問題は斯くして進展する」；『朝鮮時報』 1926.9.21, 「犇々と押寄せる聽衆無慮千數百 橫暴極る瓦電を糾彈せよ!」.

85) 『朝鮮時報』 1925.10.29, 「電氣事業府營の機先を制する朝鮮瓦電の新戰法」；1925년 시점에서 300만 원 증자가 추진되었는데, 1923년에 조선가스전기 매수가격으로 부산부는 275만 원을 제시한 반면 회사는 459만원을 제시했다. 그런데 1928년에 들어오면 매수액이 배로 뛰는데 이는 증자와 관련 있었다. 1928년 당시 부산부의 매수 제시액은 650만 원이고, 회사의 제시액은 850만 원이었다. 결국 1929년 최종 결정된 매수액은 672만 원이었다(朝鮮瓦斯電氣株式會社, 앞의 책, 55~58쪽).

86) 『朝鮮時報』 1926.9.22, 「留守中の出來事に愴惶として歸た香椎氏」；『朝鮮時報』 1926.9.29, 「京城と同一な値下げは瓦電として斷じて不可」.

87) 『東亞日報』 1936.4.17, 「問題の 電車二區制 會社는 撤廢를 反對」；이 때문에 부산부회에서 또 다시 전차, 버스, 와사에 대해 공영론이 제기되었으나, 이미 조선가스전기는 남선합동전기주식회사로 통합된 뒤였다(『釜山日報』 1937.3.25, 「守山橋の寄附を難じ電車ガスの公營論」).

88) 『釜山日報』 1941.4.16, 「足の惱み」.

10~12%의 고배당율을 자랑하며 주주 중심의 경영에 힘썼다.[89] 특히 전철과 관련하여 1918년 누적 승객 1,982,306명, 1일 평균 승차인원 6,396명이던 것이 1928년 누적 승객 10,580,060명, 1일 평균 승차인원 28,986명으로 비약적으로 상승했다. 영업 마지막 해인 1936년 누적 승객도 13,394,890명, 1일 평균 36,698명으로 상승했다. 그리고 1911년 1일 평균 수입이 34원이었던 것이 1915년 100원을 넘겼으며 1926년에는 1,000원을 넘기는 등 가파른 상승세를 보였다.[90] 이처럼 고수익과 주주 배당률을 보이면서 전철 건설 등 소극적인 경영과 주주 중심의 영업방침으로 부산의 일본인을 비롯한 지역민의 원성을 샀던 것이다. 이 또한 조선가스가 부산 본위의 기업으로 독점권을 얻었음에도 불구하고 자본의 논리에 의해 자본주의적 힘이 전철에 관철되었다고 할 수 있을 것이다.

3) 지역사회와 부산의 전철

전철 건설을 위한 회사 창립에 부산의 일본인사회는 초기부터 깊이 관여했다. 자본 부족을 이유로 일본 본국자본을 대대적으로 끌어들이기는 했지만 사업계획서 등을 검토하여 특허명령서를 하부한 것은 행정적으로는 부산이사청이지만 실제적으로는 부산거류민단, 부산상업회의소, 부산번영회 등 당시 일본인 자치 기구였다. 그러나 설립된 조선가스전기주식회사는 부산 본위의 '公益'보다는 자본 중심의 '社益'에 열중하면서 지역사

---

89) 경성전기주식회사도 주주 중심의 경영 및 조선가스와 비슷한 10% 이상의 고배당율로 지역사회의 비판을 받았다(오진석, 「1910~1920년대 京城電氣(株)의 設立과 經營變動」, 『동방학지』 121, 2003, 115~123쪽).

90) 朝鮮瓦斯電氣株式會社, 『영업보고서』 제36 · 37 · 52 · 53회, 1928 · 1936 · 1937.

회의 기대에 부응하지 못했다. 따라서 일본인을 비롯한 지역민은 전철 노선에 대한 건설을 집단적인 행동을 통해 관철시키고자 했다. 이미 살펴본 전철 건설과정을 지역사회의 요구활동을 중심으로 정리한 것이 [표 4]이다.

[표 4] 부산 및 동래지역의 전철 건설요구

연도	요구주체	요구내용	건설 여부	비고
	부산번영회, 부산민회, 전철중앙급설기성동맹회	장수통선	조선총독부의 설계서 반려	명령선
1913	대창정유지자	대창정선	1916년 건설	명령선
	부산지주회	어느 방면에서든 부성교까지	1916년 건설	명령선
	초량고관방면유지자 (전철포설기성회)	초량, 고관, 부산진	1915년 건설	명령선(변경 1기선)
1915	서부전철속성동맹회, 부산상업회의소, 부산갑인회	대창정선	반영 후 변경원 제출, 1916년 건설	명령선, 조선가스 부산 주주도 요구
1916	부산번영회, 부산부윤, 부산일보	장수통선	여론 청취 후 출원, 1917년 건설	명령선, 하단 연장
1921	부산동래간전차개선기성 동맹회(동래유지)	동래온천장 인입선	영리회사이기에 수지관계를 충분 고려할 필요가 있다고 회답, 1927년 건설	金동래은행두취
1924	서북부시민(부산서부전차연장기성동맹회-서부발전동맹회), 부산갑인회	서부시가 순환선(2기 예정선 일부 출원 상태에서 3기 예정선 동시 건설요구)	일부 반영, 1925년 중도정선 건설	명령선
1927	서부유지, 경남체육협회, 부산부, 부산부협의회	대신정선	반영 결정, 1928년 건설	명령선
	부산진유지	범일정선	반영 후 계획 및 허가수속	文尙宇, 신선
	전차선로부설기성회	조선가스전기회사- 부산고녀-부산재판소 노선(토성정선)	장수통선 복선과 함께 계획출원, 1934년 건설	명령선, 장수통 복선 반려
1929	부산번영회	토성정선, 잔교인입선, 범일정선	1933~1934년 건설	신선(토성정선 제외)

1930	북부시민	범일정선 건설, 전포선 폐지	1933년 건설(범일정선)	신선, 전포선 폐지는 일제말(1942~1944년 사이)
	부산협화회	복선 건설		임금인하
1932	목도유지회합	목도선	부와 교섭하여 착수, 1935년 건설	신선
1937	부산상공회의소 회두 포함 34명 유지	장수통선의 소화통 이전		명령선 대체
	부산남부번영회	송도선		신선
1940	부산부회간화회	장수통선의 소화통 이전	1941년 건설	명령선 대체
1913, 1923 이후	잡화상조합, 전철연기기성동맹회	장수통선 건설 연기 및 복선반대	건설 연기	조선총독부 경무총감부의 편측규정 원인 (1913), 교통혼잡과 상점 등 반대

[표 4]처럼 전철 건설과 관련하여 부산민회·부산부협회의(부회), 부산상업회의소(상공회의소), 부산번영회, 부산갑인회 등 부산의 일본인들을 중심으로 하는 지역의 중심 단체들이 회사를 비롯하여 인허가 및 관리·감독관청에 청원, 진정, 협의 등의 형식을 통해 건설에 힘썼다. 더불어 해당지역 이해당사자와 유지들은 기성회 등을 조직하여 조직적으로 유치운동을 전개했다. 물론 초기 조선총독부와 회사의 각각의 논리에 의해 명령선 건설이 늦춰졌지만 총독 및 중역의 교체로 어느 정도 전철 건설에 탄력을 받게 되었다. 나아가 새로운 노선에 대해서는 지역단위의 유지들도 기성회 등의 단체를 만들고 조직적으로 요구하여 건설되도록 노력했다. 특히 부산진과 동래지역의 전철 건설요구는 지역의 필요에 의해 제기된 것으로써, 부분적으로 조선인의 요구도 포함되어 있음을 알 수 있다. 하지만 대부분의 전철 노선은 일본인 중심지역이었음은 말할 필요도 없다.

회사는 당연히 지역사회가 요구한 최초의 명령선에 대해서는 건설의 의무가 있었다. 하지만 그 시기가 지연되자 지역사회의 대대적인 요구에 직면했다. 더군다나 전차부영 또는 전기부영 등의 지역적 집단적 운동으로까지 비화되면서 회사는 지역사회의 여론을 적극 수용하지 않을 수 없었다. 새로운 노선에 대해서도 지역사회의 회사에 대한 인식 개선과 차후의 이익을 고려하여 시기의 완만은 있었지만 대체적으로 건설될 수 있도록 수용하는 편이었다. 이처럼 전철 건설에서는 지역의 요구가 대체적으로 관철되는 분위기였다면 전차요금문제에서는 전혀 상황이 달랐다. 전차요금문제는 전철 건설문제와 함께 지역사회의 가장 활발한 정치활동을 야기했다. 이에 대해서는 다음 3장에서 보다 상세히 살펴볼 예정이므로 여기서는 간단히 그 현황만 언급한다.

[표 5] 부산 및 동래지역의 요금 인하요구

연도	요구주체(지역)	요구내용	반영 여부	비고
1921	부산동래간전차개선기성동맹회(동래재주민유지)	동래부산 간 할인규정 동일 요구	중역 의결을 거친 후 회답	金동래은행두취
	부산 유지(청년회관)	부산진 전 시내 13전, 기타 5전 감액		조선인과 일본인 연합으로 시민대회 개최예정
1925	부산상업회의소 교통부회	요금균일제(부내 1구, 교외 3구제)	임금인하의 뜻만 전달	부내전차임금균일제(경성의 구간제철폐 영향)
1926	부민(조선시보)	1구 3전으로 임금인하 요구	1구 4전으로 1전 인하의향	
	동래읍내 유지(동래번영회장, 면장 등)	전차구간제 개정(3구간), 왕복권 할인 개정(40전), 전차정류장 2곳 증치		秋鳳燦, 朴遇衝
	부산전기부영문제발기인회	전차구간제 개정		
	정총대구장유지대회	1구제, 요금 5전 교외선은 2구 10전	경영상 불가 (香椎 사장)	시외 경계를 구부산진역으로 이전

1930	북부시민, 부내 각 정총대와 조장, 부산진 방면 거주 유지일동 (부협의원 포함)	요금균일제(시내 및 부산진 국방교 4구제를 1구 5전 균일)		시내 3구와 부산진입구-부산진 국방교의 교외선 1구 포함
	부내 북부 주민	요금균일제		
1931	동래경오구락부	요금감하운동방침		온천장번영회와 부산 상공회의소 제휴, 기성회 예정
1932	서면대표(부전리, 범전리, 선암리, 당감리, 초읍리)	부산진서면 간 2구제를 1구제로 개정		
1933	동래감담회	요금감하운동(부산동래 간 3구, 편도 15전, 왕복 20전)		金秉圭
	부산상업회의소	1구 3전 인하		
1935	목지도공우회	직공의 할인통근권		
	부산상공회의소 교통부회	요금균일제		
1936	부산부회	요금균일제	2구제 유지	
1937	부산상공회의소 교통부회	요금균일제		
1939	북부선 관내 정총대 유지	구역제철폐론		
	부산부회	요금균일제(구역제철폐)		전차노선 사용료 증징
1940	부산부회, 부회간화회	요금균일제(5전)	수송력을 현재 이상 증가할 때 선처 약속	전차공영론 재등장

조선가스는 전철 노선이 대략 완성된 뒤 동래선을 교외선으로 하여 부산역을 기점으로 부산진선과 시가 일주선을 시내선으로 구분하고 각각 3구제, 1구 5전의 운임을 책정했다.[91] 회사의 요금제에 대해 해당지역의 요구는 차이가 있었지만 대체적으로 [표 5]와 같이 구간제 개정을 통한 요금

---

91) 노선이 정비되기 전 운임율은 1구 3전이었던 것 같은데 이후 인상된 것으로 보인다(『釜山日報』 1917.12.14, 「長手電鐵が開通すれば」).

인하를 주장했다. 특히 시내의 경우, 구간제 개정은 구간제 철폐를 의미하며 이를 통한 요금균일제를 주장했다. 교외의 경우(서면 및 동래), 구간제 축소 개정을 주장했다. 또한 구간제 개정이 어려울 경우 부분적인 요금 인하가 제기되기도 했다. 요금인하는 회사의 입장을 어느 정도 수용하는 소극적인 요구로 1구(5전) 요금을 3~4전으로 인하하는 것이었다.[92]

[표 5]와 같이, 일본인들이 다수 거주하는 중심시가는 구간제 철폐를 통한 요금 5전으로 통일해야 한다고 줄곧 요구했다. 주장의 근거는 구간당 거리가 경성 20마일, 평양 7마일에 비해 부산은 5마일에 지나지 않았고, 경성이 구간제를 폐지했기 때문에 부산도 당연히 폐지해야 한다는 것이었다. 따라서 부산상업회의소 교통부회를 비롯해 부산부회 등 지역 정재계도 동일하게 요금균일제를 주장했다. 전차·전기부영을 위한 시민대회 또는 유지대회 때도 마찬가지였다. 더불어 부산부의 경계 끝에 위치한 부산진 유지와 주민들도 동일한 요금균일제를 주장했다.

그러나 부산부에 거주하는 일본인 중심의 지역민들이 주장한 요금균일제는 시내선에 한정된 것이었다. 시외 구간은 예외였다. 다만 전차·전기부영 등 연합 운동과정에서 동래 주민이 주장하는 시외 구간제 축소를 함께 주장할 뿐이었다.[93] 이처럼 전차요금과 인하요구에서도 시내와 시외

92) 『朝鮮日報』 1926.2.24, 「釜山電車賃金問題」; 『釜山日報』 1933.12.7, 「電車賃金一區三錢に低減方を近く釜山會議所から正式に瓦電に要望」.

93) 『釜山日報』 1925.3.8, 「電車運轉區制 改正を要望す」; 『朝鮮時報』 1925.10.24, 「電車賃金均一制は最も有意義な社會政策」; 『朝鮮時報』 1926.9.14, 「釜山電氣府營問題發起人會, 集まるもの六十有餘名」; 『朝鮮時報』 1926.9.21, 「犇々と押寄せる聽衆無慮千數百」; 『朝鮮日報』 1930.1.12, 「釜山電車線路延長과 車體改善을 陳情」; 『東亞日報』 1930.1.27, 「釜山電車賃 五錢均一制」; 『釜山日報』 1935.8.12, 「釜山商議所交通部會初會合」; 『東亞日報』 1936.3.26, 「積年府民의 宿望인 釜山電車의 料金均一制」; 『釜山日報』 1937.12.22, 「電車賃均一等」; 『朝鮮日報』 1939.1.22, 「電

의 구분은 당연한 것으로 받아들여졌다. 이는 동래지역에 대한 지역적 차별과 조선인들에 대한 민족적 차별로 이어졌다.

한편, 동래 방면은 일찍부터 전차요금이 시내에 비해 상대적으로 높은 것에 대해 문제를 제기했다. 부산발 부산-동래 간 운임 할인율이 동래발 동래-부산 간 운임에는 없는 점을 문제 삼고 동일한 규정을 제기했다. 나아가 거리상 시내노선 1구에 해당하는 거리임에도 불구하고 시외가 3~4구의 운임을 내야하는 것에 대해 줄곧 문제를 제기하며 구간제를 2~3구로 축소해줄 것을 요구했다. 구간과 정류소 설정 문제도 제기하며 시정을 요구했다.[94] 더불어 府域에 포함되게 되는 서면의 경우도 부산진과 서면에 해당하는 시내 1구와 시외 1구를 합쳐 달라고 요구했다.[95] 이와 같은 요구는 서면이 부산부에 편입된 이후에도 이루어지지 않다가 1934년 동해남부선이 개통되면서 일부 개정되었다. 동해남부선이 전철 시외선의 경쟁선이었기에 부분적인 개편이 필요했던 것이다. 이로써 부 경계의 시내 1구와 시외 1구를 합쳐 시내 2구와 시외 3구로 조정되었다.[96] 단 한 번의 이

車區域制撤廢」;『東亞日報』1940.1.30,「電車公營問題 釜山府議懇談會」;『釜山日報』1940.3.14,「電車複線問題提携で進むか」;『東亞日報』1940.7.16,「釜山府 電車賃 均一을 促進」.

94) 『朝鮮時報』1921.9.7,「東萊有志對瓦電側の電車改善押問答(下)」;『朝鮮時報』1926.4.17,「東萊釜山間の電車電信の値下陳情」;『東亞日報』1931.3.14,「東釜電車賃 減下運動 擡頭」;『朝鮮時報』1933.8.7,「東萊釜山間을三區電車賃二十錢에値下」;『東亞日報』1933.8.10,「釜山東萊間 電車十五錢引下」.

95) 『釜山日報』1932.5.4,「釜山蔚山間鐵道開通促進 電車區間延長 停車場位置等에就 西面代表 會議所의 援助를 求함」;『東亞日報』1932.5.6,「釜山鎭西面間電車 一區改正要求」.

96) 구간변경과 함께 요금에도 변화가 생겼다. 조선가스전기는 동래-부산역전 간 왕복 40전, 편도 25전을 왕복 30전, 편도 20전으로 인하했다. 그러나 이는 다른 경쟁업체들 때문이었다. 당시 부산-해운대 간 정기버스는 편도 50전, 왕복 1원을 편도 40전, 왕복 60전으로 인하했으며, 새로 개통되는 동해남부선은 편도 35전, 왕복

조정을 끝으로 조선가스는 끝내 부산 및 동래 주민들의 요금인하 요구를 들어주지 않았다. 앞에서 본 것처럼 회사의 주주 중심의 경영방침이 낳은 결과였다.

4) 조선인과 부산의 전철

조선이 식민지가 되자 부산의 주인은 부산 거주 일본인이 되었고 이 지역에 필요한 교통수단도 그들의 필요와 의지에 의해 착착 건설되었다. 그러나 조선에 들어온 근대적 운송수단인 전철이 그들의 것이었다고 해도 꼭 그들만 이용했다고 할 수 없다. 그때까지 일본인 중심의 시가 일주선이 운용되지 않아 다소 과장된 측면이 있지만, 1917년 말 香椎源太郎 사장이 승객의 7할이 조선인이라고 말하는 것으로 봐서 조선인들도 근대적 운송수단을 어쨌든 이용했다.[97] 그러나 식민지 조선에서 조선인들은 전철 건설과 운영에 대해 자신들의 이해를 대변할 힘도 수단도 가질 수가 없었다. 다만 '목소리 아닌 목소리'로 또는 일제가 허락한 제한적인 공간 안에서 그것도 아주 낮은 목소리를 낼 수밖에 있었다. 전철 노선에 포함되었던 부산진과 동래 조선인들의 전철에 대한 관계를 보여주는 몇 가지 사례를 통해 제한적이지만 조선인과 전철의 관계를 확인할 수 있다.

50전으로 설정했다. 그런데 회사는 동래에서 동래온천장까지의 요금을 도리어 왕복 6전에서 8전으로 인상했다. 이는 인하를 보전하기 위한 조치이며 손해 보지 않으려는 자본의 논리였다. 또한 지역적 차별과 민족적 차별이 여실히 드러나는 대목이다(『朝鮮時報』 1934.7.13,「瓦電會社の電車賃金値下」;『朝鮮時報』 1934.7.16,「〈社說〉電車賃の値下げ 東萊邑の發展に資す然し一層の奮發希望」;『朝鮮時報』 1934.7.20,「海雲臺自動車四十錢も値下 鐵道の向ふを張らん猛烈な競爭となる」).

97)『釜山日報』 1917.12.24,「朝鮮瓦電招宴」.

부산-동래 간 전철이 개통된 지 1년도 채 안된 1916년 9월 13일 밤 부
산진 조선인 마을 앞 영가대 근처에서 조선인이 전차에 치여 죽는 사고가
발생했다. 사고 당일은 추석 다음날로 보름달이 여전히 영가대 앞 부산진
앞바다를 환히 비추고 있었다. 마침 부산경찰서에 상해죄로 구류되었던
좌천동 사는 金春實(혹은 金春日)이 당일 오후 방면되자 친구 3명과 함께
술을 마시고 영가대 앞 전차길을 건너고 있었다. 때마침 동래발 1호 전차
가 영가대 跨線橋를 내려오던 찰라 김춘실과 친구들을 치여 그는 즉사하
고 친구들은 중경상을 입었다. 근처에 있던 조선인이 이 사고를 목격하고
삼삼오오 몰려들기 시작했고 그중 한 명이 "저 전차가 사람을 치여 죽였
다"고 하자 더 많은 조선인들이 운집하여 일제히 돌을 던지며 전차를 전
복시켰다. 소식을 듣고 사고 수습차 인근의 부산진 경편철도역에서 경부
와 순사를 태우고 온 7호 전차도 천여 명으로 불어난 조선인들에 의해 전
복되었다. 회사에서도 현장에 사원을 급파했지만 군중들이 회사원인 걸
알고 돌을 던지자 제복과 제모를 버리고 도망쳤다. 결국 선로 방비를 맡
던 부산수비대 20명의 병력이 출동해서야 수습이 가능했다.[98]

---

98) 『釜山日報』 1916.9.15, 「永嘉臺下月下の慘劇」 ; 『釜山日報』 1916.9.19, 「電車顚覆事
件嫌疑者取調べ」 ; 『釜山日報』 1916.9.19, 「嫌疑者の家族警察署前に集る」 ; 『釜山
日報』 1916.9.23, 「電車騷ぎ被告檢事局送り」 ; 『釜山日報』 1916.12.2, 「電車騷擾事
件」 ; 『釜山日報』 1916.12.26, 「電車騷擾事件豫審決定」 ; 『釜山日報』 1917.2.15,
「電車顚覆公判」 ; 『釜山日報』 1917.2.16, 「電車顚覆騷擾公判」 ; 이 사건의 결말도
민족 차별적으로 끝났다. 과실치사죄의 일본인 운전수는 벌금 200원으로 끝났고
전차전복의 주모자인 조선인 4명은 징역 1년과 징역 6개월에 처해졌다. 이에 대한
상고도 기각되었다(『釜山日報』 1917.2.17, 「電車顚覆騷擾公判」 ; 『釜山日報』 1917.
9.28, 「電車騷擾公判」 ; 『釜山日報』 1917.12.19, 「釜山電車騷擾事件棄却」).

[그림 16] 전복된 전차의 견인 　　　[그림 17] 전복된 전차와 **轢死者**

출전 : 부산일보 　　　　　　　출전 : 부산일보

일본인 언론과 일본 경찰 및 검찰 그리고 회사 사장 등은 조선인들의
행동을 폭동으로 규정했다. 조선인들은 "원래 부화뇌동"을 잘하고, "폭동
을 재미로 일삼"기 때문에 이와 같은 사고가 발생했다고 하며 식민주의적
시선을 고스란히 드러냈다. 더군다나 김춘실의 죽음과 관련해서도 "조선
인 특유의 느긋함에 선로에서 자고 있었을지도 모른다"고 하며 서구 문명
론에 기반을 둔 조선인의 나태함과 게으름을 문제삼았다.[99] 하지만 부산
진 조선인들의 이와 같은 전차 전복 행위는 우발적이기는 했지만 잠재된
불만의 표현이었다. 일본인들은 조선인들의 집단행동을 '부화뇌동', '재미'
등 감정적인 것으로 치부하며 비이성적인 것으로 무시했지만 이 사건은
조선인들의 행위는 축적되고 경험된 식민권력과 식민정책의 폭력에 저
항한 것이었다.[100] 더불어 특히 전철에 대한 불만의 표현은 자신들의 생

---

99) 『釜山日報』 1916.9.15, 「永嘉臺下月下の慘劇」.
100) 좌천동에서 나고 자라며 지역에서 민족운동에 헌신한 최천택이 전차 전복 사건
　　에 주모자로 잡혔다가 풀려났다고 하는 기록도 있는데, 사실관계를 떠나 민족적
　　저항의 측면이 충분히 있었음을 알 수 있다(朴元杓, 『釜山의 古今』, 현대출판사,
　　1965, 145~146쪽). 더군다나 이 사건의 주모자가 전 대한제국의 육군중좌라는 풍
　　문도 있었다고 한다(『釜山日報』 1916.9.23, 「電車騷ぎ 被告檢事局送り」).

명과 삶의 공간까지 파괴하며 조선에 들어오는 근대 문물에 대한 저항으로도 읽을 수 있다. 이는 수습하러온 회사 사원이 봉기한 조선인들로 인해 제복과 제모까지 벗어던지고 도망갔다는 점에서 분명히 드러났다.

조선인들의 전철과 관련된 잠재적 불만의 이유는 또 다른 조선인 마을인 동래를 통해 보다 자세히 확인할 수 있다. 동래에 조선가스의 전신인 부산궤도주식회사가 궤도를 부설할 때 공익사업이라고 하는 명목으로 1평당 30전 이상의 민유지를 평당 15전으로 강매했다. 이를 거부하는 자는 부산경찰서에 구금하는 등 강탈적 매상을 통해 궤도를 부설했다. 이후 부산궤도를 인수한 조선가스도 똑같은 방식으로 동래 주민을 우롱하며 약탈적 토지 매수를 통해 경편철도와 전기철도를 건설했다. 그런데도 철도 운영은 노골적인 차별로 일관했다.

먼저 부산진에서 온천장까지 3구로 하고 전차운임을 15전으로 하는 것은 당시 조선은 물론 세계 어디에도 없는 고율 요금이었다. 거리상 시내선보다 짧기 때문에 2구간으로 해도 충분하며, 시내의 경우에도 구간제 폐지를 요구하는 상황에서 이것은 명백한 지역적 차별이었다. 더군다나 구간을 획정하는 방법에도 극도의 영리주의가 관철되었다. 회사는 동래선을 부산진–좌수영, 좌수영–福田별장앞(거제리), 福田별장앞–온천장의 3구간으로 나눴다. 그런데 거리로 보면 부산진 좌수영 간과 좌수영 동래 간은 거의 비슷했다. 승객의 편의를 도모한다면 동래선 노선 중 가장 많은 인구밀집지역인 동래가 당연 구간의 경계가 되어야 함에도 불구하고 허허벌판의 福田별장 앞을 구간 경계로 삼음으로써 동래 주민은 쓸데없이 1구간의 운임을 더 지불해야 했다. 또한 정류소 역시 동래남문에서 온천장까지 1개소만 설치하여 많은 조선인들이 이용하는데 불편함을 주었다.

이와 같은 차별에 대해 동래의 조선인은 수차례에 걸쳐 변경을 요청했
다. 하지만 조선가스는 '타산상' 또는 '총독부의 허가' 등의 핑계로 '아이
달래'듯 취급했다. 이에 대해 金秉圭는 "지역적으로 차별받고 이어서 민족
적으로 차별받는 이중 삼중으로 차별받고" 있다며 통탄해 마지않았다. 그
리고 "폭군의 악정에 신음하는 민중이 아무리 고통을 느껴도 정치적 생활
은 일각도 떨어질 수 없어 잠깐 은인하고 있는 그 상태가 가장 두려워할
만한 위험한 것"을 회사는 알고 있기는 한가라고 반문했다.[101] 부산진에
서 조선인들에 의해 발생한 전차 전복 사건과 같은 저항은 이처럼 조선인
들의 은인하는 상태 속에 잠복해 있던 '잠재적인 것'이었다고 해도 과언이
아닐 것이다.

---

101)『朝鮮時報』1926.10.6 · 7 · 8 · 10 · 12,「特別寄書瓦電問題に就て(一~六) 東萊 金
秉圭」.

3장

시내외 전철 운영과
지역사회의 역학관계

1. 조선가스전기주식회사의 전차 운영

1) 전차 개선과 운영

근대 도시의 물적 토대인 전차, 전기(전등, 동력), 가스 등 공공재 경영의 독점권을 일본인 중심의 '지역사회'로부터 부여받은 조선가스전기주식회사(이하 조선가스로 줄임)는 지역의 입장에서 특허명령에 명시된 것처럼 도시교통시설인 전철 건설과 운영이라는 의무를 충실히 수행해야 하는 '준공영' 회사였다. 그런데 회사 설립과 함께 부여받은 전철 특허권에 명시된 1기선인 시가 일주선 건설은 미루고 대신 기존에 이미 건설된 부산진 동래 간의 경편철도를 부산역까지 연장하는 한편, 1915년 이를 전철로 전환하고 겨우 전차의 운행을 시작했다. 이후 1916년 대청정선과 1917년 장수통선의 짧은 시가 일주선 만을 완성시킨 뒤 더 이상 연장 건설이나 설비 투자에 소홀했다. 1918년부터 선로 연장이나 기존 선로의 개선은 전혀 없는 대신, 전차 운행 구간 및 요금 변경을 통한 이윤 확대만을 추구함으로써 부산의 일본인을 비롯한 인근 조선인들의 불만을 초래했다.

[표 1] 조선가스전기주식회사 영업성적 일람

연도	자본금	불입금	적립금(누계)	사채/차입금	고정자산	수입금	지출금	상각금(누계)	조월금	이익금	배당률	전차평균수입
1910	3000000	750000			225574	22574	11769		11769	10937		
1911	〃	750000	7839		331098	50507	31082		8669	19425	4.0	12045
1912	〃	1049150	19344		1006574	79838	42694		7962	37144	7.0	21900
1913	〃	1050000	34431	61286	1230391	94913	39027		2644	55886	8.0	24090
1914	〃	1050000	49591	400000	1343231	100656	48568		1524	52088	8.0	24820
1915	〃	1349250	60821	400000	1369918	110283	66748		2859	43535	5.0	45990
1916	〃	1350000	92821	272902	1755619	131056	66236		6387	64820	7.0	70810
1917	〃	1350000	113519	391655	1842821	150339	88362		7466	61977	7.0	82125
1918	〃	1800000	133050	154543	2027941	187442	135222		5666	52220	5.0	83950
1919	〃	2100000	147900	52156	2121179	322998	273642		2921	49356	4.0	133225
1920	〃	2698800	175980		2195862	438677	334886		10667	103791	6.0	155490
1921	〃	2700000	218550	219989	2835209	476148	322389		9576	154356	9.1	222650
1922	〃	2700000	268800	430000	3232051	532321	342724	20000	12972	169597	10.0	254040
1923	〃	2700000	327800	530000	3531816	640452	407762	90000	18593	192690	11.0	277765
1924	〃	2700000	408800	680000	3821245	688130	402318	200000	32884	225812	12.0	293460
1925	〃	3000000	501800	419000	3939145	768490	440388	330000	54851	263102	12.0	359160
1926	6000000	3750000	604800		4160113	829795	446718	470000	69433	313077	12.0	385440
1927	〃	3750000	728800		4238427	885304	491026	610000	78984	324278	12.0	420845
1928	〃	3750000	856300		4193229	951385	543941	685000	167981	407444	12.0	455155
1929	〃	3750000	983300		4447199	928515	528604	760000	206628	324911	12.0	452965
1930	〃	3750000	1104300	710000	5195824	960911	563278	935000	214565	297632	11.0	416830
1931	〃	3750000	1311300	1050000	6321664	974822	592949	1135000	89295	281872	11.0	401865
1932	〃	3750000	1391300	1100000	6453968	984930	595267	1355000	100359	269663	10.0	389090
1933	〃	3750000	1471300	1130000	6525610	1008784	614523	1600000	114901	269260	10.0	406610
1934	〃	4200000	1551300	1750000	7210265	1124611	844136	1900000	118116	280475	10.0	451140
1935	6275000	5020000	1633300	2312500	8375293	1331890	1021629	2240000	127921	310261	10.0	527790
1936	〃	6275000	1694300	3093750	9292982	1575633	1198905	2573500	156962	376728	10.0	634735

비고 : 매년 상하분기 중 하분기 만을 정리함.
출전 : 조선가스전기주식회사, 『제21~53회 영업보고서』, 1920~1937.

[표 1]과 같이 회사는 개선을 위해 지출하는 비용보다 벌어들이는 수익금이 항상 초과였다. 높을 때는 2 : 1의 비율이거나 낮아도 4 : 3의 비율로 매해 이익금과 이월금을 꾸준히 남겼다. 1920년 이익금 10만 원을 넘어섰는데, 그때까지 걸린 시간이 30년이었다. 이후 4년, 2년 간격으로 이익금의 폭발적인 증가추세를 거쳐 안정세에 접어들었다. 따라서 영업 초반의 시설 투자가 끝나고 이윤 확대에 전념하자 1919년부터 주주 배당률은 가파르게 상승했다. 1920년을 넘긴 이후 회사가 통합되는 기간 내내 당시에도 고율이었던 10~12%의 높은 배당률로 주주와 영리 중심의 운영에 나섰다. 한편, 설립 이후 자본금의 2차례 증액이 이루어졌다. 1926년의 자본금 2배 증액은 다분히 전차 · 전기부영운동을 무력화시키기 위한 방편이었다.

전차 운영의 불만이 전차부영운동으로 폭발하여 한참이던 1923년 조선가스는 이를 타개하기 위한 대응책으로 '대대적 전차개선안'을 부산일보를 통해 제출했다. 개선안의 요점은 전 선로를 3피트 6인치로 하는 것, 주요 선로를 복선으로 하는 것, 그리고 서부에 선로를 연장하는 것 등 3가지였다. 그리고 교외선의 경우 부산진 동쪽의 도로개정에 따른 동래직통이 포함되었다. 이와 같은 개선안은 1910년 회사 설립인가를 내줄 때 원래부터 해야 할 일들이었다. 그 일을 등한시했기 때문에 부산부가 전차부영을 달성하면 제일 먼저 개선하고자 한 것이었다. 따라서 지역민으로부터 늦은 개선안이며 '상당히 우스운 설계'라고 비판받았다.[1]

어쨌든 조선가스는 이 개선안에 따라 1924년 비로소 부산역전에서 부산진입구까지 약 2마일의 단선을 복선으로 변경했다. 동시에 배전 선로의 전부 개수와 운전 차량의 증발을 단행했다. 1925년에는 보수정 2정목에서

---

1) 『朝鮮時報』 1923.6.9(2-4), 「果して誠意ありや瓦電の電車改善請願」

도청 앞을 거쳐 중도정에 이르는 단선 선로를 연장했다.[2] 하지만 지역민들은 이를 근본적인 전차 개선과 운영으로 보지 않았다. 여전히 선로 연장은 미비했고 전차 속도나 승차감은 실망이었다. 특히 구간과 요금에서 특별히 달라진 것은 전혀 없었다. 오히려 식민지와 제국의 다른 도시보다 훨씬 고율의 요금으로 인해 고통 받고 있었다.

그러자 조선가스는 전차의 근본적 개량방침을 다시 들고 나왔다. 이번 근본적 개량방침의 특징은 전차 운행시간의 단축이었다.[3] 1926년 종래 45파운드 및 25파운드인 궤철을 전부 60파운드로 개량하고 목교를 전부 철교로 바꿔 가설했다. 전차도 기존 차량을 폐기하고 승차감 좋은 최신식의 철골 보기차를 도입하기로 했다. 회사는 이전부터 동래 쪽에서 요구하고 있던 온천장 인입선을 1927년 완성하고 온천장역까지 신축했다. 1928년에는 시내 1기선의 남은 구간인 기존의 중도정선을 공설운동장까지 연장했다.[4] 이들 연장 선로들은 이미 회사설립과 동시에 건설해야 할 1기선들로 오래전에 완성되어야 하는 선로인데도 회사 측이 차일피일 미루던 것이었다.

부영운동이 기채문제로 좌절되었지만 더 이상 조선가스는 소극적인 영업방침을 고집할 수 없었다. 언제든 경제적 여건만 된다면 부영은 꿈같은 이야기는 아니었다. 더군다나 행정구역의 확장과 동해남부선이라는 경쟁선도 출현할 예정이었다. 따라서 회사도 이에 대응하듯 적극적 영업방침을 마련했다. 그 핵심은 시내선의 복선화였다. 1923년 개선안으로 제시했지만 아직까지 완성하지 못했던 것으로 이를 통해 전차요금문제도 해결

2) 倉地哲, 『朝鮮瓦斯電氣株式會社發達史』, 1938, 73쪽.
3) 『釜山日報』 1926.7.13(2-6), 「釜山電車の根本改良進む」 ; 『釜山日報』 1926.7.24(3-1), 「電車交通の改善」.
4) 倉地哲, 앞의 책, 73~74쪽.

하고자 했다.[5] 드디어 회사는 1931년 당시 폭원 2피트 6인치였던 궤도를
모두 3피트 6인치로 개수하고 차체도 최신식 강철 보기차로 개조했다.[6]
개선안 이후 무려 8년 만이었다. 특히 100인승의 대형 보기차는 부산 동
래 간 교외선에 주로 투입되었다. 이는 동해남부선이라는 경쟁선의 출현
과 관련이 깊었다.[7]

[그림 1] 100인승 대형 전차 외부   [그림 2] 100인승 대형 전차 내부

출전 : 부산일보   출전 : 부산일보

  1933년에는 북부 주민들의 요구에 따라 부산진입구에서 범일정까지
노선이 연장되었다. 이 또한 1923년 개선안 이후 실로 10년만의 일이었다.
1934년부터는 부산역전 이남의 시가 일주선에 대한 정비에 들어갔다. 먼
저 1934년 부평정시장선을 철폐하고 부성교 북방 토성정에서 대신정 운동
장까지의 복선을 개통했다. 또한 부산부의 간선도로 및 부산대교 개통과
도로포장의 실현에 따라 대창정의 선로를 폐지하고 대간선도로에 복선을

5) 『釜山日報』 1930.12.9(3-8), 「釜山の電車複線」.
6) 倉地哲, 앞의 책, 75쪽.
7) 『釜山日報』 1933.5.29(2-3), 「百人乘電車試運轉」; 『釜山日報』 1933.7.26(석1-8), 「廿
　　六日に大型電車試乘」; 『朝鮮時報』 1933.7.26(2-4), 「釜山鎭－東萊間廿一分で馳走
　　する約八分間の短縮」.

포설했다. 그리고 도진교의 설치와 함께 1935년 영도로 전차를 연장했다. 이에 시내선 중 장수통선을 빼고 모두 복선을 완성했다.[8]

거의 마지막 남은 것은 장수통선의 복선화였다. 당시 장수통선은 걸어서 가도 전차보다 빠른 실정이었다. 오죽하면 '바쁘신 분은 걸어서 가십시오'라는 말까지 차장의 입에서 나왔을까. 개선의 필요성은 충분했다. 하지만 부산의 번화가인 장수통은 도로 폭이 너무 좁았다. 시내선의 다른 노선이 복선이고 광궤이며 최신식 강철 보기차로 운행한다 해도 속도는 물론 불편하기는 마찬가지였다. 더군다나 개선을 주도해야 할 조선가스는 1937년 남선합동전기주식회사로 통합되었다.[9] 지역에 기초한 회사가 아니기에 새로운 회사는 오히려 더 부산의 전차 개선에 무관심했다. 결국 1941년 부산부와 池田의 남항매축회사가 남항의 매립을 통해 만든 도로인 소화통의 개통으로 여기에 전차 노선을 이전함으로써 완성되었다.[10] 실로 회사 창립 이후 30여 년 만의 실현이고 1923년 회사의 개선안 발표 이후 20년 만의 일이었다. 그 만큼 조선가스의 전차 운영과 개선 의지는 소극적이었으며 영리 중심이었다. 그런데 개선은 뒤늦은 것이지만 어느 정도 실현되었다. 하지만 구간과 요금제에 대한 불만은 식민지 내내 유지될 만큼 지역의 힘에 굴복하지 않는 자본의 힘을 보여줬다. 그 이면에는 '지방문제'를 외면한 식민권력의 방조가 있었다고 할 수 있다.

---

8) 倉地哲, 앞의 책, 75~77쪽.
9) 南鮮電氣株式會社編纂委員會, 『南鮮電氣株式會社現況』, 1958, 56~60쪽.
10) 『釜山日報』 1941.11.28(2-4), 「釜山電車今昔譚(下)」.

2) 구간제 운영과 전차 요금

전차 운영과 관련해 노선 연장 및 개선과 함께 가장 중요한 것은 구간
및 요금제라고 해도 지나치지 않을 것이다. 전차를 지역의 공공재로 생각
한 지역민과 자본의 확대재생산을 위한 상품으로 생각한 조선가스는 처
음부터 동상이몽을 꿈꿨다고 할 수 있다. 더군다나 이들 지역과 자본의
근본적인 간극을 중재하거나 조정해야 할 식민권력은 '착취'를 위한 '조선
개발'이라는 식민정책의 근본적 입장에서 방관하는 위치에 머물렀다. 따
라서 전차 구간 및 요금제를 둘러싼 회사와 지역민의 갈등은 첨예화할 수
밖에 없는 노릇이었다. [표 2]는 회사의 구간 및 요금제의 변화 추이를 가
능한 한 시계열적으로 파악하여 정리한 것이다.

조선가스는 전차 개통과 함께 시내와 교외의 구간 및 요금제를 설정하
고 수익 확장에 본격적으로 나섰다.[11] [표 2]와 같이 1915년 10월 31일 전
차 개통과 함께 회사는 구간과 요금제를 밝혔는데, 처음부터 고율을 상정
했다. 우선, 시내선을 부산-초량 1구, 초량-부산진 2구, 총 3구간 9전
(1구 3전)으로 설정했다. 이는 당시 경부선의 부산-부산진의 6전보다 3전
이나 높았다. 교외선은 시내선과 같이 3구간이지만 요금은 총 12전으로
시내선보다 높게 책정되었다. 구간도 부산진-좌수영은 4전, 좌수영-남
문은 5전, 남문-온천장은 3전으로 차이를 뒀다.[12] 이는 교외선이라는 지
역적 차별일 뿐만 아니라 특히 1구간 요금이 가장 높은 동래면민에 대한

---

11) 시내와 교외의 경계는 처음에는 부산진역 앞이었던 것이 1925년에 부산진입구로
　　약간 확대되었고 서면이 부산부의 행정구역으로 포함되는 1936년 즈음 아마도 범
　　일정까지 확대되었던 것으로 보인다(『釜山日報』 1925. 5. 13(7-4), 「電車區間一部變
　　更」 ; 『釜山日報』 1941. 11. 28(석2-6), 「複線に備へて電車整理廢合案完成」).
12) 『釜山日報』 1915. 11. 2(2-5), 「釜山の電鐵開通式」.

[표 2] 전차 구간과 요금의 변화 추이

연도	노선	구간	구간내용	요금	기타
1915	시내선	3구간	부산－초량(1구), 초량－부산진(2구)	3구 총9전	1구 3전/ 경부선 부산－부산진 6전
	교외선	3구간	부산진－좌수영(4전), 좌수영－남문(5전), 남문－온천장(3전)	3구 총12전	
1916	시내선	4구간	시가일주선(대창정선) 1구 포함	4구 총12전	1구 3전
	교외선	4구간	부산진－좌수영, 좌수영－거제리, 거제리－남문, 남문－온천장	4구 총12전	1구 3전
1917	시내선	4구간	시가일주선(장수통선) 포함	동일	
	교외선	4구간	동일	동일	
1921	시내선	3구간	시가일주선, 부산역－초량(?), 초량－부산진	3구 총15전	1구 3전
	교외선	4구간	동일	4구 총20전	1구 3전
1925	시내선	2구간	시가일주선, 부산역－부산진입구	2구 총10전	행정구역 경계는 '부산진'
	교외선	4구간	부산진입구－부산진, 부산진－신좌수영, 신좌수영－남문, 남문－온천장	4구 총20전	행정구역상 시내선 1구간 포함
1934	시내선	2구간	동일	동일	
	교외선	4구간	부산진입구－서면, 서면－거제, 거제리－동래, 동래－온천장	동일	동래－부산역전 5전 할인, 동래－온천장 왕복 2전 인상

차별이었다. 또한 부수적으로 회수승차권과 요금할인규정을 따로 마련했다. 회수권은 물론 단체할인, 휴일할인, 소아할인, 통학생할인 등을 두었다.13) 그런데 단체할인과 휴일할인은 모두 부산에서 출발할 때만 가능하도록 했다. 이는 교외에 대한 지역적 차별이었다. 뿐만 아니라 교외 거주자의 대부분이 조선인이기 때문에 민족적 차별이기도 했다.

1916년 개통 때 교외선 구간과 요금에 문제가 있다는 것을 인식한 조선가스는 교외선에 정류소 2개를 더 설치하고 부산진－좌수영, 좌수영－거

13)『釜山日報』1915.12.22(2-3),「電車賃の割引」.

제리, 거제리-남문, 남문-온천장의 4구간 12전으로 개편했다.[14] 하지만 교외선 개편은 총 요금의 변화 없이 구간만 늘어난 꼴이었다. 이는 향후 구간 요금이 늘어난다면 전체 요금도 늘어날 수밖에 없는 특히나 교외 지역민에게는 불리한 개편이었다. 한편, 1916년 9월 대청정선이 개통되자 시내선은 기존의 3구 9전에서 4구 12전으로 확대되었다. 이듬해 1917년 장수통선이 개통하고 시가 일주선이 완성되자 이 일주선을 1구로 하여 시내선은 4구 12전으로 개편되었다.[15]

시가 일주선이 완성되자 조선가스는 1918년 이후 전차 개선보다는 이익 증진을 위한 소극적 경영에 들어갔다. 그 대표적인 것이 시내와 교외 구간 요금의 증액이었다. 1921년 회사는 1구간 요금을 3전에서 5전으로 증액했다. 대신 시내선의 경우 4구간을 3구간으로 축소하는 한편, 교외선의 경우 그대로 유지했다.[16] 그런데 시내선의 경우 1구간이 축소되었지만 총 요금은 오히려 3전이 늘어났다. 교외선은 구간의 변화 없이 요금만 증액되는 꼴로 총 요금이 8전이나 대폭 늘어났다. 교외선에 대한 지속적인 차별은 이어졌다.

1925년 회사는 다시 시내선의 구간 및 구계 조정을 단행했다. 지금까지 3구간이었던 시내선을 2구간으로 축소하며 시내 방면의 편의를 도모했다. 그런데 회사는 다시 시내선의 구계를 부산진에서 부산진입구로 축소 변경했다.[17] 지금까지는 부산부 행정구역의 경계인 부산진에 맞춰 구간제

---

14)『釜山日報』1916.1.1(2-4),「電車停留所の新設」.

15)『釜山日報』1916.9.26(7-3),「大都會の氣分漂ふ西部市街」;『釜山日報』1917.12.14(4-1),「長手電鐵が開通すれば」.

16)『東亞日報』1921.12.10(3-6),「釜山電車의 減額運動」;『朝鮮時報』1925.5.21(2-3),「電車賃均一制改正私案 其一」.

17)『釜山日報』1925.3.30(7-3),「驛前から釜山鎭入口迄の二區制を一區に改正して便宜

를 운영해 오던 회사가 시내선의 구간 축소를 핑계로 구계 변경을 통해
시내선 1구간을 교외선에 떠넘기는 꼴이었다. 한편, 시내선이 2구간으로
축소되더라도 부산부에 포함되어 있는 부산진 거주민들은 여전히 3구간
요금(시내 2구, 교외 1구)을 지불해야만 했다. 특히 조선인들이 많이 거주
하는 부산진 방면을 고려할 때 부산부 일본인들에 대한 편의가 부산진 및
교외선의 조선인에 대한 불편을 기반으로 한 것임을 알 수 있다.

　1934년 부산부 행정구역의 확장이 공식화되는 한편, 교외선의 강력한
경쟁선인 동해남부선이 해운대까지 개통되었다.[18] 따라서 조선가스는 서
면과 동래의 구간 요금을 할인하면서 그 할인만큼 보전을 교외의 동래지
역에 다시 떠넘기는 구간제 개정을 실시했다. 당시 조선인들이 많이 거주
하는 전형적인 농촌이었던 서면은 행정구역 개편에 따라 새로운 공업지
대로 변모하기 시작했다. 이 때문에 일본인들의 대대적인 이주가 진행되
고 있었다. 따라서 기존의 교외 2구간이었던 것을 교외 1구간으로 단축하
여 그들의 편의를 도모했다.

　그런데 동래도 1구간 5전의 할인을 받은 것처럼 보도되었다. 하지만 이
는 구간의 축소가 아닌 구간 경계의 조정을 통한 요금 할인이었다. 동래
는 기존 구간제에 의하면 4구간에 속했다. 하지만 이 개편으로 3구간이
되었다. 표면적으로 1구 5전의 할인을 받은 것이다. 그러나 회사는 동래
에서 온천장까지의 왕복 요금을 2전 인상했다.[19] 경쟁선 출현에 따른 어

　を圖る」；『釜山日報』 1925.5.13(7-4), 「電車區間一部變更」.
18) 전성현, 「일제시기 행정구역 확장의 식민성과 지역민의 동향」, 『지방사와 지방문
　　화』 19-1, 2016 ; 2부 2장 참조.
19) 『朝鮮時報』 1934.7.13(3-7), 「瓦電會社の電車賃金値下」；『朝鮮時報』 1934.7.16(1-1),
　　「電車賃の値下げ」.

쩔 수 없는 할인임에도 불구하고 그 만큼 보전도 다시 동래지역에 부과했던 것이다. 이와 같은 지역적·민족적 차별의 구간과 요금제는 일제시기 내내 지속되었다.

이상과 같은 조선가스의 구간 및 요금제 운영은 [표 3]과 같이 회사 전체 수입의 상당 부분을 전차 수입이 차지할 수 있도록 만들었다. 전차 개통과 함께 전체 수입의 23.8%에 지나지 않았던 전차 수입은 1916년, 1921년 구간 및 요금제의 개편과 증액에 점차 수입 증대를 가져왔다. 물론 부내외 지역민들의 지역운동과 행정구역의 확대, 그리고 경쟁선의 출현으로 말미암아 부분적인 개편을 통한 잠깐의 수입 축소를 겪었다. 하지만 여전히 다른 지역보다 고율인 요금제로 말미암아 회사 경영 시기 내내 줄곧 [표 3]과 같이 40% 대를 유지하며 회사 수입의 중심에 있었다.[20]

[표 3] 조선가스전기주식회사의 전체 수입과 전차 수입의 비교

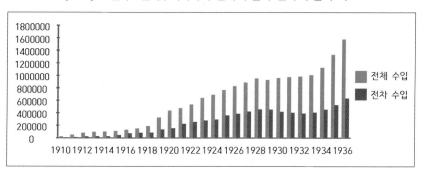

전차 및 회사 전체 수입의 이와 같은 증대에는 끝까지 한 차례도 제대로 된 요금 개편이 이루어지지 않았던 교외선의 조선인들로 인한 것이라

---

20) 조선와사전기주식회사, 『제21~53회 영업보고서』, 1920~1937.

고 해도 지나치지 않을 것이다. 이를 힘의 역학 관계로 살펴보면 식민자
본의 힘은 일본인을 중심으로 하는 지역의 힘을 일부 받아 들였지만 그때
지역의 힘은 일본인들이었고 조선인은 거의 배제되었다고 해도 과언이
아닐 것이다. 지역에 기반을 둔 식민회사는 지역보다는 끝까지 스스로의
영리와 '착취를 위한 조선 개발'이라는 식민정책에 기반하고 있었다고 할
수 있다.

2. 전차 운영을 둘러싼 지역 운동

1915년 부산 동래 간 전철 개통과 전차 운행, 1916년 대청정선과 1917년
장수통선의 짧은 시가 일주선 만을 완성시킨 뒤 조선가스는 더 이상 연장
건설이나 설비 투자에 소홀했다. 1918년부터는 선로 연장이나 기존 선로
의 개선 없이 전차 운행구간 및 요금 변경을 통한 이윤 확대만을 추구했
다. 이로써 부산부의 일본인을 비롯한 인근의 조선인들의 불만을 초래했
다. 그 결과 전차 개선을 바라는 다양한 이른바 '부민운동'에 직면했다. 회
사의 이와 같은 전차 운영에 대해 부산부와 동래면(읍)(1942년 이후 부산
부에 포함)의 일본인과 조선인들은 전차의 궤도 확장, 복선 등 개선과 전
차 요금 및 구간제의 문제점을 지적하며 대대적인 전차개선운동으로써
'전차부영운동', '전차임균일제운동', '전차임인하운동'을 연이어서 전개해
나갔다. 아래에서는 이 세 운동을 통해 식민지 '지역사회'와 '지역정치'의
한 단면을 살펴보도록 하자.

1) 전차부영운동

전차 개선과 구간 및 요금 문제를 지역민 차원에서 해결하기 위한 이른 바 부민운동은 지역민을 대표하는 자치기구 및 각종 임의단체 등을 통해 시작되었다. 그 가운데 가장 적극적이고 활발하며 강력하게 추진된 운동이 회사의 전차 부문을 부산부가 적절한 가격으로 매수하여 경영토록 하는 전차부영운동이었다. 전차부영운동은 일제시기 전체를 통틀어 크게 세 차례의 변곡점을 거치면서 진행되었다.

첫 번째는 1919년부터 시작된 지역민의 전차개선운동에서 심화되어 1922년 6월 17일 부협의회의 결의안을 전후하여 본격화되었다.[21] 두 번째 는 1925년 부산상업회의소 교통부회로부터 재점화된 전차임균일제 논의 와 요구로부터 확대 심화되는 한편, 부협의회 일부 의원을 중심으로 설립 된 '부산전기부영문제발기인회'(이후 '전기부영기성회')로부터 시작된 전 차를 포함한 전기부영운동이 그것이다. 전기부영운동은 우여곡절 끝에 협상 체결까지 이어졌다. 하지만 일본 본국의 긴축재정에 의한 기채 발행 이 좌절되면서 자동 폐기되었다.[22] 셋째, 전기부영 좌절 이후 다시 '전차 임균일제'운동이 전개되는 가운데 불거져 나온 전차공영문제이다. 조선가 스가 남선합동전기주식회사로 통합되는 1936년부터 다시 전차공영문제가 부산부회에서 불거져 나와 1940년 부산부회 신년간담회에서 공식적인 전

---

21) 『朝鮮時報』 1928.7.2(2-5), 「未だ目鼻もつかぬ『電府』と『南港修築』監督官廳宣しき を得よ」; 홍순권, 「1920년대 도시개발사업과 지역유지층의 정치참여」, 『근대도시 와 지방권력』, 도시출판선인, 2010.

22) 『釜山日報』 1925.3.8(2-7), 「電車運轉區制改正を要望す」; 『朝鮮時報』 1926.9.4(2-4), 「電氣府營發起人會近く招集する」; 김승, 「전기부영운동을 둘러싼 '공중(公衆)과 공론(公論)'의 동향」, 『근대 부산의 일본인 사회와 문화변용』, 도서출판선인, 2014.

차공영이 제기되었다.[23] 하지만 마지막 전차공영의 결의는 회사의 통합
과 전시체제라는 시대적 상황으로 인해 운동으로 전환되지 못했다.

이 절에서는 세 차례 중 명실상부한 전차만의 부민운동인 첫 번째 시기
의 '전차부영운동'만을 살펴볼 것이다. 두 번째 전차 포함 전기부영운동은
이미 연구 성과가 나와 있고[24] 전차만을 다루고 있지 않아 오히려 이 운
동을 추동하면서 함께 전개된 '전차임균일제운동'을 통해 보다 상세히 확
인하면 충분할 것이다. 다만 그 발단을 잠시 살펴보면, 원래 전기부영은
1922년 부협의회의 결의에 따라 부산부가 적극 추진한 전차부영을 위한
협상요구에 직면한 조선가스가 이를 회피 철회하기 위한 계책으로 맞대
응한 것이었다.[25] 당시 회사는 부산부의 전차부영을 위한 매수협상 요구
에 대해 전차만이 아니라 전 사업, 즉 전차, 전기, 가스 등 회사의 모든 사
업을 매수한다면 협상할 용의가 있다고 맞대응했다. 그리고 엄청난 액수
의 매수금을 제시하며 협상에 나섰다. 이에 대해 부협의회는 전 사업의
매수는 도저히 불가능하다고 판단하고 전차만의 매수를 다시 결의하면서
전차부영의 불씨를 지폈다. 하지만 회사 측의 무대응과 부윤의 경질로 유
야무야되고 말았다. 즉, 회사 측의 전차부영에 대한 훼방책으로 등장한
것이 전기부영의 시초였던 것이다.

1917년 장수통선 건설을 끝으로 전차 노선 및 운행 개선은 거의 진행되
지 않았다. 이후 회사는 설비 투자는 물론 운영 개선에는 전혀 관심을 가
지지 않고 오직 이윤을 차곡차곡 쌓아가는 영리 회사의 모습만을 보이기

---

23) 『釜山日報』 1937.3.25(2-1), 「守山橋の寄附を難じ電車ガスの公營論」; 『東亞日報』
      1940.1.30(4-13), 「電車公營問題」.
24) 김승, 앞의 책, 2014.
25) 『東亞日報』 1922.9.10(4-3), 「電車買收府協議會」.

시작했다. 이에 전차를 이용하는 부산부 안팎의 일본인과 조선인들은 1919년부터 전차 개선의 의지가 없는 회사에 대한 불만을 제기하기 시작했다.[26] 당시 일부의 지역민들 가운데서는 전차를 부산부가 매수하여 부영으로 운영할 것을 열망하는 자도 공공연하게 나타났다. 지역의 일본인 언론 중 하나인 조선시보는 이와 같은 지역민의 열망에 부응하여 전차부영을 강력하게 주장하기 시작했다.[27] 이에 따라 부협의회는 전차사업의 매수에 대한 논의와 교통기관조사위원을 뽑아 조사를 통해 전차부영을 추진하고자 했다.[28] 이는 평양부윤으로 평양의 전차부영을 주도한 경험이 있는 本田常吉 부윤의 부임으로 본격화되었다.[29] 부윤은 지역민들의

---

26) 전기부영운동이 한창일 때 부산상업회의소평의원 山村正夫 씨는 번영회에서 전기부영과 관련해 "교통문제인 전기부영문제에 대해서는 대정 8년 이래의 현안"이 아직 해결되지 않았다고 발표한 것으로 미루어볼 때 전차부영문제는 1919년부터 시작된 것으로 볼 수 있다(『朝鮮時報』 1928.7.2(2-5), 「未だ目鼻もつかぬ『電府』と『南港修築』監督官廳宣しきを得よ」).

27) 『朝鮮時報』 1923.2.28(3-1), 「果して誠意ありと云ふか」.

28) 『朝鮮時報』 1928.1.1-3(3-1), 「電氣府營叫はれて早や八年目の春は來ぬ」.

29) 전차부영의 시작을 누가 주도했느냐는 중요한 문제이다. 왜냐하면 식민정책과 관련해 주도층이 누구냐에 따라 그 성격이 달라질 수 있기 때문이다. 즉, 관(조선총독부-도지사-부윤)이 주도한 것과 민간(지역사회, 지역민, 자치기구, 단체)이 주도한 것은 차원이 다른 문제라고 할 수 있다. 전차부영에 관한 직접적인 연구는 아니지만 이후 전개되는 전기부영운동을 직·간접적으로 연구한 홍순권과 김승은 각각 상반되게 부협의회와 부윤에 의해 시작된 것으로 파악했다. 그것은 근거한 자료의 차이에서 비롯된 것으로 보인다. 지역민을 중심으로 한 자치기구로부터 시작되었다고 보는 관점은 전기부영운동을 정리한 『釜山を担ぐ者』(井上淸麿, 1931)과 조선시보가 대표적이다. 반면 부윤에 의해 시작된 것으로 보는 관점은 회사 측 자료인 『朝鮮瓦斯電氣株式會社發達史』(조선가스전기주식회사, 1938)와 부산일보가 대표적이다. 홍순권은 『釜山を担ぐ者』에 근거해 부협의회에서 시작된 것으로 파악했고(홍순권, 앞의 책, 370쪽), 김승은 『부산일보』에 근거해 부윤으로부터 시작된 것으로 파악했다(김승, 앞의 책, 316~317쪽). 그런데 문제는 부산일보가 회사의 영향력하에 있었다는 점이다. 사장을 비롯해 부산 측 중역 및 주주들 대부분이 부산일보의 대주주들이었다(홍순권·전성현, 『일제시기 일본인의 부산

바람을 받아들여 '자문안 제27호 전차매수에 관한 건'을 부협의회에 상정하여 1922년 6월 17일 결의하고 회사와 협상에 들어갔다.[30]

부산부는 곧바로 전차 매수에 대한 추정가격을 조선가스 측에 제출하라고 권고하기 시작했다. 회사 측은 대응을 차일피일 피하며 1개월 이상 미루다가 전차뿐만 아니라 전기, 가스 전부 매수로 대응하며 맞섰다. 물론 이 같은 대응은 실제 매도를 고려한 대응이라기보다는 전차 매수를 저지하기 위한 회사 측의 고육지책이었다.

부산부는 부협의회 자문을 통해 사업 전부 매수는 어렵다는 전제 아래 전차 매수만을 다시 진행했다. 하지만 회사 측은 묵묵부답이었다. 오히려 회사 측은 '전철부영은 부윤의 꿈 이야기로써 도저히 불가능하다'고 하며 전차 개선에 대한 의지만을 표하며 사장의 부재를 핑계로 협상에 나서지 않았다. 그러자 조선시보는 지역사회를 대신하여 부윤과 부협의회원의 손 놓고 있는 태만을 꾸짖으며 부산부의 적극적인 행동을 촉구했다.[31]

부산부와 부협의회는 다시 이 문제를 일단 회사 전부 매수에 대한 의사타진으로 방향을 바꿨다. 부협의회에서는 회사매수조사위원을 선정하는 동시에 부산부는 회사 전부의 양도 가격을 제출하도록 3번째 독촉장을 회

일보 경영』, 세종출판사, 2013, 57~58쪽). 따라서 부산일보는 줄곧 회사의 입장을 대변하는 역할을 자임했다. 이 때문에 전기부영운동을 주도하는 '전기부영기성회'는 회사의 편에 선 부산일보의 불매운동까지 전개하기도 했다. 그렇다면 회사 측 자료와 부산일보 기사는 회사의 입장을 강조하고 있기 때문에 어느 정도 거리를 둘 필요가 있다. 즉, 전차부영은 부민들의 요구라기보다는 부윤 개인의 주장이라고 함으로써 자신들의 전차 운영에 문제가 없다는 점을 강조하기 위한 것이라고 볼 수 있다. 따라서 본 연구는 회사 측 자료와 부산일보 기사를 확인하면서도 가능한 한 부민운동의 상세한 보도 자료인 조선시보를 적극 활용한다.

30) 『東亞日報』 1922.8.29(2-7), 「釜山電車府營」.

31) 『朝鮮時報』 1922.11.7(2-5), 「電車府營と府尹」 ; 『朝鮮時報』 1922.11.8(3-1), 「氣の永い本田府尹とのらりくらりの瓦電」.

사에 보냈다. 부산부와 부협의회는 회사 측의 양도 가격을 확인한 후 부의 예산과 방침에 부합하지 않을 경우 전차만을 매수할 계획이었다.[32]

답변을 회피하던 조선가스 측은 전부 매수에 대한 의사 타진이 온 이상 피할 수만은 없었다. 일각에서는 회사 측이 비공식적으로 581만 원을 제시한다는 소문이 나돌았지만, 결국 공식적으로 약 459만 원에 매도할 뜻을 부산부에 제시했다. 회사 측이 공식적으로 제시한 금액은 당시 회사와 동일하게 가스, 전기, 전차 모두를 매수한 고베(약 581만 원)와 도야마(336만 원)의 예를 합하여 이분한 금액이었다. 당시 회사 재산목록의 평가총액인 327만 원보다 130만 원 이상의 고가였다. 더군다나 부협의회 조사위원에 따르면 가나자와, 나고야, 요코하마의 경우는 대부분 200만 원대였다. 따라서 부나 부협의회는 이와 같은 고액의 양도 가격은 받아들일 수 없는 금액이었다.[33]

부산부는 다시 부협의회에 자문을 구했다. 부협의회는 회사 전부의 매수액은 불확실한 금액일 뿐만 아니라 회사만 이익이 되는 금액이기에 도저히 불가능하다고 결론내리고 전차만의 매수로 결정했다. 이에 부산부는 회사 전부의 부영은 보류하고 다시 전차매수에 관한 가격을 기한을 정해 요청했다. 만약 최후의 통첩에도 불응할 경우 마지막 수단으로 '본 철도 포설에 대한 명령조건 제19조 17의 제2항'에 따라 '조선총독이 이것을 재정(裁定)'하는 것으로 이전할 예정이었다.[34]

---

32) 『朝鮮時報』 1922.11.19(2-1), 「瓦電買收と府の態度」.

33) 『朝鮮時報』 1923.2.28(3-1), 「果して誠意ありと云ふか」; 『朝鮮時報』 1923.3.3(2-1), 「瓦電會社の買收は內地の比率に依るば不當なり」.

34) 『朝鮮時報』 1923.3.3(2-7), 「電車の價格を申出ねば總督の裁定に任す」; 『朝鮮時報』 1923.3.8(3-1), 「總督に裁定を乞はゞ公平に裁決を與へる」.

하지만 조선가스 측은 노골적인 '야밤 뒷골목 운동'을 통해 총독과 총감에게 전차만의 부영은 부 재정상 큰 화근이 되며 회사 전부의 매수는 오히려 부의 재원이 된다고 주장하며 전차부영을 무력화시키고자 했다. 그 때문인지 전차부영안의 핵심 인물 중 한 명인 本田 부윤은 갑자기 행정정리의 명목으로 퇴임되었다.[35] 결과적으로 전차부영은 유야무야되지 않을 수 없는 상황에 직면했다.

이에 지역민들 가운데 회사의 반성을 촉구하며 전차 매수 요구가 부민 전체의 여론임을 보여줄 부민대회 개최를 요구하기 시작했다. 조선시보는 신임 부윤의 역할이 전차부영의 해결이라고 연일 강조했다. 때마침 부산의 신문기자들이 중심이 되어 '전차부영문제부민대회'가 개최되었다. 이 대회는 부민의 1인이라면서 회사의 1인으로 영리만을 내세우는 '부산의 숙폐인 특권계급의 횡포'를 통박하고 회사의 반성을 촉구하는 자리였다. 또한 '부 당국 및 부협의원의 의사를 철저히 관철하기 위해서는 이를 응원하고 혹은 감시하고 혹은 채찍질하여 어떻게 해서라도 부민 다년의 희망을 실현'시키기 위한 자리였다.[36]

대회에 참석한 부민들은 '회사의 반성을 촉구하며 부당국과 부협의회 의원을 감시 편달하여 전차부영의 실현을 기한다'고 결의하고 총독, 총감, 경무·체신·철도국장, 경남도지사, 경찰부장, 회사장에게 결의문을 보냈

35) 『朝鮮時報』 1923.3.9(2-1), 「〈電車問題は斯くして進展する〉會社が回答を與へねば府は買收價格を通告する一定の期間に尚回答を與へざれば總督に最後の裁定を乞ふ迄だ」；『朝鮮時報』 1923.3.25(1-1), 「府民大會と電車問題」.
36) 『朝鮮時報』 1923.3.21(3-1), 「來り聞け 熱烈なる其叫びを!」；『朝鮮時報』 1923.3.24(1-1), 「〈言論〉新府尹に望む」；『朝鮮時報』 1923.3.24(3-1), 「終始緊張裡に意義ある電車府營府民大會は開會前の自動車宣傳隊と十五名の辯士交々起つて舌端火を吐く熱變を振ふ」.

다. 나아가 실행위원을 선정하여 결의문을 가지고 부윤과 경찰서장, 그리고 부협의회 의원과 직접 만날 것을 계획했다. 하지만 회사도 신임 부윤도 잠잠했다. 신임 부윤은 '연구가 우선'이라고 하며 별다른 계획이 없음을 드러냈다. 부민대회 실행위원과 부협의회 의원도 협의를 했지만 '전차부영의 실현은 결코 용이한 일이 아니'기 때문에 충분히 연구하고 서로 조력할 것을 결의하는데 그쳤다.[37] 결국 전차부영운동은 다시 수면 아래로 침잠하게 되었다.

2) 전차임균일제운동

전차부영문제가 잠시 수면 아래로 가라앉자 1925년부터 새로운 문제인 전차임균일제가 고개를 들고 지역사회의 주요한 화두로 떠올랐다. 전차임균일제운동은 시간적으로는 전기부영운동의 전후로 구분이 된다. 시기별로 첫 번째는 전차부영운동이 침잠하자 1925년 대안으로 전개되어 전기부영운동과 함께 추진되다가 전기부영운동에 포함되었다. 두 번째는 전기부영운동이 협상 타결까지 갔지만 기채 문제로 좌절되자 다시 전개되어 1940년까지 이어졌다.

전차임균일제는 기본적으로 시내선 만을 염두에 둔 것이었다. 그런데 점차 교외선까지 포함하는 것으로 확대되었다. 동래 방면 조선인들이 느낀 민족적·지역적 차별의 불만이 구간 및 요금제의 개정요구로 터져 나왔기 때문이었다. 시내선 구간 및 요금제 균일요구와 교외선 구간 및 요금제 개정요구가 전차임균일제운동으로 합쳐졌다. 이어서 함께 전기부영

---

37) 『朝鮮時報』 1923.5.9(2-7), 「電車府營=と協議員」.

운동을 확대 심화되었다. 전차임균일제운동의 시내선과 교외선 요구 차이에서도 보이듯이 이 운동은 민족적·지역적 연대의 한 예이기는 했다. 하지만 여전히 민족적·지역적 차별이 어느 정도 잠재해 있었음을 알 수 있다.

1915년 10월 31일 개통된 전차 구간과 요금의 변화 추이는 앞에서 언급한 [표 2]와 같다. 제1기 전차임균일제운동의 발단은 세 가지 요인으로부터 기인한 것으로 판단된다. 첫째, 1917년 장수통선 개통과 함께 시내선인 용두산과 서정 주위를 짧게 일주하는 선로와 부산역에서 부산진까지의 남북 간선이 갖춰졌다. 그런데 조선가스는 이후 추가선로 건설이나 개선의 여지없이 1921년 4구 12전(1구 3전)의 시내선 요금을 3구 15전의 요금으로 증액한 것이 중요한 요인이 되었다.[38] 물론 1925년 전차부영운동의 영향으로 시내선 구간과 요금을 2구 10전으로 인하했다. 하지만 구계를 축소함으로써 부산부 내 부산진 거주민은 여전히 3구 15전의 요금을 지불했다.[39] 둘째, 전차부영문제가 지역사회의 화두가 되던 1921년 경성은 시내선 구간제를 철폐하고 전체를 1구 5전으로 균일화했다.[40] 셋째, 부산과 유사한 일본과 조선의 전차임에 비해 부산의 운임은 지나치게 고율이었다. 즉, 도쿄 95마일에 7전, 오사카 65마일에 4전, 교토 34마일에 6전, 고베 17마일에 5전, 나고야 32마일에 4전, 경성 22마일에 5전인 것에 비해 부산은 시내 5마일에 5전, 시외포함 11마일에 30전이었다.[41] 이와 같은 요인이

---

38) 『東亞日報』 1921.12.10(3-6), 「釜山電車의 減額運動」 ; 『朝鮮時報』 1925. 5.21(2-3), 「電車賃均一制改正私案 其一」.

39) 『釜山日報』 1925.3.30(7-3), 「驛前から釜山鎭入口迄の二區制を一區に改正して便宜を圖る」 ; 『釜山日報』 1925.5.13(7-4), 「電車區間一部變更」.

40) 『朝鮮時報』 1925.10.25(1-1) 「時報論壇泉崎新府尹に與へて電氣事業府營を論ず(十二)」.

전차부영운동의 침잠에 따라 전차임균일제운동으로 불거진 것이다.

[표 4] 제1기 전차임균일제운동(1925년~1929년)

연도	요구주체(지역)	요구내용	반영 여부	비고
1925	부산상업회의소 교통부회	구간제 개정(부내 2구, 교외 종전대로)	부내 2구, 교외 3구제 대응 조사	
	부민 일반(동래 포함?)	부내 1구, 교외 3구의 전선 4구제		
	부산진 방면 거주민 유지	부내 전차임균일제		부산상업회의소 교통·사회부회에 협력요청
	부산번영회	부내 전차임균일제		
1926	부산전기부영문제 발기인회	구간제 개정요구	경영상 불가 (香椎 사장)	
	정총대구장유지대회	부내 전차임균일제, 교외선 2구 10전		시내경계의 옛 부산진역 변경
	서부유지대회/ 목도부민대회 / 초량영주방면부민대회 / 동래면민부민대회	부내 전차임균일제, 교외선 2구 10전		시내경계의 옛 부산진역 변경

출전 :『釜山日報』,『朝鮮時報』등 해당 일자 기사 참조.

전차부영의 목소리가 잦아든 1925년, 부산상업회의소(이하 商議) 교통
부회는 그 대신 전차 구간제 개정을 요망했다. 기존의 시내선 3구를 2구
로 개정하는 것이 주요 개정의 골자였다. 당시 일반의 요망이 시내선 1구,
시외선 3구, 총 4구제를 희망하는 것에 비하면 대단히 소극적인 것이었다.
조선가스는 시내선 3구를 2구로 축소하고 대신 구계를 부산진에서 부산
진입구로 변경하는 것으로 호응했다. 그러자 구계 변경의 가장 큰 피해자
인 부산진 방면의 거주자 및 유지들을 중심으로 곧바로 시내선의 1구 5전
균일제 요구가 제기되었다. 이 방면 공직자들이 중심이 된 상의 교통·사

---

41) 『朝鮮時報』 1926.9.14(2-1), 「釜山電氣府營問題發起人會]各地の電燈料金比較を見
よ」.

회부회는 논의 안건으로 전차임균일제를 상정하고 교통부회는 이를 의결했다.[42]

그리고 상의 역원회는 교통부회와 조선가스 측 주장을 확인하고 균일제 이후 예측되는 상황을 토대로 결정내리기로 했다. 그런데 역원회는 이후 회사 측 자료를 토대로 균일제의 결과 회사의 손실이 상당하기 때문에 받아들일 수 없다고 교통부회로 이 안건을 돌려보냈다. 당시 상의 역원회는 '회사의 역원회'라고 할 정도로 회사 사장인 香椎의 사람들로 이루어져 있었다. 지역민과 언론은 지금까지 전차 운영에 관해 수수방관해오더니 '만인이 모두 옳다고 인정하는' 교통부회의 균일제 주장마저 무위로 만들었다고 그 무능을 나무라며 '진실로 수치를 모르는 역원'이라고 신랄히 비판했다.[43]

한편, 교통부회는 역원회 결정에 대해 반발했다. 역원회가 회사의 일방적인 조사통계에 기초하여 결론에 이른 점을 유감이라고 하며 자신들은 이들 조사통계가 균일제 이후 승객의 증가율 등을 포함하지 않는 등 신뢰할 수 없는 통계라고 강조했다. 그리고 역원회 결정을 재차 돌려보내려는 의견이 우세해지자 절충을 거듭하여 결국 '전기사업부영문제조사연구'로 전환하기로 결정했다.[44]

마침 부협의회 의원을 중심으로 그간 잠잠하던 전차부영 또는 전기부영에 대한 태도 여부를 小西恭介 부윤에게 질문했고 부윤은 그간 조사한

42) 『釜山日報』 1925.3.8(2-7), 「電車運轉區制改正を要望す」 ; 『朝鮮時報』 1925.5.5(2-1), 「電車賃均一問題」 ; 『釜山日報』 1925.5.19(2-5), 「釜山電車賃金均一問題」.

43) 『朝鮮時報』 1925.8.7(2-6), 「釜山商議役員會」 ; 『朝鮮時報』 1925.10.10(2-1), 「豫定の 筋書を辿つた'電車賃均一制'の運命」 ; 『朝鮮時報』 1925.10.11(1-1), 「時報論壇電車 賃均一を瓦電に要望せずとは如何」.

44) 『朝鮮時報』 1925.10.22(2-1), 「電車賃金均一制問題交通部會で議論沸騰」.

기초자료를 중심으로 전기부영의 가능성을 넌지시 비췄다. 특히 전기부영이 된다면 '전차임균일제는 물론 전등요금의 체감 등을 하고도 이익을 부민에게 줄 수 있다'는 판단까지 나왔다. 하지만 다시 부윤이 교체되었다. 지역사회는 또 다시 전차개선운동의 바람이 불기 시작했다. 조선시보는 새로 부임한 泉崎三郎 부윤에게 전달할 균일제를 포함한 전기부영을 논하는 글을 연재하기 시작했다. 상의는 평의원 간담회에서 전차임균일제 대신 전기부영에 대한 조사연구를 협의하고 조사위원을 선정했다.[45]

　1926년 부협의회 의원 일부는 다시 시민대회를 통해 부영촉진운동을 전개하고자 했다. 이들은 정동총대와의 회합을 통해 조선인은 물론 동래 면민까지 참여한 '부산전기부영문제발기인회'와 '부민유지대회'를 개최했다. 이 자리에서 첫째, 전기부영의 실현을 희망하고 둘째, 경성과 동일한 가스전기 제요금의 인하와 셋째, 전차임의 구간제 및 요금인하를 결의했다. 즉, 시내선을 옛 부산진역까지 변경하고 균일한 1구 5전으로 하며 교외선은 옛 부산진 역전에서 동래온천장까지 2구 10전으로 할 것을 결의했던 것이다. 그리고 '전기문제부산부민대회' 실행위원들은 부윤, 도지사, 회사에 진정 요망하는 한편, 계속해서 서부유지대회, 목도부민대회, 초량영주부민대회, 동래면민대회, 부산부민대회(보고회)를 개최했다. 여론을 한데 모은 후 다시 진정위원을 선정하고 경성에 파견하여 철도국, 체신국, 내무국 등을 방문 진정하고 총독에게 진정서를 제출했다.[46] 그 결과, 1927년 부협의회는 다시 '자문안 제20호 조선가스전기주식회사의 사업양수에 관

45) 『朝鮮時報』 1925.8.18(2-3), 「府協議會員連署して'瓦電府營'促進運動」 ; 『朝鮮時報』 1925.8.19(1-1), 「〈時報論壇〉電車,電燈,瓦斯全部の府營案(三)」 ; 『朝鮮時報』 1925.10.25(2-2), 「電氣事業府營」.
46) 『朝鮮時報』 1926.10.23(2-1), 「I電氣問題陳情委員の詳報I眞摯なる委員の陳情に各局長の意大に動く?」 ; 『朝鮮時報』 1926.10.24(2-2), 「電氣問題陳情書」.

한 건'의 의결을 통해 밀양에서 경영하는 전기사업을 제외한 회사의 전 사
업을 매수하기로 결정하고 이후 전기부영을 추진하게 되었다.[47]

[표 5] 제2기 전차임균일제운동(1929~1940년)

연도	요구주체(지역)	요구내용	반영여부	비고
1929	부산번영회	부내 전차임균일제		시가전철 복선, 객차 수 증가, 전차선로 확장신설
1930	북부주민 및 정총대와 조장, 부산진 방면 유지일동(부협의원 포함)	부내 전차임균일제 (시내 및 부산진 국방교 4구제를 1구 5전 균일)		시내 3구와 부산진입 구─부산진 국방교의 교외선 1구 포함
1935	부산상의 교통부회	부내 전차임균일제		전차운행개선
1936	부산부회	부내 전차임균일제	회사의 2구제 유지	건의안 제출
1937	부산상의 교통부회	부내 전차임균일제		
1938	일반 부민	구역제철폐론		
1939	북부선 관내 정총대유지	구역제철폐론		
	부산부회	부내 전차임균일제 (구역제철폐)		전차노선 도로사용료 증징
1940	부산부회 간담회	부내 전차임균일제		전차공영, 복선문제
	부산부회, 부산상의 교통부회	부내 전차임균일제		
1941	전차교통조정에 관한 대책협의회	부내 전차임균일제 (구간제철폐)	수송력을 현재 이상 증가할 때 선처 약속	

출전 : 『朝鮮日報』, 『東亞日報』, 『釜山日報』, 『朝鮮日報』, 『京城日報』 등 해당 일자 기사 참조.

1929년 9월 초 회사 매수를 위한 기채가 일본 본국의 긴축재정으로 말
미암아 인가되지 못하자 전기부영은 자동 폐기되고 전차임균일제문제가
다시 야기되었다. [표 5]와 같이 2기 전차임균일제운동은 1930년 전후와

---

47) 『朝鮮時報』 1927.6.4(3-1), 「六年越しの電氣府營」.

1935년 이후로 다시 구분이 가능하다. 1930년 전후의 운동은 전기부영의 실패와 북부로의 시가지 확장 속에서 진행되었다. 1935년 이후 운동은 서면 방면으로 부역 1차 확장과 조선총독부의 전기사업 통폐합 조치와 남부 지역 전기회사들의 통폐합, 그리고 '남선합동전기주식회사'의 성립에 대한 대응이었다.

먼저, 1930년 전후 전차임균일제운동은 전기부영이 이루어지면 곧바로 실행하기로 한 전차 운영의 개선문제들을 부산번영회가 요구하는 가운데 이 문제도 제기했다.[48] 부산번영회는 시내선 구간 및 요금균일제를 회사 당국에 다른 신설 사업과 함께 요망했다. 주지하다시피 이 문제는 이전 전기부영운동의 중요한 요건 중 하나였다.

한편, 북부로의 시가지 확장으로 부내와 교외의 경계지대인 부산진 방면의 북부 거주민들은 보다 적극적으로 전차임균일제를 제기하기 시작했다. 이들은 이미 부산부 영역이면서도 3구 15전의 고율 요금을 지불하는 것에 대한 불만을 지금까지 각종 지역운동에 적극 가담함으로써 표출했다. 따라서 전기부영이 수포로 돌아가자 곧바로 정총대와 조장들을 중심으로 주민들의 날인을 받아 새로운 선로 요구와 함께 교외선 1구를 포함한 종래의 3구제를 1구제 5전 균일로 개정해줄 것을 회사에 요구했다. 더불어 이들 중 부협의회 의원 등 유지들은 도지사는 물론 부협의회를 통한 전차임균일제운동을 전개했다.[49] 그러나 구간제 철폐에 따른 시내선 1구 5전의 요구는 여전히 관철되지 못했다. 대신 이때 상의 교통부회는

---

48) 『朝鮮時報』 1929.12.29(5-4), 「釜山繁榮會の名で三線新設を要望す」.

49) 『東亞日報』 1930.1.10(3-3), 「釜山電車改善을 北部市民이 促進」; 『朝鮮日報』 1930.1.12(석3), 「釜山電車線路延長과 車體改善을 陳情」; 『東亞日報』 1930.1.27(3-3), 「釜山電車賃 五錢均一制」; 『朝鮮日報』 1930.2.19(석3), 「電車線路延長과 車賃引下 運動」.

1구 5전을 3전으로 인하는 방안을 회사에 제출하기도 했다.[50]

전차임균일제운동은 1935년 다시 불붙었다. 1934년 7월 동해남부선이 해운대까지 개통되면서 부산역전에서 동래온천장까지의 교외선에 경쟁선이 출현하게 되었다. 앞에서 살펴본 것처럼 회사도 발 빠르게 이에 대처하는 교외선의 구간 구역을 변경했다. 물론 부내와 교외 구간 및 요금은 전혀 변화가 없었다. 또한 조선총독부의 「조선시가지계획령」이 발포되고 서면으로의 행정구역 확장이 사실화되었다.[51] 그러자 부산상의 교통부회와 부산부회는 부내 교통편의를 위한 전차임균일제를 달성하기 위해 요망, 진정, 건의 등의 운동을 전개했다. 더군다나 1937년 그간 전차를 경영하던 조선가스가 조선총독부의 전기사업통폐합 조치에 따라 '남선합동전기주식회사'로 통합되었다. 당연히 새로운 회사에 대한 기대감도 컸다. 이와 같은 분위기 속에서 줄곧 전차임균일제운동은 전개되었다.[52] 하지만 통합된 회사는 지역만을 기반에 둔 회사가 아니었다. 더군다나 조선총독부의 통제를 받는 회사가 되었다. 결국 일본인을 중심으로 하는 전차임균일제운동은 부내 시내선의 구간 일부만을 개정한 채 해결되지 못했다. 마지막 운동의 불씨는 전차공영으로 다시 넘어가는 듯했지만 되살아나지 못하고 역사 속으로 사라졌다.

---

50) 『釜山日報』 1933.12.7(석1-8), 「電車賃金一區三錢に低減方を近く釜山會議所から正式に瓦電に要望」.

51) 전성현, 앞의 논문, 2016.

52) 『釜山日報』 1935.8.12.(1-5), 「釜山商議所交通部會初會合」 ; 『釜山日報』 1936. 3.25 (석1-7), 「電車改善と賃金均一制の建議案」 ; 『釜山日報』 1937.12. 22(석1-8), 「電車賃均一等 新事業四件」 ; 『朝鮮日報』 1939.1.22(석7), 「電車區域制撤廢」 ; 『釜山日報』 1939.3.24(2-1), 「電車賃の均一制緊急動議出る 春風駘蕩の釜山府會」 ; 『釜山日報』 1940.3.14(석2-9), 「電車複線問題提携で進むか」.

3) 전차임인하운동

한편, 전차 노선의 부산부 경계(부산진, 서면) 및 교외인 동래군에 속하는 지역민들 대부분은 조선인이었다. 이들은 부산을 중심으로 하는 철도 건설과 전철로의 전환에 토지의 헐값 제공 등을 강요당하기도 하고 노선과 전차 개선 및 요금문제에서 항상 지역적, 민족적 차별을 감수해야 했다. 그렇기에 일본인 중심의 부산부민이 전개한 전차·전기부영운동의 직접적인 혜택을 누릴 수 있는 입장은 아니었다. 그러나 이들과 연대하며 함께 운동을 전개했다. 또한 부산부민이 줄기차게 전차임균일제운동을 전개할 때 전차임인하운동을 함께 주장했다. 전차임인하운동은 기본적으로 교외선 구간 및 요금을 2구 10전으로 개정하는 것을 그 골자로 했다.

교외선의 경우 전차가 개통한 1915년 3구 12전(1구 평균 4전)이었던 것이 1916년 4구 12전(1구 3전)으로 바뀌었다. 다시 1921년 1구 5전의 요금 증액으로 4구 20전이라는 고율 요금이 되었다. 이에 반발한 동래지역은 일단 동래 유지들을 중심으로 '전차개선기성동맹회'를 조직하고 전차 노선의 연장 및 궤조 개선, 그리고 임금할인규정의 지역적 차별에 대한 문제 제기와 왕복 승차권의 할인을 주장했다. 당시 교외라는 지역적 차별은 물론이고 부산 출발의 왕복 승차권은 할인을 받았으나 동래 출발의 왕복 승차권은 할인을 받지 못하는 지역적 차별도 있었다. 하지만 조선가스 측은 부산 출발 왕복 승차권은 동래온천욕객을 위한 것이기 때문이라고 이 문제를 일축했다.53)

---

53) 『朝鮮時報』 1921.9.5(2-4), 「電車改善 希望協議」 ; 『朝鮮時報』 1921.9.7.(2-1), 「東萊有志對瓦電側の電車改善押問答(下)」.

[표 6] 전차임인하운동 및 기타 요금할인 요구

연도	요구주체(지역)	요구내용	반영 여부	비고
1921	부산동래간전차개선 기성동맹회(동래유지)	동래 부산 간 할인규정 동일 요구, 왕복승차권 발행 요청	중역 의결을 거친 후 회답	金秉圭
	부산유지(청년회관)	부산진 전 시내 13전, 기타 5전 감액		조·일인 연합으로 시민대회 개최 예정
1926	부민(조선·동아일보)	1구 3전 인하요구	1구 4전 인하 의향	전차임균일제운동의 대안으로 제시
	동래읍내 유지(동래번영회장, 면장 등)	왕복권 할인 개정(40전)		전차구간제 개정(3구간), 전차정류장 2곳 증치 요구, 秋鳳燦, 朴遇衝
1931	동래 경오구락부	요금인하운동방침		온천장번영회, 부산상공회의소 제휴
1932	서면대표(부전, 범전, 선암, 당감, 초읍리)	부산진 서면 간 2구를 1구로 개정		
1933	동래간담회	요금감하운동(부산 동래 간 3구, 편도 15·왕복 20전)		金秉圭
	부산상공회의소	1구 3전 인하		
1935	목지도공우회	직공의 할인통근권		
1940	동래부산관민 유지	전차요금 인하문제		전차 개선문제

출전 :『朝鮮日報』,『東亞日報』,『釜山日報』,『朝鮮日報』 등 해당 일자 기사 참조.

그간 전차부영운동에 참여했던 동래지역민은 부산부민의 전차임균일제운동이 전개되는 와중에 동래 부산 간 전차 구간 및 요금제의 개정을 본격적으로 주장하기 시작했다. 1926년 동래지역민은 1,900명의 연서로 동래 부산 간 전차 구간 및 요금제 개정 등을 요구했다. 당시까지 교외 구간은 겨우 6마일에 4구 20전으로 '세계의 그 유례가 없는 고율' 요금을 지불해야 했다. 더군다나 4구간의 구분은 거리비례도 아니어서 도저히 이해할 수 없는 것이었다. 우선 가장 많은 승객이 타고 내리는 동래 남문 정차장을 구간 기점으로 삼지 않았을 뿐 아니라 아무도 없는 허허벌판의 福田

[그림 3] 동래시가도(전철 노선과 남문역)

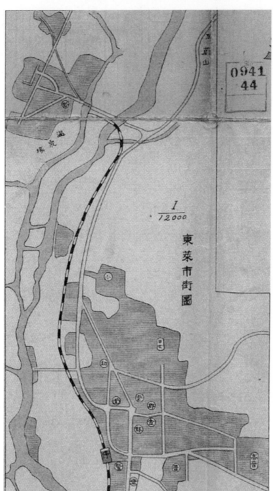

출전 : 동래군 군세요람

별장 앞을 구역 구분으로 삼는 것은 동래지역민을 우롱하는 일이며 구간
요금의 증액을 위한 간계라고 하지 않을 수 없었다. 따라서 5마일 정도의
시내선이 2구 10전에서 1구 5전으로 균일화된다면 6마일 정도의 교외선도

당연히 현재 요구하고 있는 3구 15전 내지 앞으로 2구 10전으로 전환되어야 한다는 것이 동래지역민의 주장이었다.[54] 이 같은 동래면민의 주장은 곧 이은 부산부민과 연대하는 '부민대회'를 통해 2구 10전으로 고정되었다. 하지만 동래지역민의 전차임인하운동은 부산부민과 연대하는 전차임 균일제운동과 이를 이어받은 전기부영운동으로 심화되었지만 결국 실패하고 말았다.

그러자 동래지역민은 다시 불붙은 부산부민의 전차임균일제운동과 병행하여 전차임인하운동을 재차 전개했다. 1931년 동래의 경오구락부는 온천장번영회 및 부산상의와 상호 제휴하여 요금인하운동을 일으킬 것을 결의했다. 1933년 동래간담회를 통해 교외선 2구 10전의 개정을 요망하는 서류를 조선가스에 제출했다.[55] 하지만 회사는 요지부동이었다.

그런데 1934년 회사는 교외선의 구간 구역 변경을 추진했다. 이 개선은 지역민의 운동에 따른 것이기도 하지만 동해남부선 해운대선 개통에 따른 경쟁선 출현이 더 큰 이유였다고 할 수 있다. 부산역에서 동래역까지 동해남부선을 이용할 경우 22전이 든다면 전차의 경우 편도 25전(왕복 40전)이 들었다. 따라서 회사는 수익을 고려하여 교외선의 구간과 요금을 개편하지 않을 수 없었다. 하지만 여기에도 회사의 꼼수가 들어가 있었다.

동래지역 중 인구가 가장 많은 동래읍은 교외선의 거리 평균으로는 3구에 속한다. 그런데 회사는 구계와 정류장을 동래읍과 일부러 떨어진 곳에 두는 등 4구에 속하게 하여 더 많은 요금을 내도록 했다. 때문에 동래읍민

---

54) 『朝鮮時報』 1926.4.17(2-3), 「東萊釜山間の電車電信の値下陳情」 ; 『朝鮮時報』 1926. 10.10(2-1~8), 「釜山十一萬府民と共に起つて橫暴なる瓦電を反省しやう」.

55) 『東亞日報』 1931.3.14(5-11), 「東釜電車賃 減下運動擡頭」 ; 『東亞日報』 1933.6.9(3-5), 「東萊釜山間 電車賃減下」 ; 『東亞日報』 1933.8.10(3-4), 「釜山東萊間 電車十五錢引下」.

들은 지금까지 줄곧 이 문제를 지적하며 정류소 이전과 최소한 3구로 인하를 요구했다. 회사는 이런저런 핑계로 이를 거부하다가 동래남부선이라는 경쟁선이 개통되고 수익이 감소할 것이라는 전망이 서자 결국 받아들였던 것이다.

그런데 조선가스는 단순히 동래읍민의 요구를 받아들인 것이 아니라 이 요구로 말미암아 줄어든 손익을 보전하기 위해 다른 방면에서 그 부족분을 메우고자 했다. 즉, 동래읍에서 온천장까지의 요금을 기존의 왕복 6전(편도 5전)에서 왕복 8전으로 인상했다. 결국 회사 측의 구간 및 요금 개편은 동래지역민에게 그다지 도움을 주지 못한 회사의 영리를 위한 개편에 지나지 않았던 것이다.

1936년 부산부의 행정구역 확장 이후 다시 시내와 교외의 경계가 범일정으로 변경되면서 구간 및 요금제 개편이 추진될 처지였지만 교외선은 여전히 4구제의 고율 요금제가 유지되었다. 더불어 부산부의 행정구역이 점차 동래읍 방면으로 점차 확대되고 있었다.56) 따라서 1940년에 잠시 동래읍의 발전책을 논의하는 자리에서 요금인하문제가 토의대상이 되었다.57) 하지만 회사는 이미 지역을 떠난 영리회사였고, 동래읍조차 부산부의 행정 구역 내로 포섭될 처지였기 때문에 이와 같은 주장은 받아들여질 수 없었다.

---

56) 전성현, 앞의 논문, 2016.
57) 『東亞日報』 1940.3.27(3-6), 「東萊邑發展策 研究座談會開催」.

4장

임항철도 건설과 식민지적 특성

1. 적기만 매립권의 향방과 임항철도

일제강점기 부산항은 지정학적으로 제국 일본의 존립 근거 중 하나로써 중요하고 반드시 필요한 항구였다. 일본은 부산항을 통해 조선을 침탈, 식민지로 만들었을 뿐만 아니라 부산항 개발과 확충을 통해 대륙으로의 침략을 위한 출입구와 교두보를 구축하고자 했다. 따라서 일제강점기 부산항 개발과 확충은 조선의 식민화는 물론 제국주의 침략과 긴밀한 관계를 맺으며 진행되었다고 해도 과언이 아니었다.

강제 병합을 전후한 시기 부산항은 북항 매축과 영선산 착평을 통해 1부두 건설과 부산역을 통한 경부선 연결이라는 해륙연락 기반시설이 완성되었다. 나아가 1910년대부터 부산항 1·2기 축항공사([그림 1])와 부산진 매축으로 인해 동북 방향으로 항만과 시가지가 매립·확장되었다. 또한 연안무역 및 어항 개발을 위해 부산의 내항이라고 할 수 있는 영도 대풍포의 매축([그림 2])도 추진되었다.[1] 즉, 부산항은 제국과 지역의 이해가 결부되어 부산항 축항과 그 확장으로써 부산진 매축이 추진되는 한편, 남항과 대풍포의 매축이 동시에 진행되었던 것이다.

---

1) 일제강점기 부산항 건설과 관련된 일련의 과정은 김승, 「일제강점기 부산항 연구 성과와 과제」, 『항도부산』 29, 2013 참조.

[그림 1] 부산항 1부두와 2부두   [그림 2] 대풍포매축공사도

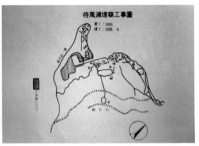

출전 : 부산박물관   출전 : 부산항사(1928)

　한편, 조선의 식민화가 심화되고 만주 침략과 수탈을 위한 개발이 진전
됨에 따라 부산항 화물수송량은 연일 증대하는데 반해 그 화물처리량은
증대에 따라가지 못하고 적체되는 실정이었다. 1919년부터 1927년까지 9
개년 간에 걸친 부산항 제2기 확충공사의 목표인 화물수송량 120만 톤은
1929년 150만 톤을 넘어 이미 초과상태였다.[2] 조선총독부는 부산진 매축
을 중심으로 하는 부산항 확충을 서두르고 있었지만 국책사업인데도 불
구하고 민간자본을 끌어 들여 공사를 진행했다. 그런데 민간자본은 이윤
이 되지 않는 공사는 회피 또는 지연하다가 결국 공사를 포기했다.[3] 이번
엔 지역의 이해와 직접 결부되는 부산진 매축사업을 부산의 일본인들이
직접 나서서 부협의회 결의를 통해 부산부 사업으로 추진하고자 했다.[4]

---

2) 朝鮮總督府 內務局 土木課, 「釜山港港灣資源調査書」, 『港灣資源調査書(甲号)』,
　1929, 국가기록원 소장문서(관리번호 CJA0013429).
3) 부산진 매축을 당당한 나고야 기업인 조선기업주식회사는 40만 평의 매축공사를
　1, 2, 3기로 정하고 공사에 들어갔다. 그러나 1기 공사와 2기 공사의 일부(자성대
　앞 1만 평)를 1기 공사로 끌어와 완성한 이후 2, 3기 공사는 연장을 거듭한 끝에
　포기했다. 이 때문에 이후 부산진 매축은 부산진매축주식회사로 넘어갔다(차철
　욱, 「1910년대 부산진 매축과 그 성격」, 『지역과 역사』 20, 2007).

그런데 갑자기 '淺野시멘트王'이었던 淺野總一郎 등이 부산진 매립권을 새롭게 출원했다. 淺野는 일찍이 澁澤榮一과 함께 조선의 이권침탈에 나서 광업조합을 설립하고 직산광산 채굴권을 확보하는 한편, 토지침탈을 위한 한국흥업회사 등에 관여했던 인물이었다.[5] 淺野를 중심으로 하는 10명 내외의 출원인은 도쿄 자본을 대표하는 淺野, 부산 자본을 대표하는 朝鮮船渠工業株式會社, 그리고 고베 자본을 대표하는 中村準策의 3파 합동으로 이루어져 부산의 유력 일본인도 참여했다.[6]

淺野는 본국의 도쿄만 매립 경험과 사용한 기계 및 자신의 회사 시멘트 등을 그대로 사용할 수 있다는 이점을 토대로 부산진과 적기만 일대의 매립을 계획했다.[7] 공사는 총 34만 평을 매립하는 것으로 조선기업주식회사가 중단한 부산진 일대를 제1구, 새롭게 포함시킨 동래군 서면의 적기만 일대를 제2구로 구분되었다. 매립지는 부산의 일본인들이 일찍부터 추진하고자 한 공장부지 및 새로운 시가지구로 구성되었다.[8]

조선총독부는 부산부 직영 대신 이들의 요구를 수용하는 한편, "이출우 검역소 앞에는 현재의 잔교 기타를 대신할" '부두' 시설을 추가하여 「土第248號」로 허가했다.[9] 이른바 적기만 매립은 부산부의 사업능력 부족과 부채비율 때문에 국책사업으로는 도저히 불가능하다고 여겼다. 따라서 부산

---

4) 『동아일보』 1924.4.18, 「釜山鎭埋築費로 釜山府의 起債」.
5) 이배용, 「澁澤榮一과 對韓經濟侵略」, 『국사관논총』 6, 1989.
6) 淺野와 함께한 부산 측 일본인은 이른바 부산의 일본인 파벌 '大池派'라고 할 수 있는 石原源三郎, 大池忠助, 그리고 조선선거주식회사의 大友賴幸로 모두 부산의 유력 일본인들이었다(『동아일보』 1925.8.19 ; 『매일신보』 1926.3.13).
7) 『부산일보』 1925.9.15, 「二千萬圓をぎこむ釜山鎭の埋築事業」.
8) 전성현, 「일제강점기 행정구역 확장의 식민성과 지역민의 동향」, 『지방사와 지방문화』 19권 1호, 2016, 117~118쪽.
9) 陸軍省, 「要塞地帶內公有水面埋立ニ關スル件」, 『大日記乙輯』, 1935, 844~847쪽.

부와 조선총독부가 민간자본을 다시 끌어들여 이를 통해 지역의 이해를
어느 정도 받아들이는 형태로 조정한 것이라고 할 수 있다.[10]

淺野 등의 매립권 출원과 조선총독부의 인가는 특히 일본인 중심의 지
역사회에 파란을 일으켰다. 부산의 일본인사회는 연일 이들의 매립권 허
가를 반대하며 부산부, 경상남도, 그리고 조선총독부로 진정위원을 파견
했다. 이들의 매립권 출원 내용이 이미 제출한 부산부 직영안과 동일하다
는 판단 아래 문서유출 및 도용 등에 대한 형법상 고발로까지 이어졌다.
특히 이들 출원에 참여한 부산 측 일본인들에 대한 비난이 쇄도했다. 淺
野 측에 중심적인 역할을 한 당시 부산상의 부회두이며 부협의회 의원인
石原源三郎은 모든 공직에서 물러나지 않을 수 없었다.[11]

이와 같은 상황은 고스란히 출원과 동시에 회사 조직으로 전환을 꾀한
매축회사에도 영향을 미쳤다. 3파 합동으로 출원했기 때문에 회사를 둘러
싼 조직 형태와 발기인 및 중역 배분에서 갈등을 일으킬 수밖에 없었
다.[12] 뿐만 아니라 이들 출원에 포함된 부산 측 일본인들이 지역 사회에

---

10) 『동아일보』 1925.8.18, 「釜山埋立工事와 日人府民反對」; 『시대일보』 1925.8.22,
「釜山鎭埋築許可件 與論一層高調」; 『동아일보』 1925.9.2, 「釜山鎭埋築 總督의 意
嚮」; 『부산일보』 1926.11.3. 「釜山鎭埋築起工式, 總督祝辭」.

11) 『동아일보』 1925.8.18, 「釜山埋立工事와 日人府民反對」; 『조선신문』 1925.8.19,
「府の先願を除外し釜山鎭の埋築淺野氏等に許可さるそこで諸說が紛々」; 『조선
신문』 1925.8.20, 「釜山鎭埋立問題で總督府當局不信任の烽火」; 『시대일보』 1925.
8.22, 「釜山鎭埋築許可件 與論一層高調」; 『조선신문』 1925.8.23, 「烽火を擧げた釜
山鎭埋築の紛擾」; 『시대일보』 1925.8.24, 「石原一派의 願書는 公文書盜用?」.

12) 3파의 중역 등 배분에 대한 갈등은 大池가 도쿄에 가서 조정했다(『부산일보』
1925.11.10, 「埋築重役問題」; 『조선신문』 1925.12.2, 「釜山鎭埋築紛糾解決」). 다만
회사 형태에 대해서 이견이 존재했는데, 조선선거의 大池는 출자금과 관련해 주
식형태가 아닌 합자회사를 주장했고 淺野 측은 매축물권투자를 주장했다(『조선신
문』 1926.8.31, 「釜山鎭埋築合資組織」).

서 비난을 받는 상황이었다. 출원을 주도했던 '淺野·石原一派'는 회사의 주도권을 잡을 수 없었다. 결국 지역 사회의 비난을 자초한 애초의 일본과 부산의 중심인물이었던 淺野과 旭日生保의 小口今朝吉 그리고 石原과 大池는 일선에서 물러났다. 부산진매축주식회사(이하 매축회사)는 이들과 다소 거리가 있었던 中村을 취체역 사장으로 선출하고 우여곡절 끝에 설립되었다.[13]

이제 개인 명의였던 매립권은 매축회사로 양도되지 않을 수 없었다. 淺野 등이 매립권의 매축회사양도를 신청하자 조선총독부는 기존의 허가에 규정한 양도금지조항을 폐지하고 1927년 6월 「土第184號」로 허가했다.[14] 그런데 매축회사는 中村을 중심으로 설립되면서 애초 3파에 의한 600만 원 규모의 출자금이 자본금 300만 원의 주식회사로 축소되었다. 회사설립과 함께 1926년 11월 1일 공식적으로 부산진 매축기공식이 열렸지만, 매립권 양수 및 설계 변경허가 등을 기다려 회사는 1927년 10월부터 기공에 들어 갔다. 첫 사업은 부산진 일대의 제1구 약 18만 평(실제 16만 평)이었다.[15] 1927년 시작한 제1구 공사는 1929년 40%, 1931년 80%의 공정율에 달했지만 기한 내 겨우 제1구만 완성할 수 있을 지경이었다. 더군다나 총 공사비 400만 원 중 제1구 공사비 260만 원을 계상하여 착수했지만 1927년 불입

13) 『부산일보』 1926.10.28, 「釜山鎭埋築會社創立總會」; 『大阪朝日新聞』 1928.8.19, 「旭日生命解散さる」; 부산진매축주식회사 중역은 취체역사장 中村準策, 취체역 角谷七五郎 西村來藏 淸水槌太郎 酒井繁三郎, 감사역 釜屋六郎 三澤楢久眞, 상담역 淺野總一郎 石原源三郎 大池忠助 小口今朝吉 管原通敬, 기술고문 丹波 박사, 법률고문 高島晴雄이었다(『부산일보』 1926.10.30, 「釜山鎭埋築 榮町に本社設置」).

14) 육군성, 앞의 책, 1935, 848~849쪽.

15) 『부산일보』 1926.11.3, 「釜山鎭埋築起工式」; 『부산일보』 1927.4.8, 「第一期十八萬 坪の完成を急ぐ方針」; 『부산일보』 1927.4.9, 「釜山鎭埋築工事 第一號地域 實施設 計」; 『부산일보』 1927.6.3, 「釜山鎭大埋築 七月上旬より起工」.

금은 고작 75만 원, 공사기한 5년이 되는 1932년에도 불입금은 126만 원에
지나지 않아 제1구 공사를 완공하는 것만으로도 벅찼다. 따라서 제2구 공
사는 이른바 1929년 대공황에 따른 재계불황으로 착공될는지 예정할 수
없는 처지였다.16)

[그림 3] 부산진 1,2구 매축공사

[그림 4] 남항 축항공사

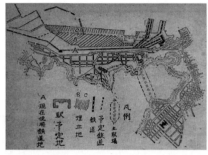

출전 : 池田佐忠 事業と人生(1999)

출전 : 부산일보

때마침 1926년부터 계획을 세우고 남항 매축공사를 진행하고 있던 池
田佐忠은 1930년 불어온 태풍에 의해 막대한 손해를 입고 공사난은 물론
자금난에 빠졌다. 이를 타개하기 위한 방안을 모색하는 가운데 모험적이
지만 충분히 타당성이 있다고 판단한 적기만 매립공사의 양도를 추진했
다.17) 당시 부산항은 1, 2부두를 통한 여객과 小貨物 수송에 충당되었고,
부산진 매축은 도심 확장에 따른 공업용지와 새로운 시가지조성을 목적
으로 개발되고 있었다. 더군다나 만주사변과 만주국 성립은 부산항을 거

---

16) 『부산일보』 1929.4.17, 「釜山鎭埋築第一期工事四割方進捗」 ; 『매일신보』 1931.5.8,
    「釜山鎭埋築工事 八分以上은 進捗」 ; 中村資郎, 『朝鮮銀行會社組合要綠』, 東亞經
    濟時報社, 1927~1942.
17) 池田國司, 『池田佐忠 事業と人生』, 1999, 153쪽.

처 대륙으로 가는 화물수송량의 폭발적인 증대를 가져와 철도운송의 적
체도 심화되기 시작했다. 따라서 '유사시' 군대와 군수품의 취급은 물론
大貨物을 취급하는 하역장이 필요한 것은 당연한 이치였다. 池田이 보기
에도 적기만은 대화물을 취급하는 부두로서 충분히 타당성이 있었다.[18]

또한 부산의 도시화는 일본인 중심시가의 확장과 궤를 같이 했다. 일본
인시가는 당시 용두산신사를 중심으로 하는 구 시가지로부터 점차 벗어
나 조선인 마을인 부산진을 넘어 동래군으로 확장되고 있었다. 그런데 도
심 속에 여전히 貯木貯油는 물론 폭발물 등 위험물 저장소가 존재하는 것
은 '유사시'에 문제가 되지 않을 수 없었다.[19] 따라서 이전은 일찍부터 계
획되었다.

1926년 淺野의 매립권 인수와 동시에 영도의 라이징선 석유회사는 적
기반도와 부산진 사이로 이전과 함께 저유탱크 설치를 계획했다. 한편,
1차 세계대전을 통해 전략물자로서 석유의 중요성을 인식한 일본은 차츰
석유통제정책을 제기하기 시작했다.[20] 영미수입업체에 의해 석유시장의
2/3 이상이 점유된 상태로는 도저히 석유 공급의 안정성을 확보할 수 없
다고 판단한 일본은 러시아석유의 수입과 함께 원산에 회사를 설립하고

---

18) 『朝鮮時報』 1934.11.2, 「赤崎灣修築と釜山港灣の統制」.
19) 朝鮮總督府 內務局 土木課, 「釜山港港灣資源調査書」, 『港灣資源調査書(甲号)』,
1929, 국가기록원 소장문서(관리번호 CJA0013429).
20) 1934년 6월 30일 일본의 법률 제26호와 조선총독부 칙령 제198호와 부령 제68호로
발령된 석유업법은 석유정제업와 수입업의 허가제, 6개월분의 저유의무, 그리고
가격 · 공급량 · 설비변경 등의 명령권 등이 규정되었다(『조선총독부관보』 1934.6.
30, 「법률 제26호」 ; 『조선총독부관보』 1934.6.30, 「칙령 제198호 · 부령 제68호」).
영미수입업체는 특히 판매량 할당과 저유의무에 대해 항의해 이를 강제하지 못했
다. 다만 일본의 정유업체를 통해 전쟁과 같은 유사시에 필요한 석유의 안정적 공
급을 추진했다(류상진, 「전시체제기 조선 내 석유통제와 배급단체」, 『서울과 역사』
95, 2017, 252~259쪽).

부산에 저유탱크 설치를 계획했다. 부산의 저유탱크는 적기반도에 설치될 예정이었다.[21] 이상의 이유도 池田이 자금난에 봉착했음에도 불구하고 적기만 매립에 나서게 한 중요한 동인이었다.[22]

池田은 매축회사의 中村을 여러 차례 방문하여 양도를 신청했다. 일단 매축 실시, 완성 후 토지 이용, 그리고 처분권에 대한 위임 계약을 1934년 3월에 구두로 맺고 4월 22일부터 공사에 들어간 후 실제 계약은 5월에 맺었다. 그러나 위임받은 적기만 15만여 평에 대한 매립은 공사과정에서 수정되지 않을 수 없었다. 또한 기존의 계약서상 면허권의 위임으로는 이른바 '시세의 진전에 따라' 매축의 수정·변경과 기한 연장이 필요할 경우마다 모든 행정적 처리는 다시 매축회사를 통하지 않으면 안 되는 절차상의 번거로움도 발생했다. 때문에 애초의 계약서에 나와 있듯이 '총독부의 승인을 거쳐 당해 면허권 명의에 가입'할 필요가 있었다.[23]

8월 말 매축회사와 적기만 매립권을 공동 양수하는 계약을 맺은 즉시 기존 면허권의 명의에 매축회사는 池田을 함께 가입시켜 총독부의 허가를 받았다. 그리고 요새지대가 포함된 매축공사이기 때문에 이와 같은 사실을 갖춰 부산요새사령부를 거쳐 육군대신의 허가증을 받았다.[24] 드디

---

21) 『매일신보』 1926.9.11, 「라징크다산'石油社 일대'탕크'建設乎 赤崎,釜山鎭中間에」; 『부산일보』 1932.3.10, 「元山に大倉庫 赤崎半島にタンク, ロシヤ石油の進出積極化」.

22) '석유업법'과 부산의 도심에 산재한 저유시설의 이전과 설치는 池田으로하여금 적기만 매립에 뛰어들게 한 중요한 동인이긴 했지만 향후 이것이 제대로 이루어지지 않자 만성적인 자금난에 빠져 동척의 자금과 관리감독에 의해 '현장소장'에 지나지 않도록 만든 요인이기도 했다(배석만, 앞의 논문, 2012, 68~73쪽).

23) 「契約書(1934.5.17)」, 『池田佐忠氏貸出綴』; 육군성, 위의 책, 1935, 854~856쪽, '공유수면매립공사준공기간연장원' 참조.

24) 「契約書(1934.8.25)」, 『池田佐忠氏貸出綴』; 육군성, 앞의 책, 1935, 839~843·850~853·857~859쪽, '공유수면 제2구 매립권 양도의 건', '요새지대내 공유수면 매립에

어 적기만 매축공사는 매축회사 단독에서 池田과 공동 권리로 바뀌었
다. 실제 공사는 대표인 池田의 손에 의해 [표 1]과 같이 진행될 수 있었
다.[25)

[표 1]과 같이 적기만 매립계획에는 처음부터 임항철도 건설이 포함되
어 있었다. 다만 처음 계획은 단순히 '제국의 이해'에 복무하는 적기만 매
립지의 교통시설인 '철도인입선 약 2마일의 포설'이었던 것으로 보인다.[26)
즉, [그림 5]의 '가'와 같이 '적기만매축평면도'에 의하면 적기만 매립지인
A~E지역까지의 약 3킬로미터 정도가 애초 임항철도로 계획되었다. 더불
어 아직 구체적인 임항철도 노선계획이 나오기 전인 1937년 2월 진해요항
사령부 검열을 마친 '부산제2부두건설지부근요도'의 철도 노선([그림 5]의

관한 건' 참조.
25) 부산진매축주식회사는 적기만 매축까지 공동 면허권자였기 때문에 실제 공사를
맡은 부산진 매축이 완료되는 1930년대 이후에도 여전히 회사는 존재했다(中村資
郎, 『朝鮮銀行會社組合要綠』, 東亞經濟時報社, 1927~1942). 또한 池田의 적기만 매
축은 자금난 등 공사비 문제로 동척 자본이 유입되었고 1936년 1월부로 매축회사,
池田, 그리고 동척의 공동 면허권이 성립되었다(「土第10號(1936.1.21.)」, 『池田佐
忠氏貸付綴』). 한편, 매축회사의 부산진 매축과 함께 1936년부터 초량과 부산진에
서는 부산항북방파제, 3부두, 그리고 부산진역 앞 바다의 새로운 매립이 진행되었
는데, 이는 조선총독부 내무국 초량토목출장소에 의해 직영으로 진행되었다(朝鮮
總督府 內務局 土木課, 『軍部關係重要照覆書類綴』, 1934~1937, 국가기록원 소장문
서, (관리번호 CJA0015366)). 부산진 매축과 관련한 기존 연구에서는 그 시기와 주
체 그리고 장소에 대해 현존하는 '부산진매축비'로 말미암아 심대한 혼란이 생겼
는데, 적기만 매축과 관련된 일련의 연구에서 어느 정도 정리되었다. 아직까지 밝
혀지지 못한 부산진매축주식회사와 매축공사, 그리고 부산항 확장공사에 대해서
는 차후 연구과제로 남겨둔다. 더불어 池田의 적기만 매축 1, 2기의 상세한 내용
은 배석만, 「1930년대 부산 적기만 매축 연구」, 『항도부산』 28, 2012 ; 배석만, 「일
제말 赤崎灣 추가매축 연구」, 『항도부산』 29, 2013 참조.
26) 부산진 쪽의 임항철도는 부산진매축주식회사의 몫으로 남겨두고 순수하게 적기
만 매립지만을 계상한 것으로 볼 수 있다(『부산일보』 1934.11.1, 「着々進捗する赤
崎灣修築」 ; 『조선시보』 1934.11.2, 「赤崎灣修築と釜山港灣の統制」).

나)과 같이 부산진역에서 부산진매립지를 지나는 2킬로미터 정도의 노선과 연결되면 약 5~6킬로미터 정도의 임항철도가 완성될 수 있었다.

[표 1] 적기만 매축사업의 개요와 내용

구분	매립면적(평)			공사비(엔)	매립기간
제1기	106,376	유효지	90,273	1,250,000	1934.4.-1937.5.
		도로부/ 공유지	16,103		
		안벽	2,845(米)		
		철도인입예정선	2,643(米)		
제2기	18,678			550,000	1937.6.-1940.2. (면허 1937.1.)
제3기	부두지대 32,000			2,250,000	1939.7.-1944.12. (면허 1939.2.)
총계	157,054			4,050,000	1934.4.-1944.12.

출전 : 池田國司, 『池田佐忠, 事業と人生』, 1999, 154~157쪽.

[그림 5] 임항철도 최초 계획노선

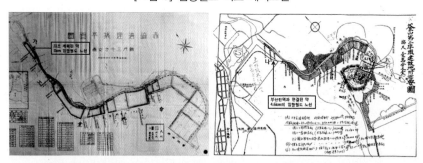

출전 : 배석만·한국민족문화연구소, 『일제시기 부산항 매축과 池田佐忠』, 선인, 2012, 부록4 ; 「東拓ノ池田佐忠外二二對スル貸付金二關スル件」, 『本邦會社關係雜件 東洋拓殖株式會社 會計關係公文書綴』, 1939.

2. '지역철도'로서 임항철도 건설계획과
철도회사의 설립

　주지하다시피 부산진과 적기만 매립은 조선총독부, 부산부(일본인사회), 민간사업자 등 다양한 이해관계가 뒤섞여 우여곡절 끝에 건설에 이르렀다. 그 가운데 임항철도 건설은 단순한 국책사업으로서 제국의 이해에 따른 선차연락시설의 완비만이 아니라 부산의 일본인사회가 기대하고 열망한 항만 배후지인 서면 일대 공업지대의 설치와 발전에 중대한 요건이었다. 따라서 부산의 일본인사회는 제국의 이해에 따라 부산진 및 적기만 매립지만을 연결하는 임항철도 기존노선을 부산부역의 동래군 서면 확장과 함께 '지역의 이해'에 부합하는 노선으로 변경할 것을 주장하기 시작했다.

　1936년 4월 1일부로 부산부역의 확장을 앞둔 일본인사회는 지역 언론과 상공업자들을 통해 임항철도 기존노선의 변경을 요구하기 시작했다. 이들은 [그림 5]의 '나'처럼 기존노선인 부산진 매축지로 급하게 틀어 부산진역과 연결하는 4.6km의 임항철도 노선은 '부산진에서 반원을 그려 심히 우회하는 혐의'가 있음을 비판했다. 그리고 이를 부산진과 서면시가를 완만하게 돌아갈 수 있는 '조선방직주식회사의 북측을 거쳐 지금의 철도공장 부근'과 연결하는 [그림 6]의 노선으로 변경할 것을 주장했다.[27] 이들의 주장은 부산상공회의소를 통해 공식적으로 조선총독부와 부산부에 제기되었다.

---

27) 『부산일보』 1936.3.17 · 18, 「釜山府域擴張 本社主催(一 · 二)」.

[그림 6] 부산상공회의소 진정노선

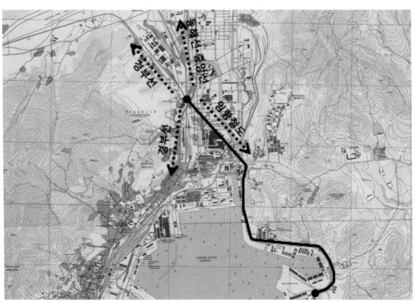

　　부산상공회의소는 부역에 편입된 '구 서면 방면 공장지대의 완성'과 장래 '공업지대 원동지로서의 비약'이라는 지역의 이해를 위해 동천을 중심으로 운하를 개착하는 한편, 부산진 철도공장 부근에서 분기하여 서면을 통과하여 적기 방면에 도달하는 임항철도 건설을 진정했다.[28] 애초 계획이 '제국의 이해'에 따라 단순히 부산진역과 부산진 및 적기만 매립지를 연결하는 항내 선차연락시설로서 횡적인 '부두철도'였다면,[29] 부산상공회

28)『조선시보』1936.5.15,「舊西面に運河と鐵道引込み線を陳情」;『매일신보』1936. 5.16,「赤崎方面鐵道敷設과 東川의 運河開鑿」.

29) 실제 부두철도로 1, 2부두선, 초량화물선, 부산진화물선이 존재했다(朝鮮總督府 內務局 土木課,「釜山港港灣資源調査書」,『港灣資源調査書(甲号)』, 1935, 국가기록원 소장문서(관리번호 CJA0016142)).

의소 등 부산의 일본인사회가 주장한 철도 노선은 '지역의 이해'에 따라 부산진 철도공장 근처의 경부선과 동해선·중앙선이 만나는 지점인 서면에서 적기 방면으로 이어지는 종적인 '지역철도'였다. 항만을 중시하느냐 새로운 공업지대이며 시가지인 서면을 중시하느냐에 따라 임항철도의 성격은 달라질 수밖에 없었다.

池田은 애초 [그림 5]와 같이 항만을 중심으로 하는 제국의 이해에 결부된 노선을 계획했지만 지역의 이해를 간과할 수 없었다. 특히 자금난은 적기만 매립은 물론 이를 타개하기 위한 임항철도 건설에서도 만성적인 문제였다. 매립 신청과 함께 판매된 범일정 인근의 E~F지역에 대한 매립 공사는 착착 진행되었다. 그러나 석유업법과 도심에 산재한 위험물저장소 이전에 따라 가장 유망할 것이라고 판단해 매립지 절반을 설정하고 공사에 들어간 A, B지역은 판매자가 전혀 나타나지 않았다. 따라서 공사를 지속하기 위한 자금문제는 크나큰 골칫거리였다. 남항수축공사로 말미암아 이미 동양척식주식회사로부터 자금을 빌린 池田은 다시 적기만 매립공사를 위해 자금을 매출받지 않을 수 없었다. 결국 1936년 1월부터 적기만 매립은 이전의 매축회사와 池田, 그리고 동척이 공동으로 면허권을 가지는 형태로 바뀌었다.[30] 실제 동척의 자본과 관리 감독하에 池田이 공사

---

30) '석유업법'에 대한 항의에 따라 영도에 있던 라이징선 및 스탠다드 석유회사의 저유시설은 그대로 유지되었다. 이미 저유시설이 있던 영도의 立石상점과 大池상점, 그리고 적기만 매립지 인근 감만리의 朝鮮鑛油株式會社, 三井商事株式會社, 朝日코크스商會, 텍사스石油 등도 이전하지 않았다. 오히려 감만리의 저유시설들은 새로 설치될 부두와 임항철도를 이용하기만 하면 되었다(朝鮮總督府 內務局 土木課,「釜山港港灣資源調査書」,『港灣資源調査書(甲号)』, 1931(국가기록원 소장 문서 : 관리번호 CJA0013792)). 따라서 적기만 매립공사의 지속을 위해 池田은 동척을 끌어들였다(「土第10號(1936.1.21)」,『池田佐忠氏貸付綴』). 나아가 가장 넓고 중요한 A지역에 들어설 저유회사가 없게 되자 池田은 다시 직접 대동석유주식회

만을 맡는 형태로 변질되었다.

만성적인 자금난의 해결은 회사를 설립하여 이윤을 남기든지 이를 담보로 대출받든지 아니면 매립지의 판매를 촉진하는 일밖에 없었다. 따라서 매립지의 조속한 판매를 위한 교통시설의 설치를 서두르지 않을 수 없었다. 이미 계획된 철도 노선은 제국의 이해에 따른 선차연락시설이었다. 이로서는 매립지의 판매는 요원했다. 따라서 지역의 이해에 따른 새로운 철도 노선을 설정하지 않을 수 없었다.

池田은 1936년 11월 화물전용철도로서 첫째 적기만 매립지의 대공업 화물수송, 둘째 부산부 편입의 동래군 서면 약 300만 평의 공업지역 화물운송, 셋째 부산항 수이출화물의 운송처리를 목적으로 부산임항철도 경영면허신청서를 조선총독부에 제출했다. 池田은 기존의 제국 중심에서 지역 중심으로 철도경영의 목적을 전환했다. 이 부산임항철도는 궤간 4피트 8.5인치(표준궤), 연장 5.6마일(약 9km)인 단선 증기기관으로 선로는 [그림 6]의 부산상공회의소 진정노선과 동일하게 '지역의 이해'에 기반을 뒀다. 이른바 중앙선 서면역을 기점으로 새로 편입된 범전리, 전포리, 문현리, 범일정, 우암리, 감만리를 통과하는 노선이었다.[31]

그런데 池田의 신청에 대해 조선총독부는 곧바로 인가하지 않고 1년여의 조사에 들어갔다. 만주사변과 만주국 설치에 따른 부산항 화물수송량은 부산항축항공사(1919~1927) 당시 목표한 120만 톤을 훨씬 뛰어넘어 1935년 248만 톤으로 두 배 이상 증대했다. 더해 향후 매년 10만 톤 이상

사를 설립해 멕시코 유전을 개발하고 관련 시설을 A지역에 두었다(東洋拓殖株式會社, 「墨國油田關係」, 『南米其他於ケル帝國ノ利權問題關係雜件』, 1936).

31) 池田佐忠, 「私設鐵道經營免許申請書(1936.11.4)」, 『池田佐忠氏貸付綴』; 池田佐忠, 「釜山臨港鐵道經營免許申請ニ對スル具陳書(1936.11.4)」, 『池田佐忠氏貸付綴』.

의 증대가 있을 것으로 예상되었다. 조선총독부는 초량 및 부산진 앞바다를 매립하는 한편, 100만 톤의 화물을 처리할 수 있는 부두 1기(3부두)와 관부연락선 접안시설의 건설을 토대로 한 부산항 확장공사를 계획하고 1936년부터 실시하고자 했다. 부산항 확장공사가 완료되면 부두 매립지 쪽으로 경부선과 정차장(부산진역)도 옮겨질 예정이었다.[32] 더불어 중일전쟁의 발발로 부산항을 통한 군대와 군수물자의 수송도 아주 중요한 문제였다.[33] 따라서 조선총독부의 의향은 이상의 사정을 최우선으로 고려하는 선차연락시설로서 임항철도 건설에 있었다.

조선총독부는 1년여간의 조사 끝에 池田의 신청을 인가하면서 노선의 변경을 주문했다. 특히 노선 기점은 기존의 서면역이 아니라 부산진역임을 명확히 적시했다. 다만 철도 경과지에서 운하 개착해야 할 경우는 부산진기점 1km 부근부터 2km 부근까지 선로 간 경과지의 변경을 명할 수 있었다.[34] 이는 부산진 쪽의 부산항 확장공사와 연동하는 철도 노선의 건설을 명령하면서도 부산진 매립공사와 동천운하 개착공사로 인한 서면 우회 노선에 대해서는 기존의 노선을 수용할 수 있도록 한 것이었다.

곧바로 池田은 철도 건설 준비에 들어갔다. 건설을 위한 노선 변경은 물론이고 자금난으로부터 벗어나 안정적인 건설을 위한 자본금 100만 원의 주식회사 설립에 나섰다. 마침 중일전쟁에 따른 일제의 물자 및 자금 수급을 위한 임시자금조정법이 조선에도 적용되었기 때문에 이에 기초해

---

32) 조선총독부 내무국 토목과, 『道路港灣實施計畫書綴』, 1936, 국가기록원 소장문서 (관리번호 CJA0015068) ; 조선총독부 내무국 토목과, 「釜山港擴張工事實施計畫書」 『釜山港外工事總體計畫書類』, 1936~1939, 국가기록원 소장문서(관리번호 CJA0015642).
33) 『조선시보』 1937.10.13, 「釜山臨港鐵道 近く實現せん 池田佐忠氏の計劃」.
34) 「鐵監第二九一號ノ二(1936.12.22)」, 『池田佐忠氏外二名貸增綴』.

1938년 1월 19일 부산임항철도주식회사 설립인가를 신청해 3월 30일 인가
받았다. 신청 시 제출한 '부산임항철도주식회사설립취의서'에 의하면, 임
항철도는 평시에는 부산항 화물수송의 원활을 기함과 동시에 '대부산건
설'의 일대 조장에 중대한 역할이 기대되었다. 뿐만 아니라 중일전쟁에 직
면한 1, 2부두 일대의 혼잡에 따라 군사적으로도 중대한 역할을 맡을 예
정이었다. 이 때문에 임시자금조정법 등에 의해 늦춰진 시행인가는 적기
반도의 요항지대 내 철도 부설 허가가 군으로부터 나오자 바로 인가되었
다.[35] 중일전쟁 이후 지역의 이해에 기반을 둔 교통시설의 무게 중심이
차츰 제국의 이해로 움직이고 있음을 알 수 있다.

하지만 아직은 지역의 이해가 여전히 중심이었다. 이는 철도 노선과 회
사 조직을 통해 확인 가능하다. 노선의 경우, 첫째 조선총독부와 군의 개
입이 강해지는 시대적 분위기로 말미암아 기점은 부산진역으로 변경되었
다. 하지만 기점에서 적기 매립지 초입까지 노선은 기존 계획노선을 가능
한 한 수용했다. 다음 [그림 기은 부산임항철도주식회사가 제출한 '부산진
감만리 간 임항철도 선로실측 평면도'이다. 이에 의하면 부산진역에서 출
발한 선로는 자성대를 오른쪽으로 보고 북상하여 조선방직주식회사 북측
을 우회하여 동천을 건너 다시 동천변을 따라 남향하여 적기만 매립지로
들어간다.

---

35) 釜山臨港鐵道株式會社創立事務所,「釜山臨港鐵道株式會社|設立趣意書, 起業目論
見書, 受支豫算書, 定款)(1939.3)」,『池田佐忠氏外二名貸增綴』.

[그림 7] 부산진 감만리 간 임항철도선로 실측평면도(1938)

서면 방면

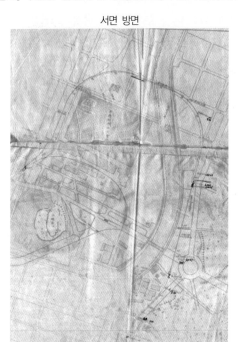

적기 방면

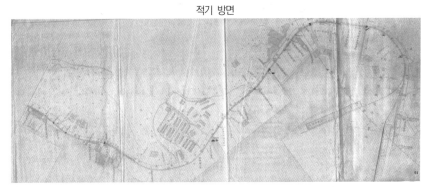

출전 : 釜山臨港鐵道株式會社, 「釜山鎮戡蠻里間臨港鐵道線路實測平面圖」, 『釜山臨港鐵道株式會
社關係圖面』, 1938.

이는 회사 설립취의서의 설명과도 부합했다. 설립취의서에는 부산진역
에서 적기반도 끝에 이르는 철도 연선의 현황에 대해 자세한 설명이 기술
되어 있다. 매립지 입구까지 연선에 대한 설명에서 서면 일대의 朝鮮紡績,
淸水精米所, 大二商會製材所, 大鮮釀造 등을 적시했다.[36] 이를 통해 볼
때, 기존의 서면역 기점 대신 부산진역을 기점으로 한다고 해도 서면일대
를 크게 우회하는 선로를 건설할 예정이었던 것이다. 그 구체적인 내용은
함께 제출한 '企業目論見書'를 통해 확인할 수 있다. 여기서 '부산진역을
기점으로 하여 범일정을 거쳐 적기통 5정목에 이르는 약 5km 간에 철도
부설'을 한다고 규정했다.[37] 애초 서면역 기점의 범전리, 전포리를 통과하
지 않아 선로의 총 길이는 상당히 짧아졌다. 하지만 부산진역에서 북향하
여 서면 일대를 상당히 크게 우회하는 노선임을 명확하게 제시했던 것이
다.

둘째, 새로운 공업지대에 입주할 기업들의 수송 편의를 제공하는 이른
바 專用側線이 4곳에 설정되었다. 매립지 판매와 철도 운영을 위한 자본
의 이해가 관철된 것이기도 하지만 공업지대의 활성화는 지역의 이해와
도 결부된 것이었다. [그림 8]과 같이 회사는 특히 적기만 매립지에 입주
할 회사들의 전용측선을 각각 매립지 E, E'~F, G~D, C의 4군데에 설정함
으로써 판매의 촉진은 물론 신시가지와 공업지대로 발전을 촉진하고자
했다.

---

36) 『부산일보』 1938.1.21, 「資本金百萬圓の釜山臨港鐵道會社 けふ設立認可を申請」;
『池田佐忠氏外二名貸增綴』 내에 있는 부산임항철도주식회사 창립사무소의 부산임
항철도주식회사설립취의서(1939년 1월)에는 서면 일대 철도 연선의 공장 현황에
대해서만 빠져 있다. 여기서는 제출 당시의 서류에 근거한 부산일보를 참조했다.
37) 釜山臨港鐵道株式會社創立事務所, 「起業目論見書(1939.3)」, 『池田佐忠氏外二名貸
增綴』.

[그림 8] 부산임항철도 전용측선도

농업창고, 비료배급소 전용측선도

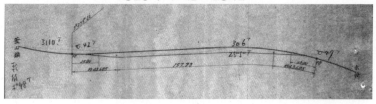

若狹재목, 질소비료 전용측선도

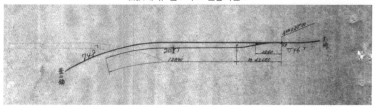

일본목재, 조선연탄, 三井물산, 米倉 전용측선도

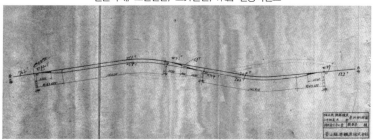

조선운송, 小宮흑연 전용측선도

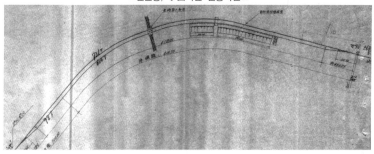

출전 : 釜山臨港鐵道株式會社, 「釜山鎭戡蠻里間臨港鐵道線路實測平面圖」, 『釜山臨港鐵道株式會社關係圖面』, 1938.

한편, 앞에서도 보았듯이 적기만 매립은 물론 임항철도 건설에 지역사
회는 처음부터 깊은 관심을 표명하고 있었다. 이 때문에 池田의 애초 철
도 노선에는 지역의 이해가 반영되었던 것이다. 나아가 부산임항철도주
식회사의 설립과정에도 지역사회는 깊숙이 개입했다. 설립인가와 함께
회사 설립에 필요한 발기인회 구성에서부터 주식 모집에 이르기까지 지
역사회는 적극적으로 참여했다. 특히 지역 언론의 분위기 조성은 물론 부
산상공회의소와 부산번영회는 나서서 철도 건설에 관한 간담회를 열고
주식 모집에 지역 자본의 참여를 독려했다.[38] 그 결과 회사 주주로 다수
의 부산 인사들이 포함되었다. 아래 [표 2]는 창립 당시 회사 주주와 주식
현황이다.

[표 2] 창립당시 주주 및 주수현황(1939.3.)

지역		인명(주수)	비고
조선	부산	池田佐忠(8000), 池田國司(100), 岩田長槌(20), 石井蕃(10), 大野敬吉(300), 上田政吉(10), 井山安藏(50), 川口達治(50), 國分常五郎(100), 小宮万次郎(100), 小泉雷太(1000), 西條利八(1000), 澤山福彌太(300), 坂田文吉(100), 島井俊雄(10), 島井格(10), 杉村逸樓(20), 鈴木克郎(10), 立石良雄(200), 武久剛仁(200), 大黑酉松(100), 坪井和一(10), 津田晴子(50), 富原研二(200), 中村正三郎(10), 西本榮一(300), 迫間一男(500), 橋本良助(100), 東松一(20), 藤田富藏(50), 藤井雨郎(200), 三宅孫一(100), 山崎喜右衛門(20), 山川定(10), 山本勝郎(100), 若狹榮市(100), 和田周太郎(100), 由岐潔治(500), 吉田久吉(100), 青森重喜(10)	일본인 40명 (14,170주)/ 조선인 6명 (110주)
		尹昇鳳(50), 韓龍虎(10), 申小福(10), 張良沃(10), 朴明洙(20), 李龍根(10)	
	경성	石塚峻(조선운송, 2000), 河合治三郎(조선미곡, 300), 黑木吉郎(조선연탄, 300), 坂本嘉一(100)	일본인 4명 (2,700주)

38) 『조선시보』 1938.1.23, 「〈時報評壇〉 臨港鐵道の重大性 池田佐忠氏の努力を思ふ
 三顧生」 ; 『동아일보』 1938.12.7, 「釜山鎭→赤崎灣間 臨港鐵道를 敷設, 자본百萬원
 으로 근간창립 敷設懇談會를 開催」.

	기타	岡本豊喜(개성, 50), 久保田米二(인천, 100), 白仁速彦(진해, 20), 野口遵(흥남 조선질소, 500), 戸田常吉(밀양, 戸田組, 100)	일본인 5명 (770주), 조선인 1명 (50주)
		尹相泰(대구, 50)	
일본		**保田宗治郎**(동경 일산화학, 2000), **吉田敏夫**(동경, 200)	일본인 2명 (2,200주)
총계		총 58명, 2만주	

출전 : 釜山臨港鐵道株式會社創立事務所,「株主申込證(1939.2)」,『池田佐忠氏外二名貸增綴』；
　　　 釜山臨港鐵道株式會社,「株主名簿(1939.3.30)」,『池田佐忠氏外二名貸增綴』.
비고 : 굵은 표시는 발기인

　회사 창립당시 주주 및 주수현황을 [표 2]를 통해 살펴보면, 일본인 주주의 비율이 총 58명 중 51명 약 88%, 주수 비율은 총 2만 주 중 19,840주 약 92%로 압도적이었다. 지역별 분포에서도 부산지역의 주주는 46명 약 80%로 대부분 池田과 동업자(池田國司, 小泉雷太, 武久剛仁 등)이거나 철도 연선의 공업지대와 직접적으로 연관이 있는 자들(小宮흑연공장의 小宮万次郎, 西條철공소의 西條利八, 若狹재재소의 若狹榮市, 동아약화학의 由岐潔治・富原研二 등), 그리고 부산상공회의소와 부산번영회 회원들이었다. 다른 지역에 연고를 둔 주주도 철도 연선의 공업지대에 새롭게 진출하는 조선미곡, 조선운송, 조선연탄, 조선질소, 일산화학 등의 대표자이거나 연관자이며, 공사를 맡은 戸田組 등을 비롯하여 조선총독부 토목관료(坂本嘉一)와 수산관료(吉田敏夫) 등 모두가 부산과 밀접한 관계를 가진 자들이었다. 따라서 실제 부산지역의 비율은 더 올라가 이 회사는 명실 공히 부산의 일본인기업이라고 해도 전혀 틀리지 않을 정도였다.[39] 당연하게도 창립총회를 거쳐 선정된 중역도 부산 중심일 수밖에 없었다.

---

39) 釜山臨港鐵道株式會社創立事務所,「釜山臨港鐵道株式會社定款(1939.3)」,『池田佐忠氏外二名貸增綴』.

[표 3] 부산임항철도주식회사 중역현황(1939년)

구분	성명	비고
취체역	사장 池田佐忠(부산), 상무 武久剛仁 · 由岐潔治(동아약화학, 부산), 保田宗治郎(일산화학, 동경), 西條利八(西條철공소, 부산), 石塚峻(조선운송, 경성), 河合治三郎(조선미곡, 경성), 西本榮一(부산), 澤山福彌太(부산), 坂本嘉一(토목관료, 경성), 小泉雷太(부산), 吉田敏夫(수산관료, 동경)	
감사역	黑木吉郎(조선연탄, 경성), 大黑酉松(부산), 國分常五郎(부산), 藤井爾郎(부산)	
상담역	迫間房太郎(부산), 立石良雄(부산), 坂田文吉(부산), 藤本永吉(고문변호사, 부산)	

출전 : 釜山臨港鐵道株式會社創立事務所,「柱式申込證(1939.2?)」,『池田佐忠氏外二名貸增綴』;
『부산일보』1939.3.31,「釜山臨港鐵道創立總會を開催重役陣成る」;『조선시보』1939.4.3,
「釜山臨港鐵道陣容 社長に池田氏」.

회사 중역은 [표 3]과 같이 토목관료와 수산관료를 제외한다 하더라도, 모두 부산과 직간접적으로 연관된 자들이었다. 철도 건설을 책임질 池田을 사장으로 철도와 긴밀한 관계를 가진 연선 공업지대의 회사 및 공장주들이 취체역과 감사역에 선출되었다. 뿐만 아니라 회사 고문과 같은 상담역은 부산의 대표적인 일본인 원로들인 부산번영회 회장 迫間房太郎, 부산상공회의소 회두 立石良雄, 부산부회 · 경남도회 의원 坂田文吉이 포함되었다.[40] 이로써 진용을 갖춘 회사는 池田 개인의 철도 건설 면허권을 회사에 양도하며 본격적으로 철도 건설에 들어갔다.[41]

그런데 당초 예상과는 달리 철도 건설은 연기의 연기를 거듭했다. 계획에 의하면 1940년 1월부터 개통되어야 함에도 불구하고 2년이나 지연되었다. 지연 이유는 우선, 철재 배급이 통제 경제로 말미암아 원활하지 못했

---

40) 홍순권 외,『일제시기 재부산일본인사회 주요인물 조사보고』, 선인, 2006 ; 홍순권 외,『일제시기 재부산일본인사회 사회단체 조사보고』, 선인, 2005.
41)「鐵監第五一一號ノ二 私設鐵道讓渡許可ノ件(1939.5.5)」,『資金調整法關係合議書類寫綴』, 1939 ;『朝鮮總督府官報』1939.5.13,「私設鐵道讓渡」.

다. 둘째, 매립지 이외의 용지 매수가 시가지계획구역 내이기 때문에 용이하지 않았다. 셋째, 그 때문에 이 방면의 노선 변경이 잦았다.[42]

지연되던 임항철도는 1939년 말 드디어 선로 결정과 동시에 용지 매수도 거의 완료되면서 본격적인 준비에 들어갔다. 철도 건설이 본격화될 수 있었던 것은 조선총독부의 적극적인 원조 때문이었다. 조선총독부는 통제 경제에 따라 지연되던 철재 보급을 실시했고, 자금난에 봉착한 池田에게 적기부두의 매축허가와 함께 한해구제사업의 조선인 노동력을 지원해 이른바 공사와 관련된 자금난의 숨통을 틔워줬다.[43]

결국 임항철도는 면허를 받은 지 4년이나 지났지만 1941년 11월 31일 준공식을 거쳐 12월 1일부터 운행에 들어갔다. 노선은 계획 노선과 거의 동일했다. 다만 서면 방면의 동천운하 개착공사와 시가지 조성공사에 따라 동천운하의 가교 연결부분과 동천변을 따라 내려오는 부분에서만 일부 변경되었다.[44]

---

42) 池田國司, 앞의 책, 1999, 159~160쪽 ; 「池田佐忠氏關係擔保地一部解除ノ件(1940.7.8)」·「釜山支店扱池田佐忠氏關係擔保地一部解除ノ件(1940.9.11)」, 『池田佐忠氏』.

43) 『부산일보』 1939.8.2, 「釜山臨港鐵道鋼材 次期割當期に斡旋」 ; 이때 투입된 조선인 노동력은 1,100명이었다(『부산일보』 1939.8.25, 「旱害救濟事業として豫定を一ケ年短縮 赤崎埠頭工事」) ; 『부산일보』 1940.2.10, 「釜山鎭と赤崎半島を結ぶ臨港鐵道 五,六月頃開通か」 ; 『매일신보』 1940.2.13, 「釜山臨港鐵道敷設」 ; 『조선시보』 1940.2.14, 「釜山港赤崎半島の鐵道敷設に着手」.

44) 池田國司, 앞의 책, 1999, 160쪽.

[그림 9] 임항철도 개통식(1941.11.31)과 철도운전개시(12.1)

출전 : 池田佐忠. 事業と人生(1999)

3. '군용철도'로서의 전환과 교통국 이관

부산의 신시가지 및 공업지대 조성 등 '대부산건설'을 위해 추진된 임항
철도는 전시체제와 통제 경제에 따른 늦은 개통으로 점차 무게 중심이 지
역의 이해가 아닌 제국의 이해로 기울기 시작했다. 이는 조선총독부의 자
재 및 노동력 원조로부터 본격화되었다. 특히 '한해구제사업'으로 조선인
노동력을 끌어들인 것은 적기만 매축의 3기 공사인 적기부두 매립공사와
깊은 연관성 때문이었다. 이제 적기부두와 임항철도는 단순한 신시가지
및 공업지대 조성을 위한 것만이 아니라 선차연락 기반시설이라는 국책

사업으로 전환하고 있었던 것이다.

조선총독부는 1935년 부산항 화물수송력이 기존 목표치인 120만 톤을 훨씬 뛰어넘는 248만 톤에 달하는 한편, 매년 10만 톤씩 증가할 것이라는 판단 아래 새롭게 부산항 확장공사를 추진했다. 부산항 확장공사는 1935년부터 북방파제 축조공사를 시작으로 초량 및 부산진 앞바다 매립공사, 그리고 부두 1기 조성공사로 이루어졌다. 특히 초량 및 부산진 앞바다의 매립공사는 1936년부터 3개년 공사로 진행되었고, 다시 1939년 새로운 부두 1기(3부두)의 건설 공사가 본격적으로 착수되었다.[45]

조선총독부의 부산항 확장공사와 병행해 새롭게 적기부두 매립공사가 池田 개인에게 면허되었다가 池田이 새로 설립한 부산축항주식회사에 양도되었다.[46] 적기부두 매립공사는 이미 포화상태인 부산항 화물수송량의 완화는 물론 중일전쟁과 태평양전쟁으로 확대일로에 있는 현단계 군과 군수용품 수송에 특히 필요한 공사였다. 이 때문에 조선총독부는 부산항 확장공사와 동일한 국책사업으로 인식하고 적극적으로 자재와 노동력을 원조했던 것이다. 나아가 동척이 자금을 투입하면서 적기부두의 공동 매립권자로 지정되었다.[47] 따라서 임항철도 개통과 동시에 적기부두를 종단역으로 하는 해륙연락 기반시설로서 재정비되어 화물수송은 물론 군과 군수용품 수송에 만전을 기하기 위한 형태로 전환되어야 했다.

池田은 자신이 진행하고 있는 모든 사업의 최종단계로 부산임항철도주

---

45) 조선총독부 내무국 토목과, 『港灣修築改良實施計畵書類』, 1939, 국가기록원 소장 문서(관리번호 CJA0016164).

46) 『부산일보』 1939.3.4, 「赤崎埋築二期工事と大岸壁築造」; 『조선총독부관보』 1939. 4.6, 「埋立權讓渡許可」.

47) 「釜山臨港鉄道株式会社増資株式引受ニ関スル件」, 『本邦会社関係雑件 東洋拓殖 株式会社 新規株式引受関係』, 1942.

식회사, 조선운송주식회사, 동양척식주식회사, 조선미곡창고주식회사 등
이 발기인이 되어 적기부두를 기초로 한 자본금 1천만 원의 부산임해운영
회사를 설립하고자 했다. 이 회사는 임항철도·적기부두·창고하역·항
만운송 등과 소운송의 합리화 및 노무자의 양성을 목적으로 했다. 나아가
중앙선(동해선)과의 연결을 통한 연선 지하자원 및 매년 누증하는 경부선
의 철도화물을 전부 처리하고자 하는 원대한 목적 아래 계획이었다.[48] 그
런데 이 계획은 池田과 관련된 모든 사업, 특히 적기만과 적기부두 매립
공사에 깊이 개입해 실제 자금 및 관리 감독을 맡고 있던 동척의 반대로
이루어지지 못한 것으로 보인다.[49] 대신 동척은 池田과 함께 임항철도의
증자를 계획했다.

　동척은 池田과 함께 회사 소유분은 물론 池田과의 공동 소유분을 현물
출자하여 임항철도도 대주주가 되었다. 기존 자본금 100만 원에 더해 새
로 710만 원의 증자가 이루어졌다. 증가분 710만 원은 동척과 池田이 대부

---

48)『부산일보』1941.11.22, 「資本金一千萬圓で釜山臨海運營會社設立 社長は池田氏に
　　內定」;『부산일보』1941.11.22, 「赤崎は大集散地 京釜線貨物を全部處理する 抱負
　　を語る池田佐忠氏」.
49) 이는 池田이 철도회사가 증자되자 개인고리채의 상환을 위해 자신 소유분 주식을
　　담보로 동척에 다시 대출을 구하는 과정에서 동척이 다른 기업(조선운송)의 참여
　　또는 실권 장악을 꺼려하고 동척의 관리감독하에 池田이 사업을 맡도록 한데서
　　알 수 있다. 즉, 동척은 만약 池田 소유분 주식이 조선운송으로 이전되어 조선운
　　송이 경영의 실권을 장악하게 된다면 철도회사의 경영상 운송문제에서 회사 대
　　감독관청, 그리고 조선운송과의 관계가 미묘하게 복잡해질 수 있었다고 판단했
　　다. 뿐만 아니라 현재 진행 중인 적기부두 매립공사에도 좋지 않다고 판단했다.
　　또한 池田이 철도회사의 경영에서 손을 때면 현단계 가장 중요한 철도회사의 목
　　적인 해육운 화물하역을 위한 부두지구매축과 안벽공사가 완성되지 못할 것이고,
　　만일 이 공사에 지장이 초래되면 철도회사의 경영상 장해가 생길 수밖에 없었다.
　　따라서 동척은 池田의 채무를 담보 상환하고 적기부두 매립공사와 임항철도의 경
　　영에 매진토록 했다(「池田佐忠氏貸出ノ件(1942.9.3)」·「釜山支店扱池田佐忠氏貸
　　出ノ件(1942.9.18)」,『池田佐忠氏』).

분인 6,819,500원의 현물 출자를 통해 마련되었다. 이 가운데 동척은 5,311,000원을 현물 출자하여 증가분의 74.8%, 전체 자본금 810만 원의 65.5%를 차지했다.[50] 이제 부산임항철도주식회사는 더 이상 池田을 중심으로 하는 지역기업이 아니라 동척의 방계회사가 되었다.

자본 증자와 함께 철도회사는 증자 목적에 따라 적기역 구내 확장과 종단부두시설의 정비에 들어갔다. 기업비 예산서의 내역을 보면, 철도 건설비로 100만 원(구 자본 불입액), 적기역 구내 확장용지비 약 681만 원, 부동산 취득 및 이전등기료 약 14만 원, 화물보관설비비 10만 원, 원전자금 약 2만 원으로 구성되었다.[51] 즉, 증자한 철도회사의 가장 중요한 사업은 철도 건설과 적기역 구내 확장이었다.

철도 건설은 [그림 10] 부산임항철도부두지부근약도(右) 중 적기만 매축 2기 공사지역(가)와 적기만 매축 3기 공사지역(나) 내 부두 선로의 건설과 함께 새로운 노선 계획으로 이어졌다. 철도회사는 적기부두 조성과 함께 임항철도를 경부 본선의 지선으로만 규정하지 않고 조만간 전통할 중앙선, 동해선의 東端線으로 만들기 위해 '鵝之瀨'의 해안으로 나와 용당리로 연장하고 대연리를 거쳐 해운대에 연결하는 노선을 부설하고자 연구 중이었다.[52] 이는 현재 건설되고 있는 적기부두의 효용성을 강화하기 위한 방편이었다. 뿐만 아니라 池田의 부산축항주식회사가 이미 추진 중인 사업과도 관련성이 깊은 노선이었다. 부산축항주식회사는 당시 감만리의

50) 「釜山臨港鉄道株式会社増資株式引受ニ関スル件」, 『本邦会社関係雑件 東洋拓殖株式会社 新規株式引受関係』, 1942 중 '當社並ニ池田氏所有地現物出資内容' 참조.

51) 釜山臨港鐵道株式會社, 「釜山臨港鉄道株式会社増資(草案)」, 『本邦会社関係雑件 東洋拓殖株式会社 新規株式引受関係』, 1942 중 '企業費豫算書' 참조.

52) 『부산일보』 1941.11.2, 「釜山臨港鐵道 あす輝やかしい開通式擧ぐ」.

[그림 10] 부산임항철도건설지 부근 약도(上) 및 부산임항철도부두지 부근 약도(下)

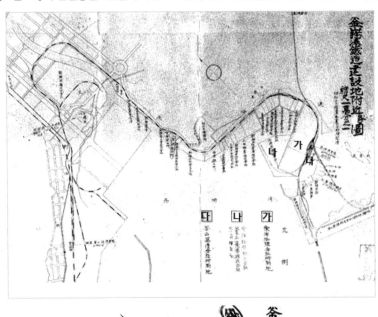

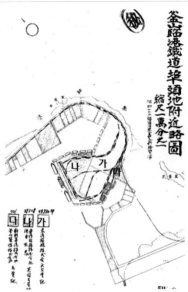

출전 : 「釜山臨港鉄道株式会社増資株式引受ニ関スル件」, 『本邦会社関係雑件 東洋拓殖株式会社 新規株式引受関係』, 1942.

적기만수축연료공업지대, 용당리의 저목제재지대 조성을 추진하고 있었으며, 울산 대공업지대 건설사업도 병행하고 있었다.53) 이들 사업과도 임항철도의 노선확장은 긴밀한 관계 속에 있었다.

한편, 증자 이후 철도회사의 더욱 중요한 사업은 예산서 내역에도 있듯이 적기역 구내 확장이었다. 적기역 구내 확장용지비는 증자액의 전부였고, 전체 예산의 84%에 해당하는 핵심적인 사업으로 설정되었다. 이는 단순히 종단역인 적기역 구내 확장이 아니었다. 적기부두 매립공사와 연동되어 있었다. 당시 적기부두 매립공사인 [그림 10] (나)는 애초 池田의 부산축항주식회사에서 池田과 동척의 공동사업으로 진행되고 있었다. 따라서 매립과 함께 적기역 구내 확장은 항만하역시설의 건설로써 철도회사가 맡아야 했던 것이다. 적기역 구내 확장용지는 크게 건물부지(사무소, 창고, 上屋)와 화물부지(野積, 荷置, 荷捌), 그리고 배선용지로 구분되었는데, 전체 80,229평 중 약 98%인 78,529평이 화물부지였다.54)

적기부두와 임항철도는 이처럼 국책사업으로서 조선총독부와 동척의 해·육운 화물하역에만 국한되지 않았다. 이 지역은 요새지대로 각종 공사는 군의 허가를 받아야 했다. 그런데 철도회사의 적기부두지구의 시설과 사용에 대해서 조선군은 적극적으로 허가하면서 '유사의 때 군용으로 사용할 수 있도록 조속히 정비'하도록 통첩했다. 더불어 이 지역은 '장래 공지로써 보유하고 육상시설의 필요가 있는 경우는 군의 지시를 받도록' 지시했다.55) 즉, 적기부두와 적기역 구역은 군용부두의 형태로 지정되었

53) 釜山築港株式會社, 「事業槪要」, 『本邦会社関係雑件 東洋拓殖株式会社 會計關係 公文書綴』, 1939.
54) 노기영, 앞의 논문, 2006, 327쪽 〈표 4〉 참조.
55) 「釜山臨港鉄道株式会社増資株式引受ニ関スル件」, 『本邦会社関係雑件 東洋拓殖

던 것이다.

이제 적기부두와 임항철도는 전시체제의 심화와 함께 오히려 군대와 군수품의 양륙중계기지로서 적극 활용되기 시작했다. 더불어 육군 선박 수송부대까지 주둔했다.[56] 따라서 철도는 물론 부두 및 매립지는 군수품의 수송으로 메워져 시시각각 만주 방면으로 향했다.[57] 이와 같이 임항철도의 중요성은 軍·官의 활용 모두에서 매우 높아져 조선총독부는 임항철도의 이관을 전제로 1943년 12월 제84회 제국의회 협찬을 거쳐 공사비 총액 933만여 엔으로 적기부두와 새롭게 조성되고 있던 동해남부선 수영조차장을 연결하는 연장 7km의 軍用臨港線 건설에 착수했다.[58] 이 노선은 철도회사가 증자와 함께 이미 계획했던 노선으로 연선에 연료공급 및 貯木製材지대가 조성되고 있었으며, 그 연결지점인 수영조차장은 수영비행장에 부속되어 비행기 연료는 물론 군대 및 군수품의 항공 이동에 전략적 요충지였다.

1944년 1월 조선총독부는 '大陸轉嫁貨物의 상황 및 선내 중요물자반출의 원활화'를 꾀하기 위해 사설철도 매수를 추진했다. 그 가운데 포함된 임항철도는 하역능력증진이라는 명목 아래 매수되어 교통국으로 이관되었다.[59] 공식적으로 제국의 이해에 복무하는 '국유철도'가 되었던 것이다.

株式会社 新規株式引受関係』, 1942 중 '朝參密第九一七號 釜山赤崎埠頭地區施設並二使用二關スル件 通牒' 참조.

56) 김윤미, 「일제시기 일본군의 대륙침략 전쟁과 부산의 군사기지화」, 부경대학교 박사학위논문, 2015, 112~113쪽.

57) 池田國司, 앞의 책, 1999, 164쪽.

58) 본격적인 공사는 1945년 5월 부산건축사무소가 공사를 강행하여 노반공사 약 20% 정도에서 일본의 패전으로 중지되었다(鮮交會, 『朝鮮交通史』 上, 1986, 297쪽).

59) 『부산일보』 1944.1.23(조2-1), 朝鮮私鐵四線買收 ; 『부산일보』 1944.1.25(조1-5), 朝鮮四私鐵買收案 貴族院委員會で可決.

池田은 임항철도 및 제시설을 통한 군에 대한 공적과 위대함이 '불후'라는 칭송과 함께 조선군사령관으로부터 감사장을 수여받았다.[60] 이상과 같이 임항철도는 기업이라는 자본의 이해와 일본인 식민자를 중심으로 하는 지역의 이해가 결부되어 '지역철도'로서 시작했다. 하지만 전시체제라는 시대적 상황과 이를 관리 감독하는 조선총독부, 국책회사 동양척식주식회사, 그리고 조선군에 의해 '군용철도'라는 제국의 이해에 기반을 둔 교통시설로 끝을 맺었다고 할 수 있다.

---

60) 『매일신보』 1944.5.20(3-9), 板垣軍司令官 釜山臨港鐵道社表彰 ; 池田國司, 앞의 책, 1999, 168~169쪽.

제 2 부

도시 간 철도와 지역민

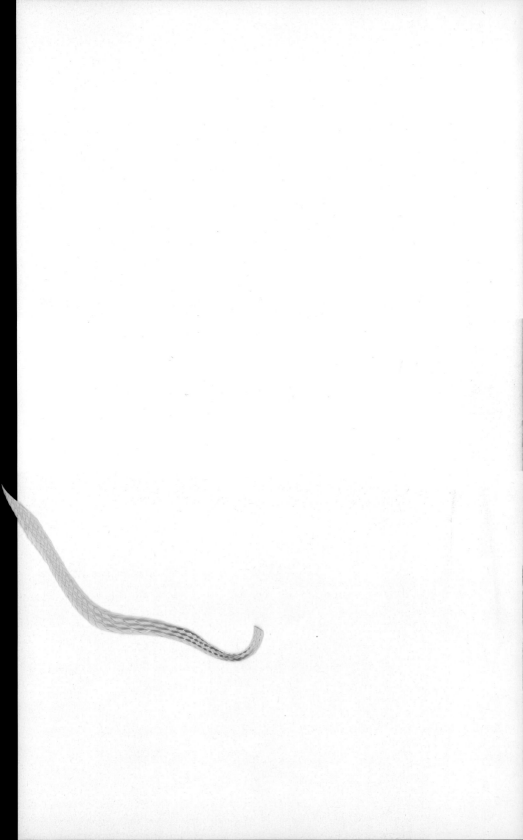

1장

동래연장선 건설문제와
연선지역의 동향

1. 지역철도와 東萊輕鐵延長線 계획

　부산을 중심으로 하는 철도 부설은 경부, 경인 양 철도의 건설에 이어
서 사설철도로는 조선에서 처음으로 건설되기 시작하였다. 부산에는 이
른 시기에 일본인사회가 정착되고 이에 따른 도시화가 진전되면서 도시
철도(Urban railway)와 도시 간 철도(Inter-Urban railway)의 필요성이 야기
되었다. 또한 부산은 일제의 조선 침탈을 위한 교두보이면서 대륙 침략의
관문이었다. 따라서 부산을 중심으로 하는 조선 침탈과 대륙 침략은 인적,
물적 유통망의 확보와 밀접한 관계를 맺고 있었다.

　일제는 통감부시기부터 부산항의 축항을 비롯하여 부산항과 경부선을
곧바로 연결시키는 간선망의 완성을 추구하였다. 이어서 제2, 제3의 간선
망 확장을 위한 움직임이 부산의 일본인사회로부터 제기되었다. 이 같은
움직임은 일제의 조선 침탈을 용이하게 하는 것이었으며, 일본인사회와
일본인자본가들의 영향력 확대와 그에 따른 이익 확보와도 관련되는 것
이었다.[1] 부산의 일본인자본가들은 조선 최초의 도시궤도열차 운행을 위
한 교통망 확충과 함께 부산, 동래, 울산을 연결하는 도시 간 철도의 건설
을 계획하였다. 더 나아가 도시 철도 또는 도시 간 철도를 넘어 "대륙의

---

[1] 朝鮮總督府農商工部, 『釜山方面商工業調査』, 1911.

관문"인 부산항을 중심으로 조선 내륙 깊숙이 자신들의 영향력을 확장하
기 위한 장대한 철도 부설계획을 세워 두었다.

먼저, 부산의 일본인자본가들은 부산항을 중심으로 부채꼴 형태의 철
도 간선망을 구축하고자 하였다. 즉, 부산항을 기점으로 경남 서부, 경남
중부, 경남 동부의 세 방향으로 뻗어나가는 철도망 완성이 그것이었다.
이미 완성된 경남 중부를 거쳐 경북, 충남북, 경기를 관통하는 경부선을
중앙에 배치하고, 좌측으로는 경남 서부로 나갈 수 있는 교두보인 하단을
거쳐 웅천(진해), 마산, 진주에 이르는 철도와 우측으로는 경남 동부로 나
갈 수 있는 경남의 전통적 중심지인 동래를 거쳐 기장, 울산, 경주, 포항에
이르는 철도 부설을 계획하였다.[2]

이 같은 장대한 철도 부설계획은 강제 병합과 함께 현실화되었다. 부산
항을 중심으로 좌측으로 뻗어가는 철도는 진주에서 그치는 것이 아니라
호남선과 연결하여 나주, 목포 등 전라남도에까지 이르는 부산–목포(또
는 부산–나주) 철도 부설계획이 본격적으로 추진되었다.[3] 경남 동부를
관통하는 철도도 부산의 일본인자본가들에 의해 그 실현을 위한 첫발을
내딛었다. 그 최초의 움직임이 1909년 부산 거주 일본인자본가들에 의한

---

2) 『朝鮮時報』 1911.4.12, 「釜山延日鐵道敷設計劃」 ; 결과적으로 부산지역 일본인자
    본가들의 장대한 계획은 일제시기에 완성되지 못하고 해방 이후를 거쳐 부분적으
    로 실현되었다. 그것이 경전선과 동해선이다.

3) 『朝鮮時報』 1910.10.27, 「新鐵道敷設計劃」 ; 『東京朝日新聞』 1910.10.30, 「釜木電鐵
    計劃」 ; 『朝鮮時報』 1910.10.30, 「釜山木浦間の電鐵」 ; 『東京朝日新聞』 1911.2.6,
    「(本社朝鮮特電)木浦釜山輕便鐵道出願」 ; 『朝鮮時報』 1911.2.7, 「釜木電鐵認可か」
    ; 『朝鮮時報』 1911.2.21, 「釜木間電鐵設計」 ; 『大阪毎日新聞』 1911.2.23, 「南朝鮮電
    氣鐵道」 ; 『釜山日報』 1911.2.24, 「釜木間の鐵道」 ; 『釜山日報』 1911.2.25, 「南韓鐵
    道談, ▲發起人佐藤潤象氏」 ; 『朝鮮時報』 1911.2.25, 「釜木電鐵に就て」 ; 『朝鮮時
    報』 1911.2.28, 「南韓鐵道の眞相」 ; 『報知新聞』 1911.3.2(1일 석간), 「南朝鮮電鐵會
    社發起」.

부산궤도주식회사의 설립과 부산진－동래 간 궤도열차의 부설이었다. 나아가 1910년 일본 본국 자본과 부산 자본이 결합한 조선가스전기주식회사(이하 조선가스)의 설립과 함께 부산궤도주식회사와 동래선을 모두 인수하고 이를 토대로 경편철도로 전환하는 한편 도시 간 철도인 동래연장선의 건설이 추진되었다.[4]

　조선가스는 1911년부터 1912년에 걸쳐 부산을 중심으로 하는 지역철도 건설계획을 수립하여 총독부에 연장건설신청서를 제출하여 연장선로 115哩의 허가를 받았다.[5] 조선가스가 제출한 도시 간 지역철도 건설계획을 살펴보면, 다음 [표 1] 및 [그림 1]과 같다.

[표 1] 조선가스전기주식회사의 지역철도 건설계획(1912년 현재)

구분	區間	哩程	軌間	動力	건설비예산(円)
조선와사전기 주식회사	동래·경주 간	51哩4分	2呎6吋	증 기	1,050,000
	경주·대구 간	42哩		증 기	950,000
	포항·경주 간	15哩		증 기	300,000
	울산·장생포 간	6哩9分		증 기	
합계		115哩2分			2,3000,000

출전 : 朝鮮總督府鐵道局, 『朝鮮鐵道史』 제1권, 1929, 728쪽.

　[표 1]과 같이 조선가스의 철도 건설계획은 기존의 부산진 동래 간 철도의 궤간을 확대하고 이를 연장하여 동래로부터 울산, 경주를 거쳐 경상북도 대구에 이르는 간선을 부설하고 다시 경주로부터 포항에 이르는 것과

---

4) 부산궤도주식회사와 설립과 동래선 궤도철도의 건설, 그리고 조선가스전기주식회사의 설립과 동래선 경편철도 및 전철로의 전환에 대해서는 1부 1장 참조.
5) 倉地哲, 『朝鮮瓦斯電氣株式會社發達史』, 35~36쪽.

울산으로부터 장생포에 이르는
지선을 건설하고자 하는 계획이
었다. 동래연장선의 경철연장허
가서에 따르면 [그림 1][6]과 같이
제1기선은 동래, 울산, 경주 간
과 울산, 장생포 간으로 인허가
일로부터 1년 이내에 부설해야
했다. 제2기선은 경주, 대구 간
과 경주, 포항 간으로 인허가일
로부터 2년 이내에 부설해야 했
다.[7] 부산상업회의소에서는 이
철도 건설계획에 대해 부산항의

[그림 1] 조선경편철도계획선(1915)

"지방적 교통기관으로서 이 방면의 교통운수를 편리하게 하고 연도 각지
의 개발과 함께 본항 상업의 발전에 이바지하는 바가 적지 않을" 것이라
고 평가하였다.[8] 즉, 조선가스의 도시 간 지역철도 건설계획은 부산항을
중심으로 하는 경제권의 확대가 그 중요한 목적이었다. 따라서 조선가스
는 우선 동래 울산 간의 철도 건설을 위한 준비에 들어갔다. 이것이 동래
연장선인 부산울산선 건설계획의 시초였다.

그러나 조선가스는 본국 주주들의 이익을 위해 무리한 배당을 추구하
던 牟田口元學 회장과 佐藤潤象 상무로 말미암아 자금의 결핍을 겪게 되
고 세계대전으로 인한 경제계의 불황으로 기존 사업조차 진행할 수 없는

---

6) 『釜山日報』 1915.1.18, 「朝鮮輕便鐵道線路圖」.
7) 『釜山日報』 1912.7.23, 「東萊輕鐵延長許可書」.
8) 釜山商業會議所, 『釜山要覽』, 1912, 126쪽.

입장에 처해졌다.[9] 조선가스의 자본 및 경영상의 어려움으로 말미암아 이미 계획되어 건설 준비에 들어갔던 동래 경주 간, 경주 대구 간, 포항 경주 간, 울산 장생포 간의 철도 건설을 어렵게 만들었다. 한편 조선가스의 설립 목적은 설립 이후 확대된 동래 경편철도의 연장선이 아니라 부산의 전철 부설이었다. 그것도 초량을 중심으로 거류민들이 집중적으로 거주하고 있는 지역과 부산항의 매축에 따라 새롭게 매축된 지역이었다. 따라서 전철 부설이 늦어지는 것에 대한 부산지역 일본인들의 불만이 고조되고 있었다.

이와 달리 대구 포항 간 철도 부설을 계획하고 스스로 그 회사까지 설립하고자 하였던 대구, 경주, 포항의 일본인들은 동래연장선 부설이 늦어지는 것에 대해 불만을 터뜨리고 있었다. 조선가스의 수뇌부인 牟田口 회장과 佐藤 상무는 다시 일본 자본을 끌어들여 새로운 조선경편철도회사(이하 조선경철)를 만들고 이를 통해 동래연장선을 부설하고자 계획하였다. 더불어 새롭게 설립될 조선경철은 기존의 동래선과 동래연장선 부설권을 조선가스로부터 양도받아 이를 운영 또는 부설하도록 가계약을 맺는 등 동래연장선의 부설을 시작하기 위한 준비단계에 들어갔다. 그러나 일본 재계의 불황과 경편철도 보조금의 미비 등 여러 가지 문제로 말미암아 쉽사리 조선경철은 설립되지 못했다.

그 와중에 한 차례 연장 신청을 했던 조선가스의 동래연장선 부설권은 1915년 12월 31일 건설 기한을 넘김으로써 면허권이 취소되고 말았다. 엎친 데 덮친 격으로 조선가스는 회사 경영문제로 주주들 사이에 분규가 일어났다. 그 결과 부산 중심의 회사 경영에 미흡한 것으로 문제되었던 牟

---

9) 倉地哲, 『朝鮮瓦斯電氣株式會社發達史』, 36~37쪽.

田口 회장과 佐藤 상무 등 기존 경영진은 퇴진하게 되고 새로운 경영진이 선출되었다.[10] 새로이 조선가스를 이끌고 나갈 회장 및 상무취체역에는 겸임으로 당시 수산업에 몰두하고 있던 香椎源太郎이 선출되었다. 결국 1915년 기존 경영진이 퇴진하고 香椎를 중심으로 하는 부산지역 일본인자본가들이 대거 조선가스의 경영진에 들어오고 경영 정상화를 추진하기 위한 각종 대책이 마련되면서 주주간의 분규는 일단락되었다.[11]

한편 조선가스에서 퇴진한 牟田口 회장과 佐藤 상무는 이미 추진하고 있었던 조선경철의 설립을 위해 지속적으로 일본 재계 인사들과 접촉하였다. 아울러 동래연장선 중 대구포항선의 부설에 일찍부터 적극적으로 나서고 있던 대구지역 자본가를 끌어들여 조선경철을 설립하였다. 그리고 조선가스로부터 인수하려고 가계약까지 맺었던 동래연장선 부설권과 동래선 운영권 등을 모두 파기하고[12] 곧바로 경상남도청에 동래연장선

---

10) 조선가스전기주식회사의 자본구조는 부산과 일본 자본이 대등한 애초 계획과 달리 점차 일본 자본의 우위로 진행되면서 정작 영업대상지였던 부산 중심의 회사로 기능하지 못할 한계를 지니고 있었다. 물론 부산지역을 중심으로 영업활동을 전개하여야 하기 때문에 회장과 상무취체역을 제외한 취체역과 감사역에는 부산지역의 대표적인 자본가인 大池忠助, 香椎源太郎, 五島甚吉 등이 포진하였다. 그러나 회사의 운영은 동경의 牟田口元學 회장과 부산의 佐藤潤象 상무취체역에 의해 좌지우지되는 실정이었다. 이 때문에 조선가스전기주식회사는 내부에 철도파(牟田口, 佐藤)와 비철도파(大池)로 분리되어 철도파는 경편철도 부설에 적극적이었으며 비철도파는 애초 회사 설립 목적이었던 부산의 전철, 전기, 가스사업 등에 집중할 것을 주장하고 있는 등 갈등이 심화되었다. 그 와중에 牟田口 회장과 佐藤 상무취체역을 중심으로 조선경편철도회사의 설립이 추진되고 그 과정에 철도파는 새로운 철도회사로 자리를 옮기게 되고 조선가스전기주식회사는 부산의 기간사업에만 전염하게 되었다(『釜山日報』 1914.2.18, 「瓦電會社と總會」).
11) 倉地哲, 『朝鮮瓦斯電氣株式會社發達史』, 37~39쪽.
12) 조선경철이 조선가스와의 가계약을 파기한 이유는 조선가스의 동래연장선 부설권이 1915년 12월 31일까지 건설하지 않으면 자동으로 조선총독부의 허가가 취소되기 때문이었다(『朝鮮時報』 1915.12.29, 「假契約破棄, ▲瓦電對輕鐵」).

부설을 출원하였다.[13] 아래 [표 2]는 조선경철 창립 발기인 명단이다.

[표 2] 조선경편철도주식회사 창립 발기인 명단(1915.12.25)

지역		성명(주식수)	계
조선	경성	白完爀(100), 白寅基(100), 백작 李完用(100), 趙鎭泰(100), 자작 趙重應(100), 山口太兵衛(100)	6명 (600주)
	대구 포항	片東鉉(100), 李一雨(100), 李柄學(100), 鄭在學(100), 秦喜葵(100), 崔鍾允(100), 小倉武之助(100), 吉村鎭雄(100), 谷口小次郎(100), 永井幸太郎(100), 杉原新吉(100), 勝崎作太郎(120), 眞永六藏(100)	13명 (1,320주)
	부산	迫間房太郎(300), 豊田福太郎(100), 小原爲(200), 大池忠助(300), 佐藤潤象(200), 幸野小平(100)	6명 (1,300주)
	소계		25명 (2,230주)
일본	동경	磯部保次(200), 石橋重朝(1,000), 石丸龍太郎(300), 橋本正彰(200), 岡田松生(100), 小野金六(200), 공학박사 渡邊嘉一(100), 武和三郎(200), 園田實德(200), 中野武營(100), 中野實(200), 牟田口元學(300), 國澤琢一(100), 安川隆治(300), 小泉策太郎(200), 남작 鄕誠之助(200), 安藤保太郎(100), 喜多村吉雄(200), 水尾訓和(100), 鈴木熊太郎(100)	20명 (4,300주)
	기타	太田淸藏(福岡, 100), 上遠野富之助(名古屋, 100), 藤本淸兵衛(大阪, 100), 有田義資(神奈川, 200), 平野萬四郎(北海道, 100)	5명 (500주)
	소계		25명 (4,800주)
총계			50명 (7,020주)

출전 : 『釜山日報』 1916.1.7, 「朝鮮輕鐵會社定款, △附 發起人引受株と贊成人」 ; 『朝鮮時報』 1916.2.10, 「輕鐵認可申請, ▲七日進達す」.

[표 2]와 같이 조선경철의 창립 발기인은 그 자본 규모의 차이에도 불구하고, 조선과 일본에 기반을 둔 자본가들이 각각 25명씩 균등하게 배분되었다. 특히 조선의 경우, 부산은 물론 경성과 대구의 일본인, 그리고 조선

---

13) 『釜山日報』 1916.1.3, 「佐藤潤象氏晋州行」 ; 1916.1.7, 「佐藤潤象氏來晋」.

인자본가들까지 참여하였다. 경성의 경우, 조선경철 창립위원들의 유치노
력에 의해 조선인 명망가 및 자본가들이 전격적으로 발기인에 포함되었
다.[14] 대구와 부산의 경우는 철도 부설이 이루어지는 연선지역이었기 때
문에 지역의 경제적 발전을 위해 일본인 및 조선인자본가들이 스스로 참
여하였다.[15] 그렇다고 두 지역의 입장이 같은 것만은 아니었다. 각 지역
의 경제적 기반과 철도 부설의 중요도에 따라 참여하는 모습이 달랐다.

부산의 경우, 이미 설립된 조선가스와의 관계 및 부산의 현안 문제였던
시내외 전철의 부설문제 등으로 인하여 조선경철의 설립에는 다소 소극
적이었다.[16] 이에 반해 부산의 경제권으로부터 탈피하여 독자적인 경제
권을 확보하고자 했던 대구지역 자본가들은 대구를 중심으로 하는 철도
부설에 적극적이었다.[17] 특히 대구의 경우 부산과 달리 조선인자본가들
도 적극적으로 참여하였다. 그 결과, 조선에 기반을 둔 발기인 중 과반 이
상이 대구지역에 편중되었으며 그 발기인들도 민족별로 균등하게 배분되
었다. 다음 [표 3]의 조선경철 주주의 지역별 분포와 [표 4]의 조선 주주의
지역별 분포 및 보유 주식수를 보아도 이와 같은 사실을 알 수 있다.

---

14) 『釜山日報』 1914.5.15, 「輕鐵敷設計劃進行, ▲牟田口瓦電重役談」; 1914.5.20, 「朝
鮮輕鐵創立來歷(續), 朝鮮輕鐵會社發起人總代 牟田口元學氏談」.
15) 다음 장에서 상세히 살피겠지만 대구의 경우 직접 철도회사를 설립하려고까지 했
다.
16) 조선경철 창립위원장이 부산지역의 회사설립에 소극적인 점을 비판하는 것뿐만
아니라 조선가스의 회장으로 선출된 香椎源太郎과 중역이었던 五島甚吉이 조선
가스와의 관계 때문에 조선경철의 발기인을 스스로 사퇴하고 있는 점에서도 부산
지역 일본인자본가들의 소극적인 모습을 살펴볼 수 있다(『朝鮮時報』 1915.11.19,
「輕鐵と香椎氏, ▲發起人を辭す」; 1915.11.20, 「香椎氏發起人を辭す, ▲例の輕鐵
モン題」). 그렇다고 해서 자본의 축적이라는 점에서 부산의 일본인자본가들이 조
선경철설립에 적극 참여하였다는 점을 간과할 수는 없을 것이다.
17) 대구·경북지역의 '대구포항선' 부설운동 참조.

[표 3] 조선경편철도주식회사 주주의 지역별 분포(1916)

지역	東京	朝鮮	大阪	福岡	栃木	神奈川	愛知	兵庫	北海道
주주수	171	49	25	18	10	5	7	1	2
주식수	32,065	11,005	7,700	5,720	1,150	770	600	300	200
지역	大分	岐阜	福島	京都	茨城	埼玉	山梨	千葉	총계
주주수	2	1	1	2	1	2	1	1	299
주식수	130	100	100	70	40	20	20	10	60,000

출전 : 『釜山日報』 1916.5.8, 「朝鮮輕鐵株主府縣別」

[표 3]을 통해 조선경철의 전체적인 주주 및 주식 현황을 알 수 있는데, 일본 자본, 즉 도쿄 자본이 과반 이상으로 압도적이었다. 이는 조선경철의 설립에 주도적 역할을 하였던 전 조선가스 회장 牟田口의 역할이 상당히 컸기 때문이었다. 뿐만 아니라 당시 조선총독부의 철도 부설 등 조선에서의 산업개발정책 자체가 민간 자본의 유치를 통해 추진된 점도 중요한 이유였다. 그러나 이미 보았듯이 조선경철의 설립에는 조선에 기반을 둔 지역자본가들의 계획과 추진에 의해 이루어졌다. 그 때문에 조선의 주주 및 주식도 상당한 위치를 차지하였다. 조선에 기반을 둔 자본가들이 주주로 참여한 현황은 다음 [표 4]와 같다.

[표 4] 조선경편철도주식회사 조선 주주의 현황(1916)

이름	주식	지역	비고	이름	주식	지역	비고
閔丙奭	1,000	경성	李王職長官	李完用	100	경성	伯爵, 中樞院副議長
大池忠助	600	부산	무역상/ 상의, 민단	李柄學	100	대구	大邱銀行 중역/ 상의
小原爲	500	부산	토목건축청부업/ 상의	小倉武之助	100	대구	大邱電氣(株) 사장, 鮮南銀行 사장/ 상의, 민단
木下元治郎	500	부산	토목건축청부업/ 상의	吉村鎭雄	100	대구	鮮南銀行 중역/ 상의
永井幸太郎	400	대구	大邱酒造(株) 중역/ 상의	谷口小次郎	100	대구	토목건축청부업

迫間房太郎	300	부산	무역상/ 상의	山岸富雄	100	경성	橫山商店(株) 중역
豊田福太郎	300	부산	무역상/ 상의	大和與次郎	100	경성	朝鮮運輸聯合會長
勝崎てん	300	?		山口太兵衛	100	경성	무역상
吉川義治	300	부산	國際舘(株) 중역	**趙重應**	100	경성	子爵, 中樞院顧問/ 상의
眞家六藏	300	대구		**趙鎭泰**	100	경성	朝鮮商業銀行 사장/ 상의
幸野小平	300	부산	釜山窯業(株) 중역	**鄭在學**	100	대구	大邱銀行 사장/ 상의
芥川正	300	부산	釜山日報 사장	**崔浚**	100	대구	大邱銀行 중역, 慶南銀行 중역
井谷義三郎	200	부산	미곡상/ 상의	**崔鐘允**	100	대구	
迫間保太郎	200	부산	무역상/ 상의	**秦喜葵**	100	대구	慶一銀行 중역
岡本小三郎	200	대구	大邱相互金融(株) 중역/ 상의	杉原新吉	100	대구	杉原商店대표
梯茂太	200	부산	곡물상	池上吉次	50	?	朝鮮輕鐵(株) 서무과 주임
愛甲卯八郎	200	부산	米穀倉庫會社 지점장	星野政太郎	40	부산	釜山埋築(주) 중역
島田重三	200	?		水谷直次郎	40	?	
山下順平	180	경성	京城葬儀社(株)	石田靜治	30	경성	協信社(株) 사장
勝崎作太郎	150	대구	상의	藤枝茂	30	?	
白寅基	100	경성	韓一銀行 중역/ 상의	妹尾大記	30	?	
白完爀	100	경성	朝鮮商業銀行, 韓一銀行, 漢城銀行 중역/ 상의	進辰馬	20	경성	龜屋商店主
片東鉉	100	포항	농업, 해륙산물상	木庭傳	15	?	
李一雨	100	대구	어업, 大邱銀行 중역	주주 총 49명(생략 2명), 주수 총 11,005주			

출전 : 『釜山日報』 1916.5.6, 「朝鮮輕鐵株主」.
비고 : 강조는 조선인.

우선 [표 4]와 같이 조선 측 주주는 대부분 대구, 부산, 경성지역의 대표
적인 자본가들이 망라되고 있다. 그리고 해당 지역의 정치·경제적 자치
기구인 민단 및 상업회의소의 중심인물이었음을 알 수 있다. 다시 주주들
을 지역별로 구분해 보면 대구지역이 15명, 부산지역이 13명, 경성지역이

12명, 미상이 6명으로 어떤 한 지역이 주도적으로 참여하였다고는 할 수 없다. 그러나 부산지역은 철도 부설의 중심 지역이었음에도 불구하고 조선가스 설립 때와는 달리 소극적인 참여에 그치고 있다. 더불어 경성지역은 설립과정에 창립위원의 적극적인 유치활동에 의해 참여하고 있다. 따라서 조선에 기반을 둔 조선경철의 주주는 대구지역 자본가들이 가장 적극적이었던 만큼 중요한 위치를 점하고 있었다고 보아도 틀리지 않을 것이다. 특히 대구지역의 자본가 중 조선인자본가의 참여도 눈에 띄게 두드러진다. 이는 조선경철을 둘러싼 이 지역자본가들의 적극적인 태도를 단적으로 보여주는 징후라고 할 수 있다. 그렇다면 조선경철은 일본 도쿄자본과 조선 자본(특히 대구)이 연합하여 설립한 회사로 볼 수 있으며 철도 부설도 적극적인 부설활동을 전개한 대구를 중심으로 추진될 수밖에 없었다고 해도 지나치지 않을 것이다.

설립과 더불어 조선경철은 표면적으로는 본사를 부산에 두고 일부 부산지역 일본인자본가를 창립발기인에 두었다. 하지만 철도 부설계획은 대구를 중심으로 하는 노선을 최우선적으로 배치하였다. 즉, 대구 경주 간을 제1구, 포항 경주 간을 제2구, 경주 동래 간을 제3구, 울산 장생포 간을 제4구로 정했다. 제1구 공사는 건설 허가일로부터 6개월 이내, 제2구는 1년 이내, 제3구는 1년 6개월 이내에 착공하도록 계획하는 등 대구를 중심으로 하는 철도 부설을 최우선으로 계획하였다.[18] 원래 조선경철의 설립이 추진될 당시에는 부산과 대구에서 동시에 착공하는 것으로 계획되었다. 그러나 이후 대구지역의 적극적인 부설운동으로 말미암아 변경되어 대구 포항 간이 우선 건설되게 되었다. 결국 부산지역을 중심으로 하는 조선가

---

18) 『釜山日報』 1915.11.18・19, 「朝鮮輕鐵起業目論見大要, ▲并に同株式會社定款」.

스가 경영난과 자본부족으로 면허권이 취소되자 대구지역을 중심으로 하
는 조선경철이 그 면허권을 다시 획득했다. 그리고 창설 당시 부산이었던
본사를 이듬해 대구로 이전하는 한편, 조선중앙철도주식회사(이하 조선중
철)로 개편하여 본격적으로 대구 중심의 철도 건설에 들어갔던 것이다.[19]

2. 대구 · 경북지역과 '大邱浦項線' 건설

대구는 전통적인 행정 중심지이며 조선 후기에 이미 행정, 상업, 군사,
교통 요충지로서 도시화가 진전된 곳이었다. 1601년(선조 34) 경상감영이
설치된 이래 경상도의 행정 중심지로 자리매김하였으며 대한제국시기에
는 진위대가 설치되어 군사 요충지로서의 성격도 지녔다. 더 나아가 대구
는 낙동강을 중심으로 경상도 내륙지방의 상업 중심지로도 성장하였다.
특히 상업 중심지의 면모는 서문시장과 약령시 등 전국적인 시장이 생기
면서 더욱 강해졌다.[20]

이러한 대구지역에 개항 이후 부산을 기점으로 하는 일본인들이 점차
이주해 오게 되고 1903년 경부선 부설공사로 일본인의 이주가 빠른 속도
로 진행되는 등 점차 일본인들의 경제적 침탈이 심화되었다. 특히 경부선

---

19) 조선가스전기주식회사의 발기인에 부산의 일본인자본가들이 포함되었다면 조선
경편철도주식회사는 대구의 일본인자본가들이 대거 포함되고 있는 것을 통해서
도 알 수 있다(朝鮮總督府, 「朝鮮에 在한 私設鐵道의 發達」, 『朝鮮』 76, 1924,
97~98쪽). 또한 조선경편철도주식회사의 철도 건설에 필요한 토지는 대구의 中江
五郞平에 의해 매수되었다(田中正之助, 『浦項誌』, 1935, 108~109쪽).

20) 김일수, 「일제강점 전후 대구의 도시화과정과 그 성격」, 『역사문제연구』 10, 2003,
86~88쪽.

부설은 대구지역의 경제적 기반을 일본인 중심으로 재편하도록 추동하였
다. 우선 조선의 식민지화가 가속화되고 일제에 의한 이주식민이 정책적
으로 추진되자 많은 일본인들이 부산을 통해 조선 각지로 이주하기 시작
하였다. 그 과정에 일본인들의 대구 정주가 본격화되었다.[21]

　이미 부산지역을 중심으로 경제적 기반을 확보하고 내륙지역으로 그
영향력을 확장하고자 하는 일본인자본가들은 경부선 개통을 통해 연선
지역에 대한 경제적 침탈을 본격화하였다. 특히 부산지역 주요한 일본인
자본가들은 경부선 연선지역에 각각 지점을 설치하고 내륙지역에 대한 영
향력을 확장하였는데 대구지역도 마찬가지였다. 그 결과 서문시장과 약
령시를 통해 성장하고 있었던 조선인 중심의 경제는 일본인 중심의 경제
로 재편되는 한편, 1909년경까지 대구는 전적으로 부산 상인의 세력하에
발전하였다.[22] 그렇다면 경부선 개통 이후 초창기 대구지역의 경제적 기
반은 부산의 영향권하에 있었다고 해도 과언이 아닐 것이다.[23]

　마침내 대구의 일본인자본가들은 부산의 영향권하에서 탈피하여 독자
적인 경제권을 형성하고자 하는 움직임을 가시화하기 시작하였다. 우선
거류민회를 재정립하는 한편,[24] 상업회의소를 통해 독자적인 경제권 형

21）大邱新聞社, 『鮮南要覽』, 1912.

22）朝鮮銀行, 『大邱地方經濟事情』, 1913, 5쪽.

23）大邱商業會議所, 『最近大邱要覽』, 1920, 19~20쪽.

24）대구거류민회에서는 대구와 전혀 관련이 없는 菊池謙讓을 1911년 거류민장으로
추천하고 경성에까지 가서 권유하여 임명하고 있다. 菊池는 1894년 조선 주재 국
민신문 통신원으로 조선에 들어와 한성신보 사장으로 있으면서 고종의 개화정책
에 직간접적으로 개입하는 등 일제의 조선침략에 적극적이었다. 통감부시기에도
伊藤博文에 중용되어 일본과 조선을 오가며 특수한 외교상의 임무를 맡고 있었던
인물이었다. 거류민회에서 대구와 전혀 인연이 없는 菊池를 거류민장으로 적극
추천한 것은 菊池의 정치적 행보를 통해 대구의 독자적인 기반을 확보하기 위한
움직임으로 보인다(三輪如鐵, 『大邱一斑』, 1912, 227~228쪽).

성을 위한 도로 개수 등 적극적인 활동을 전개하였다. 특히 대구를 중심으로 하는 도로 정비는 독자적인 유통망을 형성하기 위한 중요한 조건이었기 때문에 통감부시기부터 적극적으로 나섰다. 이 당시에도 진주, 전주, 안동, 경주 그리고 강원도 해안에 이르는 도로 개축을 총독부에 요구하였다.[25] 계속해서 대구의 일본인들은 지역철도의 부설을 위한 계획수립에 들어갔다. 그 즈음 부산에서는 조선가스전기주식회사가 설립되고 동래연장선에 대한 논의가 본격화되었으며 이를 기반으로 한 조선가스의 동래연장선 인가신청이 총독부에 제출되었다. 이제 대구에서도 더 이상 대구중심의 철도 부설을 늦출 수 없게 되었다.

마침 1911년 대구 안동 간의 도로는 개축에 들어갔고 대구 경주 간 도로도 새로이 개착이 시작되자 이를 중심으로 하는 철도망 계획도 본격화되었다. 특히 일본과 직무역을 통해 경북 내륙지역에 대한 경제적 영향권을 확대하고자 했던 대구의 일본인자본가들에게는 동해안의 포항과 울산은 중요한 항구였다.[26] 따라서 새롭게 대구일본인거류민회의 민장으로 추천되어 임명된 菊池謙讓은 대구지역의 유지들과 포항, 경주에 출장하여 철도 부설문제에 대해 조사하였다. 그리고 해당지역의 유지들과도 협의하여 대구 경주 간 경편철도 부설을 결정하였다. 이 대구 경주 간 경편철도는 영일만의 포항으로부터 경주를 거쳐 대구에 이르고 다시 고령으로부터 전주를 거쳐 호남선에 이르는 이른바 남선횡단철도였다. 대구의 일본인자본가들은 대구를 중심으로 하는 남선횡단철도를 완성하기 위해 일본본국 자본을 끌어들이는 한편, 대구철도주식회사를 설립하기 위한 발기인

---

25) 大邱府, 『大邱民團史』, 1915.
26) 大邱商業會議所, 『最近大邱要覽』, 20쪽.

회를 개최하는 등 대구 포항 간 철도 부설에 적극적으로 나섰다.[27]

때마침 조선가스가 신청한 동래연장선의 부설인가가 승인되었다.[28] 그러자 대구, 포항의 유지들은 일단 철도회사의 설립 등 기존 계획을 중지하고 동래연장선의 2, 3구역인 대구 경주 간, 경주 포항 간 철도의 속성을 적극적으로 원조하는 것으로 방향을 전환하였다. 대구상업회의소도 대구 포항 간 부설의 시급함을 고려하여 총독부 허가서에 기재된 부설기한 2년 이내를 좀 더 단축하여 철도가 완성될 수 있도록 회사와 교섭하기로 하는 등 적극적으로 부설운동에 나섰다.[29] 계속해서 동래연장선 허가를 사례하기 위해 경성으로 가던 조선가스 상무취체역인 佐藤을 대구역에서 예방한 菊池 민장은 "대구, 경주, 포항 간 철도는 대구 유지의 손으로 포설하고자 하였다. 그런데 이미 조선가스에서 선편을 잡는 동시에 허가까지 받았으니 이제 회사가 대구, 경주, 포항 간을 제1기 공사에 넣어 조속히 부설해 달라"고 요구하는 등 대구포항선 속성을 재촉하였다. 더불어 조선가스 회장에게도 대구거류민단장과 대구상업회의소회두의 이름으로 '경편철도 포설에 대한 의견서'를 제출하고 대구포항선을 제1기선에 편입시켜 달라고 하였다.[30] 뿐만 아니라 만약 조선가스가 허가를 받아놓고 공사를 방관한다면 대구지역의 자본가들은 스스로 부설할 생각임을 지속적으

27) 『朝鮮時報』 1911.10.14, 「大池氏談片」 ; 1911.11.7, 「迎日鐵道布設計劃」 ; 『釜山日報』 1911.11.7, 「(大邱特電)鐵道會社設立」 ; 『京城日報』 1911.11.8, 「南鮮鐵布設計畫」 ; 『釜山日報』 1911.11.9, 「大邱通信(6일 지국발)」 ; 『朝鮮時報』 1911.11.9, 「橫斷鐵道計劃」.

28) 『釜山日報』 1912.7.14, 「輕鐵延長許可條件」.

29) 『釜山日報』 1912.7.14, 「輕鐵延長と大邱」 ; 1912.7.18, 「大邱通信(十六日支局發)」.

30) 『釜山日報』 1912.8.7, 「東萊輕鐵延長談, ▲電瓦常務取締 佐藤潤象氏」 ; 1912.8.16, 「輕鐵延長急說意見書, ▲大邱,慶州,浦項間の工事」.

로 회사와 부산지역의 언론에 전달하고 이에 관한 구체적인 상담 및 협의
도 계속하였다.[31]

한편, 조선가스 내부에서도 동래연장선을 부설하기 위한 방안이 뜨거
운 감자로 부상하였다. 곧 철도 부설을 위한 증자안과 회사 설립안이 제
기되었다. 조선가스는 수뇌부인 회장 및 상무취체역의 의견에 따라 새로
운 회사의 설립으로 가닥을 잡고 일본자본의 참여를 독려하며 공사를 위
한 본격적인 선로 조사에 들어갔다. 그 첫 선로 조사가 대구, 경주, 포항
간이었다. 그리고 조사가 끝난 후 "중역회의의 결과는 아니"라고 전제하
면서도 佐藤 상무취체역은 "동래연장선 공사는 대구 포항 간의 선로가 시
급하다"는 의견을 제시하였다. 부산 중심의 철도계획으로부터 서서히 대
구 중심으로 옮겨가는 분위기가 연출되었다.[32] 당시 조선가스의 중역은
철도파와 비철도파로 분리되어 그 입장이 달랐으며 점차 시내전철과 동
래연장선 문제에서 의견이 갈리기 시작하였다. 철도파이며 본국 자본가
를 대변하는 회장과 상무취체역은 당장 이익이 되지 않는 시내전철보다
는 동래연장선 부설을 더 시급한 것으로 보았다. 이에 반해 비철도파이며
부산 자본가를 대변하는 大池忠助 등은 조선가스 본연의 목적인 부산의
전철, 전기, 가스사업에 충실해야 한다고 생각하였다.

따라서 동래연장선은 일단 새로운 회사의 수립을 통해 실현되는 것이

---

31) 『釜山日報』1912.8.23, 「輕鐵延長線と瓦電株主總會, ▲佐藤瓦電常務談」 ; 1912.8.25,
「(釜山日報)再び東萊輕鐵延長線を論ず」 ; 『朝鮮時報』1913.1.15, 「敷設權讓受の議」
; 1913.4.23, 「大邱の相談如何」.
32) 『釜山日報』1913.4.23, 「朝鮮鐵道線路踏査」 ; 1913.4.23, 「(大邱特電)輕鐵線路踏査」
; 1913.4.24, 「輕鐵豫定線一部視察終る, ▲佐藤,磯部兩氏歸釜 ▲瓦電會社釜山重役
會」 ; 1913.4.24, 「(大邱特電)瓦電重役歸釜」 ; 1913.4.24, 「(浦項特電)輕鐵線路踏査」
; 『大邱新聞』1913.4.24, 「邱浦間輕鐵敷設計劃」.

타당하다고 합의하고 철도파의 회장과 상무취체역은 본국 자본을 끌어들였다. 그리고 첫 공사는 잠정적으로 대구 포항 간이라 생각하고 있었던 것으로 보인다. 한편, 부산지역 일본인자본가는 처음부터 동래연장선을 계획하며 부산의 영향력을 확대하고자 하였다. 이들은 시내전철 등 부산의 도시화에 일차적으로 집중하면서 이미 허가받은 동래연장선은 당연히 부설될 것이라고 막연하게 생각하며 그 부설에 소극적이었던 것으로 보인다. 이에 반해 대구포항선 부설을 우선 목표로 삼았던 대구지역 일본인자본가들은 조선가스 중역 간의 불화와 그에 따른 새로운 회사의 설립을 기회로 대구 포항 간의 철도 부설을 제일 먼저 실현할 수 있는 분위기를 조성하는데 성공하였던 것이다.

　그러나 바로 설립될 것으로 생각되던 새로운 회사는 총독부의 경편철도 보조금에 대한 내용이 결정되지 않았고 조선가스와의 동래선 경영권 및 동래연장선 부설권을 양도받기 위한 협정도 지체되는 바람에 계속해서 미뤄졌다. 그 사이 총독부 허가서의 공사기간 만기가 다가오자, 1913년 7월 조선가스는 다시 연장을 신청하였다. 대구지역 일본인자본가는 또 다시 대구 포항 간 철도의 조속한 공사 착공을 주장하며 총독부와 회사에 압박을 가하기 시작하였다.[33] 대구, 경주, 포항의 유지자 연합은 "대구로부터 경주를 거쳐 포항에 이르는 경편철도 선로는 조선가스전기에서 급설"하도록 하명하고 "만일 조선가스전기에서 급설할 수 없으면" 그 포설권을 자신들에게 허가해달라고 데라우치 총독에게 「大邱慶州及浦項間輕便鐵道敷設に附請願」를 제출하였다.[34] 더불어 菊池 민장은 조선가스를 방

---

33) 『朝鮮時報』 1913.7.18, 「邱浦輕鐵速成請願成行」 ; 1913.8.16, 「大邱特報」 ; 1913.8.17, 「餘滴」 ; 1913.8.21, 「大邱だより(二十一日發)」.
34) 『朝鮮時報』 1913.8.23, 「輕鐵速成請願」 ; 1913.8.24, 「輕鐵續成請願」.

문하여 佐藤 상무취체역뿐만 아니라 부산에 와 있던 牟田口 회장을 직접
만나 대구포항선의 급무를 주장하며 향후 부설에 대해 논의하였다.[35]

牟田口 회장은 대구지역의 철도 부설운동에 자극받아 "원래 대구 포항
간 경철부설은 당국으로부터 來意도 있고 특히 現時의 교통상태로부터
속성의 필요를 인정"한다고 하며 새로운 회사의 제1기선은 대구포항선이
될 것임을 공공연하게 내비쳤다.[36] 반면, 부산은 동래연장선으로 인하여
번영할 것인데도 불구하고 전혀 열심이지 않고 오히려 반대하는 자가 있
다고 비판하였다. 나아가 부산지역의 소극적인 모습에 불만을 나타내며
조선가스로부터의 분리를 노골적으로 내비쳤다. 이러한 가운데, 총독부는
민간자본의 철도 부설에 필요한 보조금 확보에 노력하였고, 이것이 편성
된 1914년 예산이 일본정부와 의회를 통과하였다. 그 결과 부산진 동래
간, 대구 경주 간, 전주 이리 간, 광주 송정리 간의 각 경편철도에 경비보
조가 이루어지게 되었다.[37]

이제 대구지역 자본가들은 새로운 회사설립에 더욱 적극적으로 나섰
다. 대구민장이던 菊池는 민단제 폐지로 민장의 임무가 자동 소멸하자 본
격적으로 조선경철의 주주모집을 위한 모집위원으로 활동하기 시작하였
다. 특히 菊池는 대구를 중심으로 하는 주주모집에 적극적으로 나섰다.[38]

---

35) 『釜山日報』 1913.9.9, 「邱浦間輕鐵速成と慶北の輿論, ▲菊地民長の來釜」.

36) 『釜山日報』 1913.9.10, 「忙裏閑」 ; 『朝鮮時報』 1913.9.11, 「邱浦輕鐵と瓦電會社」.

37) 『釜山日報』 1914.1.28, 「輕便鐵道補助」 ; 경편철도 경비보조를 통해 볼 때, 자금부
   족으로 직접 철도 부설에 나서지 못한 총독부도 대구 경주 간 철도가 다른 철도보
   다 더 긴요한 철도였음을 간접적으로 드러내었다. 그렇다면 장차 설립될 새로운
   회사인 조선경철은 물론 조선총독부도 동래선의 경영권과 동래연장선의 부설권
   을 조선가스로부터 인수하여 대구 경주 간 철도부터 부설하려고 내부적으로 결정
   하였던 것으로 보아도 무리는 없을 것이다.

38) 『釜山日報』 1914.6.3, 「輕鐵事務取扱ひ, ▲菊池謙讓氏に委囑し來る」 ; 1914.6.10,

동시에 대구지역은 일본인자본가뿐만 아니라 당시 경북도지사였던 이진
호를 중심으로 지방관청에서도 적극적이었다.[39] 물론 조선인자본가들도
이러한 움직임에 적극 호응하여 참여하였다. 따라서 대구, 포항, 경주 등
지역자본가들의 발기인 참여 및 주주 참여의사가 나날이 확대되었다.

　드디어 도쿄에서 조선경철의 창립위원회가 열리고 그 설립이 본격화되
자,[40] 대구지역 자본가들은 대구 중심의 철도 부설을 위한 전제조건을 내
걸며 적극적으로 회사설립에 참여할 것을 제안하였다. 그들이 내건 전제
조건은 첫째 본점을 대구에 둘 것, 둘째 제1기 공사는 대구 포항 간으로
할 것이었다.[41] 본점 설치를 제외한 대구지역 자본가들의 요구는 전격적
으로 받아들여졌다.[42] 그 결과 [표 2]에서 본 것처럼, 조선경철의 발기인
으로 조선과 일본 측 인사가 각각 25명씩 선정되었고, 그 조선 측 발기인
25명 중 과반이 넘는 수가 대구지역의 자본가들로 채워졌다. 더불어 주주
로의 참여도 적극적이어서 [표 3]과 [표 4]와 같이 조선 전체 주주 중 가장
많은 인원을 차지하였다. 후일의 일이지만 최초 자본력의 우위로 말미암
아 일본 자본이 중심역할을 맡았다가 이내 지역 자본이 중심이 된 조선가
스와 마찬가지로 조선경철도 설립 당초 일본 자본이 중심이었지만[43] 차

「慶州浦項輕鐵株募集豫定,　▲菊池謙讓氏の談」.

39) 『釜山日報』 1914.7.10, 「慶北道長官と輕鐵」.

40) 『國民新聞』 1915.6.22, 「朝鮮輕鐵創立」; 『釜山日報』 1915.6.22, 「朝鮮輕鐵創立委員
　　會」; 1915.6.23, 「朝鮮輕鐵の晩餐會」; 『京城日報』 1915.6.23, 「朝鮮輕鐵創立」;
　　『釜山日報』 1915.6.25, 「朝鮮輕鐵創立委員會」; 『万朝報』 1915.6.28, 「朝鮮輕鐵計
　　劃」; 『時事新報』 1915.6.28, 「朝鮮輕便鐵道進捗」; 『やまと新聞』 1915.6.28, 「朝鮮
　　輕鐵計劃」; 『中央新聞』 1915.6.28, 「朝鮮輕鐵創立」; 『釜山日報』 1915.7.1, 「朝鮮
　　輕鐵の創立」.

41) 『釜山日報』 1915.11.16, 「輕鐵會社創立に付協議」; 『朝鮮時報』 1915.11.16, 「輕鐵に
　　關し協議」; 1915.11.19, 「輕鐵協議會」.

42) 『朝鮮時報』 1916.1.11, 「輕鐵設立申請」.

츰 대구 자본을 중심으로 재편되었다.

뒤이어 대구지역 자본가들은 조선경철의 설립과 동시에 대구상업회의소를 중심으로 조선경철의 본점을 대구에 설치할 것을 골자로 하는 의견서를 제출하는 등 본점 유치에도 다시 박차를 가했다.[44] 물론 그러한 대구지역의 움직임을 보도한 부산일보에 대해 대구의 지역 신문인 조선민보는 오보임을 주장하였다.[45] 하지만 정황상 대구지역의 본점 유치 움직임은 그 이전부터 지속되었다. 결과적으로 대구지역 자본가들의 이와 같은 노력은 그 이듬해 실현되었다.

이제 동래연장선의 운명은 조선경철로 넘어갔고 대구지역을 거점으로 하는 조선경철은 1916년 그 부설권을 획득하게 되면서 대구를 중심으로 대구포항선을 건설하는 한편, 부산을 중심으로 하는 부산울산선 건설은 계속적으로 지연하였다. 또한 조선경철이 건설하는 철도 노선은 본질적으로 조선가스 시기에 면허를 받은 부산 중심의 노선과는 차이를 보였다. 조선경철은 조선가스 시절 동래를 거점으로 삼아 울산을 거쳐 포항 및 대구로 이어지는 노선 설치를 폐기했다. 그리고 새롭게 대구를 시작으로 남하하는 慶東線의 건설계획을 수립하고 면허를 얻었다. 즉, 경동선은 대구에서 경주(서악)를 거쳐 포항으로 가는 노선과, 도중 서악에서 분기해서 울산, 동래로, 그리고 울산에서 분기해서 외항인 장생포로 가

---

43) 설립 당시 조선경철의 중역은 취체역으로 牟田口元學(사장) · 中野武營 · 園田實德 · 小野金六 · 石丸龍太郎 · 佐藤潤象(상무) · 武和三郎 · 鈴木熊太郎 · 中野實이, 감사역으로 宮崎正吉 · 山口太兵衛 · 자작 趙重應이 선출되었다. 모두 일본자본이며 조선자본도 경성자본만 선출되었다(『朝鮮時報』 1916.5.1, 「朝鮮輕鐵役員」).

44) 『釜山日報』 1916.1.16, 「朝鮮輕鐵と大邱, △本社を大邱に置く希望」; 1916.1.21, 「輕鐵本社位置移轉の運動, △東上委員二名出發」.

45) 『朝鮮民報』 1916.1.22, 「輕鐵本社位置移轉運動は噓, 釜山日報の誤報を正す」.

는 노선이었다.[46]

조선경철의 경동선 건설계획은
대구를 중심으로 하는 철도 건설
일 뿐만 아니라 경상도 동해안지
역을 대구의 경제권으로 끌어들
이려는 의도가 있었음을 알 수
있다. 왜냐하면 대구-포항과 울
산지선의 분기가 기존의 조선가
스와는 다른 구조를 가지고 있기
때문이다. 즉, 경주읍 부근의 서
악역에서 양 노선이 분기하는데,
포항 방면으로 가는 노선은 경주

[그림 2] 조선철도약도(1923) 중 경동선

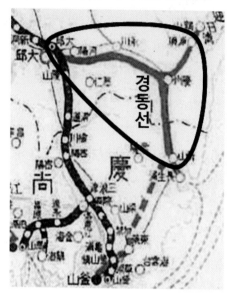

를 거치지 않고, 바로 형산강을 따라 안강-포항으로 직행하였다. 경주읍
동문 밖에 설치된 경주역을 지나가는 것은 울산지선뿐이었다. 결국, 울산
-동래에서 포항 방면으로 이동은 전혀 고려되지 않았던 것이다. 이로 말
미암아 포항은 대구와 직접 연결되게 되었다. 조선경철의 경동선은 경부
선과 낙동강 수운을 통해 경북지역까지 영향권을 미치고 있던 부산을 견
제하고 경북지역을 대구 중심으로 재편하기 위한 철도계획선이었음을 알
수 있다.[47] 경동선 대구 포항 간 선로의 우선 건설로 인하여 대구로서는
포항이라는 양항을 자신의 세력권 내에 포함시킬 수 있었다. 그리고 이를
통해 경상도 동해안지역으로 부산의 경제적 영향이 미치지 못하도록 할

---

46) 南滿洲鐵道株式會社 庶務部調査課, 『朝鮮の私設鐵道』, 1925, 93쪽.
47) 『釜山日報』1918.9.6, 「輕鐵の關係と邱浦經濟關係」; 1918.9.7, 「邱浦輕鐵開通と經
濟關係(上)」; 1918.9.10, 「邱浦輕鐵開通と經濟關係(3)」.

수 있었다.[48]

일단 경동선은 1916년 2월 15일에 면허가 교부되었고, 익년부터 공사에 들어갔다. 일차적으로 대구-포항 선로건설이 우선 이루어졌다. 1917년 11월 대구-하양 14.3마일, 1918년 11월 하양-포항 49.6마일 및 서악-경주-불국사 8.3마일, 1919년 8월에는 포항-학산 1.2마일, 1921년 10월 불국사-울산 18.7마일 등 합계 92.1마일이 개통되었다. 남은 구간은 울산-장생포 및 울산-동래였다. 그러나 남은 구간은 계속해서 건설이 지연되었다. 더군다나 조선경철은 새롭게 중부 조선을 중심으로 하는 철도 부설을 계획하고 "조치원에서 청주, 음성을 경유 충주에 이르는 선로, 조치원에서 공주에 이르는 선로, 평택에서 장호원을 경유 음성 및 여주에 이르는 선로" 등 세 선로의 부설인가를 총독부로부터 받았다.[49] 이는 조선경철이 부산울산선에 대한 부설의지가 전혀 없었음을 노골적으로 드러낸 것이라고 할 수 있다.

뿐만 아니라 1919년 조선중앙철도주식회사로 개칭된 이후에도 물론이거니와 다시 사설철도의 합동으로 설립된 조선철도주식회사(이하 조선철도)도 본점을 대구에 두고 있었기 때문에 부산울산선 건설에 미온적이었다.[50] 이러한 회사의 태도는 부산을 비롯한 부산울산선 인근 주민들의 반발과 철도 건설을 위한 정치적 활동을 전개하도록 만들었다. 그렇다면 대구지역의 자본가들이 중심이 된 조선경철의 철도 부설은 계획단계뿐만 아니라 실질적인 건설에서도 대구지역의 세력권 확보에 주안점을 두면서 부산지역의 세력권 약화를 기도하였기 때문에 부산지역의 일본인자본가

48) 南滿洲鐵道株式會社 庶務部調査課, 앞의 책, 94쪽.
49) 『朝鮮總督府官報』 1917.8.23.
50) 朝鮮總督府, 「朝鮮에 在한 私設鐵道의 發達」, 『朝鮮』 76, 1924, 97~98쪽.

를 비롯한 지역민들의 반발과 적극적인 부산울산선 속성운동을 야기시키는 원인이 되었다고 할 수 있을 것이다.

3. 부산·경남지역과 '釜山蔚山線' 건설

동래선의 연장 선로이며 동해남부선의 최하단 선로인 부산울산선을 둘러싼 연선지역의 부설운동은 크게 두 시기로 나누어 살펴볼 수 있다. 이렇게 시기를 나눠 볼 수 있는 이유는 애초의 계획과 그 실행을 둘러싼 부산지역의 입장과 관련된다. 왜냐하면 부산지역이 중심이 된 부설운동이 2기에 본격화되었고 그 결과, 부산울산선의 건설이 실현되었기 때문이다. 1기 부설운동은 부산의 일본인자본가들이 철도 부설계획만 세우고 그 실현을 위한 활동에는 소극적이었던 1910년대 전반기까지이다. 2기 부설운동은 부산울산선 건설의 면허자체가 대구를 중심으로 하는 조선경철에 넘어가고 그 최초 부설이 대구포항선부터 건설된 시점부터 조선총독부의 '조선철도12년계획'에 부산울산선이 포함되는 시점까지이다. 그러면 1기 부설운동에 대해 먼저 살펴보고, 본격적으로 운동이 전개되는 2기를 살펴보도록 하자.

2절에서 살펴본 것처럼 부산의 일본인자본가들은 부산을 중심으로 세 방향의 철도 건설계획과 그 실행을 위한 회사 설립을 위해 병합 전부터 노력하였다. 그 결과 조선가스전기주식회사가 설립되었고, 설립 이후 곧바로 동래선 개량에 들어가는 동시에 동래선 연장에 대한 계획을 수립하였다. 최초 연장계획은 기존의 동래선을 울산까지 연장하는 것이었다. 연장 이유로는 울산이 경남 동부의 대읍이었으며 특히 미곡의 주산지였을

뿐만 아니라 장생포와 방어진을 통한 대량의 수산물을 안정적으로 부산
으로 가져올 수 있었기 때문이었다.[51] 따라서 동래연장선은 부산 지역을
중심으로 하는 경제의 활성화를 위한 경제선이었다.

이즈음 울산에서도 울산번영회가 중심이 되어 부산울산선 건설에 대한
필요를 인식하고 조선가스의 연장선 계획에 동조하는 한편, 적극적으로
그 계획의 입안 및 허가를 위한 여론 환기는 물론 직접 회사와 접촉하는
등 그 실현을 위해 노력하였다.[52] 또한 울산의 조합관리자 및 면장을 중
심으로 다시 조선가스에 조회하는 한편, 울산경철부설기성동맹회도 조직
하여 울산에까지 경편철도가 운행될 수 있도록 노력을 경주하였다.[53] 더불
어 울산군청은 물론 학교조합, 번영회 등은 철도선로에 필요한 토지도 적
극적으로 조성되도록 노력하겠다고 하는 등 철도 부설에 적극적이었다.[54]

한편 장생포, 방어진에서도 일본인이 중심이 되어 부산울산선의 건설
과 함께 울산에서 방어진까지 연장될 수 있도록 조선가스에 청원하였다.[55]
장생포와 방어진은 동해안을 중심으로 하는 풍부한 어장으로 말미암아
일찍부터 일본인들의 진출이 활발하였다. 이 때문에 일본인들을 중심으
로 하는 근대적 기간시설의 확보를 위한 움직임들이 활발하였다.[56] 이와

---

51) 『朝鮮時報』 1911.6.22, 「蔚山日鮮民の督促」 ; 1911.7.13, 「蔚山長生浦通信」 ; 『釜山
日報』 1912.3.14, 「輕鐵延長と海岸線」.

52) 『朝鮮時報』 1911.6.14, 「蔚山輕鐵の布設」 ; 1911.6.18, 「瓦電會社の活動」 ; 1911.7.7,
「輕鐵問題進捗」 ; 1911.7.12, 「蔚山通信」.

53) 울산경편철도급설기성동맹회는 회장으로 椙山助市를, 부회장으로 中塚隆稔를, 그
리고 久富丈四郎, 朴宗黙 양씨를 위원으로 선출하고 철도 부설에 관한 모든 건을
위임하였다(『朝鮮時報』 1911.6.22, 「蔚山日鮮民の督促」 ; 『釜山日報』 1911.6.22,
「蔚山繁榮會評議員會」 ; 『朝鮮時報』 1911.6.27, 「蔚山通信」).

54) 『朝鮮時報』 1911.7.4, 「蔚山軌道敷地寄附」 ; 1911.7.7, 「蔚山と輕鐵敷地」 ; 1911.7.8,
「輕鐵敷地に就て」 ; 『釜山日報』 1911.7.8, 「輕鐵延長と敷地, ▲蔚山方面に於ける」.

55) 『朝鮮時報』 1911.7.13, 「蔚山長生浦通信」.

같이 최초 동래연장선에 대한 조선가스의 계획과 연선지역의 철도 건설
의지에 따라 조선가스는 부산울산선은 물론 대구까지 그 선로 연장을 계
획하였다. 지선으로도 각각 울산장생포선과 대구포항선을 계획하여 총독
부의 인가를 받았다. 이는 앞에서도 살펴보았지만 부산지역의 경제권을
경상남북도까지 확장하고자 하는 의도 속에서 이루어진 것이었다.

울산지역과 달리 부산지역 일본인자본가들은 부산울산선 건설이 당연
히 이루어질 것이라 여기고 당시 부산의 현안 문제였던 시내외 전철 부설
문제에 집중하였다.[57] 부산의 여론은 줄곧 조선가스의 시내외 전철 부설
에 초점이 맞춰져 있었다. 이때 대구는 자신들의 경제권 회복을 위한 대
구포항선 건설을 위해 지속적으로 운동을 전개하였다. 결국 부산지역의
현안문제가 부산울산선 건설에 집중되지 못하는 사이 대구·경북을 중심
으로 하는 일본인 및 조선인자본가들은 새롭게 설립된 조선경철에 적극
적으로 개입하는 한편, 그 부설 선로 1기선을 부산울산선에서 대구포항선
으로 변경하고 회사본점도 대구로 옮겼던 것이다.

부산울산선이 계획되고 건설허가가 떨어졌음에도 불구하고 건설이 지
연된 이유로 조선경철 측에서는 계속해서 재계 불황과 자금 부족을 강조
하였다. 하지만 핑계에 지나지 않았다. 1912년 조선의 무한한 천연자원을
개발하기 위해 사설철도를 조성하고자 하는 방침하에 「조선경편철도령」
이 조선총독부에 의해 제정되고 이에 따라 「조선사설철도보조법」이 제정
되어 경편철도를 건설할 경우 총독부로부터 지속적으로 보조금을 받게
되었다. 보조금도 최초의 보조금 6分에서 1918년 7分, 1919년 8分으로 증

56) 長岡源次兵衛, 『蔚山案內』, 1917.
57) 倉地哲, 『朝鮮瓦斯電氣株式會社發達史』, 48~49쪽.

가하였다.[58]

그보다 더 중요한 이유는 앞에서도 언급한 것처럼 조선경철이 조선가스와 달리 대구를 중심으로 설립되었기 때문이었다. 이것은 대구지역 일본인 및 조선인자본가들의 적극적인 유치도 있었겠지만, 부산지역 일본인들이 철도 건설허가만을 믿고 적극적으로 부설운동을 전개하지 않은 점도 중요한 요인이었다. 그 결과 조선경철, 조선중철, 그리고 조선철도 모두 노골적으로 부산울산선 건설을 다음으로 미루고 경북지역 대구포항선을 선두로 다른 철도 노선을 비롯하여 충청도지역 철도 노선 건설에 더 적극적으로 나섰던 것이었다.[59]

그러는 사이 부산지역의 현안 문제인 시내외 전철이 1917년 완성되어 개통되자, 이제 부산지역 일본인자본가들은 다시 적극적인 부산울산선 부설운동으로 그 태도를 전환하였다. 인근의 동래, 울산, 경주의 지역민들과 함께 독자적으로 혹은 연합하여 부산울산선의 조속한 건설을 관련 회사 및 조선총독부에 적극적으로 요구하기 시작하였다. 지역민의 철도 부설을 위한 정치활동은 지역자본가들이 중심이 되어 주도하였다. 특히 부산 상업회의소를 비롯하여 각 지역 번영회가 가장 적극적으로 부산울산선 속성운동을 전개하였다. 다음 [표 5]는 2기에 해당하는 부산울산선 속성을 위한 진정 및 청원활동을 정리한 것이다. 자료의 한계로 전체를 조망할 수 없지만 대략적인 활동을 살펴볼 수 있다.

---

58) 朝鮮總督府鐵道局編, 『朝鮮鐵道四十年略史』, 1940, 465~472쪽.
59) 조선경편철도주식회사는 1917년에 조치원청주선, 조치원공주선, 평택여주선 등의 경편철도 건설을 허가받고 있으며(『朝鮮總督府官報』 1917.8.23) 이어서 김천상주 간 철도 노선을 답사하여 경편철도 건설을 출원하고자 하였다(『釜山日報』 1917.11.7, 「金泉尙州間踏査」 ; 11.18, 「金泉尙州間輕便鐵道敷設」).

[표 5] 부산울산선 부설을 위한 진정 및 청원활동

시기	지역	대표위원	청원 및 접촉인사	활동주체
1917.9	부산	大池, 迫間, 香椎, 豊田	當路者	동맹회
	동래	惣部, 佐佐木		
	울산	安成, 椙山, 松並		
1918.8	동경	조선가스전기주식회사중역	조선경편철도주식회사 동경 전무취체역 武和三郎	조선가스전기
1918.10	부산	부산상의회두 香椎源太郎	長谷川 총독, 철도회사	동맹회
1919.12	부산	부산상의회두 香椎源太郎	총독, 철도회사	동맹회
1920.5	부산	부산상의회두 香椎源太郎	조선중앙철도주식회사 武, 佐藤 전무취체역, 鈴木 지배인	부산상업회의소
1923.6	부산	부산상의부회두 豊泉德治郎, 평의원 伊藤祐義 小原爲	조선중앙철도주식회사 상무취체역 鈴木寅彦	부산상업회의소
1923.10	부산	부산부윤 小西恭介, 부산상의회두 香椎源太郎, 서기장 花輪, 부회두 豊泉德次郎 文尙宇, 평의원 伊藤祐義	조선총독 齋藤實 조선총독부철도부 弓削 부장, 澤崎 감리과장, 新田 공무과장 조선철도주식회사 상무취체역 佐藤潤象, 松岡 서무과장, 운수과장, 공무과장	동맹회(부산상업회의소)
	동래	동맹회위원 中山勝吉		
	울산	울산군수 孫永穆, 동맹회위원 中谷德一 布瀨淸四郎 金聲振 朴秉稿		
	경주	동맹회위원 光成勝一		
1925.6	부산	부산번영회 小原爲 伊藤祐義	경남도지사 和田	동맹회(부산번영회)
	울산	飯塚외 1명, 孫 군수		
1925.7	부산	香椎源太郎, 豊泉德次郎, 水野嚴, 福島原次郎, 石川侃一, 小原爲, 伊藤祐義, 文尙宇 (武久, 石原-상경위원)	下岡 정무총감 조선철도주식회사 入澤 부사장	동맹회(부산상업회의소)
	동래	秋鳳燦		
	울산	安成千代五郎, 松重淺太郎, 安金由喜太, 森田嘉太郎, 中谷德一, 朴南極, 朴宗點, 朴秉鎬, 李圭直, 金正國, 金聲振		

[표 5]를 통해 보면, 부산울산선 속성을 위한 2기 활동은 대체적으로 조선경철이 영업을 시작하는 시점에서부터 집단화되었다. 이런 움직임은

다시 사설철도 합병에 의해 조선철도주식회사가 설립되는 시점에 재개되었다. 그리고 조선상업회의소연합회와 일본제국철도협회, 그리고 조선총독부에 의해 일본정부와 의회에 제출되어 승인을 얻어 1927년부터 건설에 들어간 '조선철도12년계획'에 부산울산선이 포함될 때까지 집중적으로 이루어졌다.

1916년 조선경철이 부산에서 설립되고 그 첫 계획을 조선가스가 면허를 받았다가 취소된 부산 대구 간, 경주 포항 간, 울산 장생포 간의 철도 건설에 두었음은 앞에서도 지적하였다. 하지만 조선경철의 철도 건설은 부산으로부터 시작된 것이 아니라 대구로부터 시작되었으며 그 철도 노선도 최초의 노선과는 다르게 진행되었다. 따라서 조선경철이 부산진으로부터 동래를 거쳐 울산 방면에 이르는 선로를 당초 제1기선으로부터 제외하는 한편, 대구포항선을 중심으로 건설에 착수되는 것에 반하여 부산울산선은 전혀 건설의 기미가 보이지 않는 것에 대해 부산, 동래, 울산지역에서 불만이 터져 나왔다.

먼저, 부산의 일본인신문인 부산일보는 조선경철이 부산울산선 건설의 지가 없음을 비판하며 부산, 울산 방면 관민유지들의 상호 연대를 통한 부산울산선 속성을 주장하였다.[60] 이에 동조하여 울산지역에서 일본인과 조선인 백여 명이 모여 부산울산선기성동맹회를 조직하였다.[61] 울산지역 동맹회 위원들은 동래, 부산의 유력자들과 함께 부산울산선 속성을 기하는 동맹회를 결성하는 한편, 부산에서 3개 지역 유력자가 모여 논의한 후 연서로 철도회사에 부산울산선 속성을 진정하였다.[62] 그러나 이에 대해

---

60)『釜山日報』 1917.7.10,「釜蔚輕鐵の速成を望む」.
61)『釜山日報』 1917.7.22,「蔚山輕便鐵道期成會」.
62)『釜山日報』 1917.9.15,「朝鮮輕便鐵道の釜山鎭蔚山線の速成を陳情」.

조선경철은 울산을 중심으로 경주 혹은 동래에 부설될 경철은 이익이 그
다지 없다는 구실로 계속해서 건설면허만 연장하였다. 그 대신 충청남북
도의 경편철도 건설권을 획득하였다. 뿐만 아니라 진남포 광양 간 철도
등 다른 지역으로 철도사업을 확장하기 위해 노력하였다.[63] 그렇다고 마
냥 연기할 수는 없었다. 우선 경주 울산 간 철도 연장공사를 위한 측량에
들어갔다. 더불어 조선총독부 철도국의 조사에 응하여 동래 울산 간 연선
조사에 들어가는 등 임시적인 조처는 취하였다.[64]

　그 이후에도 지속적으로 부산울산선 건설에 대한 요구가 제기되었다.
1918년 가을 대구 포항 간 경편철도가 개편되고 운행에 들어가자, 도쿄에
서 열린 조선가스의 주주총회에서 부산울산선 건설에 대한 문제가 제기
되었다.[65] 또한 부산상업회의소회두 香椎는 대구로 이전한 조선중철을
직접 방문하여 부산울산선 건설의 필요성을 강조하였다. 이에 대해 회사
측으로부터 현재로서는 재개 불황과 자금 부족을 들어 공사에 착수하기
가 어렵고 경제가 회복되고 자금이 조달되면 조만간 건설공사에 들어갈
것이라는 대답만 들었다.[66] 이후 조선중철은 다시 동래 울산 간 철도 건
설에 관한 조선총독부 철도부(조선철도의 남만주철도주식회사 위탁 경영
에 의해 1919년~1925년까지 철도부로 존재)에 건설허가원을 제출하였다.[67]

---

63) 『釜山日報』 1917.9.26, 「蔚山輕鐵線敷設果して如何」 ; 1917.11.7, 「金泉尙州間踏査」
; 11.18, 「金泉尙州間輕便鐵道敷設」 ; 1918.4.17, 「群山公州間輕鐵調査」.
64) 『釜山日報』 1918.1.17, 「蔚山慶州間の輕鐵延長工事」 ; 1918.1.30, 「蔚山輕鐵線敷設
果して如何」.
65) 『釜山日報』 1918.9.7, 「輕鐵蔚山線の交涉, 朝鮮瓦斯と朝鮮輕鐵」.
66) 『東亞日報』 1920.5.17, 「蔚山鐵道起工確定」.
67) 동아일보는 동래 부산 간 경편철도의 건설신청을 제출한 것으로 보도하고 있지만
이미 부산진 동래 간은 경편철도가 건설되어 있기 때문에 동래 울산 간 경편철도
로 보인다(『東亞日報』 1922.5.15, 「東萊釜山間輕便鐵道敷設申請」).

그리고 이듬해 새로 임명된 상무취체역 鈴木寅彦가 경편철도 조사를 마치고 부산에 오자 부산상업회의소는 부산울산선 속성을 진정하였다. 그러나 속성에 대한 즉답은 듣지 못하고 당시 진행되고 있는 사설철도의 합병을 기다려야 했다.[68]

1923년 사설철도 합병이 이루어져 조선철도가 창립되자, 기존 철도회사를 통해 부산울산선 속성을 이룰 수 없다고 판단한 부산, 동래, 울산, 경주의 유력자들은 집단적인 속성운동을 전개하였다. 1923년 8월, 1부 3군의 기성동맹회를 연맹하여 울산부산간철도속성동맹회를 조직하고 부산상업회의소회두를 동맹회장으로 선출하였다. 그리고 상경위원을 선정하여 조선총독부와 새로 창립된 조선철도를 직접 방문하여 진정하기로 하였다.[69] 이에 따라 부산부윤과 울산군수를 비롯하여 동맹회 상경위원 13명은 경성으로 올라가 본격적으로 진정활동을 전개하였다. 우선 조선철도를 방문하고 조선가스 시기부터 계속해서 중요 직책을 맡고 있는 조선철도 상무취체역 佐藤과 면담하였다. 특히 철도회사에 대해서는 그간의 "무성의, 무기력, 무방침"에 대해 비난하며 1부 3군의 지방민은 철도가 건설될 때까지 계속하여 속성운동을 전개할 것이며 회사의 속성 의지가 있다면 가능한 모든 원조를 아끼지 않을 것이라고 주장하였다. 佐藤은 부산울산선 속성에 대한 개인적인 의지를 약속하였다. 한편 상경위원은 野村龍太郎 사장에게도 동맹회장의 명의로 진정서를 제출하였다. 이윽고 조선총독부 철도부를 방문하여 새롭게 창립된 철도회사가 제일 먼저 부산울산선을 기공할 수 있도록 간청하는 한편, 齋藤實 총독을 방문하여 진정서를 제출

68) 『朝鮮時報』 1923.6.23, 「蔚山線の延長は當然」.
69) 『京城日報』 1923.8.2, 「蔚山釜山間輕鐵速成運動」 ; 9.30, 「蔚山釜山間鐵道敷設運動」.

하였다.[70]

그러나 연합동맹회를 조직하고 조선총독에게까지 진정서를 제출하는 정치적 활동도 수포로 돌아갔다. 조선총독을 비롯하여 조선총독부 철도부는 부산울산선보다 충주 청주 간이 더 시급을 요하는 철도라고 생각하고 있었다. 즉, 부산 울산 간은 교통이 편리하여 육지로는 자동차, 바다로는 방어진과 장생포까지 기선으로 통행이 가능하나 충주 청주 간은 荷車도 통행하지 못하기 때문에 올해까지는 자금이 있다면 기공선을 먼저 건설한다는 철도 부설방침을 내어 놓았다.[71] 따라서 부산울산선 연선지역의 유력자들에 의해 이루어지고 있던 부산울산선 건설은 또 다시 목적을 달성하지 못한 채 끝나고 말았다.

한편, 1921년 10월 이미 경주와 울산 간의 경편철도가 완성되었다. 그러자 최초 계획의 주 간선 중 남은 것은 부산울산선뿐이었다. 특히 경주울산선까지 완성되자 부산지역의 경제권은 더욱 축소될 수밖에 없었다. 전통적으로 부산의 경제권에 속해 있었던 울산은 경주울산선이 완성된 이후 점차 대구의 경제권에 포섭되어 갔다.[72] 따라서 부산울산선 건설은 부산의 경제권을 확보하는 길이기에 포기할 수 없었다.

때마침 1925년 4월 남만주철도주식회사에 이관되었던 철도 경영권이 다시 조선총독부 직영으로 바뀌면서 대대적인 철도망계획이 진행되었다. 이러한 안팎의 분위기에 따라 1925년 6월, 다시 부산번영회에 의해 잠시 소강상태에 빠졌던 속성문제가 제기되고 울산의 유력자와 함께 경남도지

---

70) 『朝鮮時報』 1923.10.19, 「各地上京委員蔚釜間輕鐵速成をため京城に各方面陳情」;
   『京城日報』 1923.10.19, 「鐵道速成陳情」; 10.20, 「蔚山釜山間鐵道速成陳情書提出」.
71) 『朝鮮時報』 1923.10.21, 「蔚山釜山間輕鐵速成運動の經過」.
72) 『朝鮮時報』 1925.6.27, 「釜蔚間鐵道敷設」.

사를 방문하는 등 다시 실현운동이 전개되었다. 이에 호응하여 그간 속성운동을 주도하던 부산상업회의소도 다시 부산 울산 간 철도 건설의 실현운동을 착수하고자 논의하기 시작하였다.[73] 또한 기존 철도회사와 총독부의 철도 건설계획으로는 도저히 부산울산선을 건설할 수 없다고 인식한 부산과 울산지역의 유력자들 중 일부는 스스로 발기하여 철도회사를 창립하고 종래 조선가스의 시내외 전철을 인수하고자 하였다.[74] 물론 실현되지는 않았지만 부산울산선 연선지역 자본가들이 부산울산선을 어느 정도까지 중요하게 생각했는지를 알 수 있는 대목이다.

부산번영회와 부산상업회의소에서 철도 속성에 관한 논의가 시작되자, 다시 기성동맹회의 활동이 재개되었다. 더불어 부산과 울산의 유력자들은 부산의 지역신문인 부산일보와 조선시보에 부산울산선 개통의 필요성과 속성운동에 연선주민의 동참을 요구하는 기고문을 실으며 지역 여론을 환기시켰다.[75] 기성동맹회장인 부산상업회의소회두 香椎는 울산을 비롯하여 연선지역의 기성동맹회원을 부산으로 초대하여 속성운동을 위한 협의에 들어갔다. 부산상업회의소에서 개최된 철도속성협의회에는 홍수로 인해 오지 못한 경주회원을 제외하고 각 지역의 동맹회원 30여 명이 참석하여 조만간 촉진운동을 착수하기로 결의하였다.[76] 뿐만 아니라 기

---

73) 『朝鮮時報』 1925.6.29, 「蔚釜鐵道速成陳情」; 『釜山日報』 1925.7.3, 「蔚山釜山間鐵道敷設」; 『朝鮮時報』 1925.7.8, 「釜山商議役員會」.

74) 『釜山日報』 1925.7.5, 「釜山蔚山鐵道」; 『朝鮮時報』 1925.7.5, 「懸案の蔚釜鐵道」.

75) 『釜山日報』 1925.7.5, 「蔚山釜山間鐵道速成要望の理由, 釜山商業會議所 花輪書記長談」; 『朝鮮時報』 1925.7.9, 「釜山蔚山鐵道開通速成に就て望む, 東萊 中山藤吉」; 『釜山日報』 1925.7.10, 「蔚釜鐵道速成を望む敢て沿線地方民に告ぐ, 蔚山代表 飯塚文市」.

76) 철도속성협의회에 참석한 동맹회원은 香椎源太郎, 豊泉德次郎, 水野嚴, 福島原次郎, 石川侃一, 小原爲, 伊藤祐義, 文尙宇(이상 부산), 秋鳳燦(이상 동래), 安成千代

성동맹회에서는 먼저 총독부와 도청, 철도당국에 청원서 제출을 결정하고 상경위원도 확정하였다.[77]

부산상업회의소회두 香椎를 필두로 하는 상경위원은 경성으로 가는 즉시 下岡忠治 정무총감을 방문하고 "부산울산선은 순화물선으로 사철선이 울산까지 온 이상 부산까지 연장하여" 조속히 건설되도록 힘써달라고 요망하였다. 그리고 조선철도 立澤重磨 부사장을 방문하여 같은 의미의 내용을 전달하고 철도 건설은 어떻게든 하겠지만 현재의 총독부 보조금으로는 힘드니 추후 다시 논의하자는 답변을 들었다. 여전히 철도 속성문제는 해결되지 않았지만 점차 해결의 기미를 보이기 시작하였다.

한편 조선상업회의소연합회는 1922년부터 '철도건설10개년계획'을 조선 산업개발 '4대 요강'의 첫 번째로 정하고 지속적인 정치 활동을 전개하였다.[78] 이 계획 속에도 부산상업회의소의 주장에 따라 부산울산선이 포함되어 있었다. 조선상업회의소연합회의 활동은 조선총독부와 일본의 정재계에 영향을 미쳤고, 조선총독부는 1922년부터 6개년 내 완료예정으로 새로운 철도망 조사에 들어갔다. 1925년 철도 경영이 다시 조선총독부로 환원되자 철도국을 설치하고 철도국장을 중심으로 철도망 계획을 진행하였다. 그 결과 철도 부설 및 개량, 도로항만, 치산치수 등 종합적인 조선 산업개발계획이 10년 계속사업으로 수립되고 예산에 편성되었다.[79]

五郞, 松重淺太郞, 安金由喜太, 森田嘉太郞, 中谷德一, 朴南極, 朴宗點, 朴秉鎬, 李圭直, 金正國, 金聲振(이상 울산)이었다(『釜山日報』 1925.7.10, 「蔚山釜山間鐵道速成協議會」; 『朝鮮時報』 1925.7.10, 「鐵道期速成協議會」).

77) 기성동맹회의 상경위원은 부산의 香椎源太郞, 石原源三郞, 水野嚴, 武久捨吉 등 4명이었다(『釜山日報』 1925.7.11, 「蔚釜鐵道促進會議」; 『朝鮮時報』 1925.7.11, 「鐵道速成運動」).

78) 전성현, 『일제시기 조선 상업회의소 연구』, 도서출판 선인, 2011, 제9장 조선철도망 속성운동과 '조선철도12년계획' 참조.

다른 한편 일본의 관사철도에 관여했던 전문가, 재계 인사들의 모임인 제국철도협회는 1922년 정관 개편을 통해 철도의 조사연구기관으로 거듭났다. 1924년 가을부터는 조선 철도망 조사에 뛰어들었다.[80] 조사사항은 조선의 철도망 조사, 조선의 철도 경영 개선책, 조선의 철도 보급 및 속진안이었다.[81] 제국철도협회는 1년여의 조사와 귀족원 및 중의원, 참모본부, 유지를 망라하는 조사회 회의를 거쳐 초안을 마련하였다. 초안은 1929년부터 1951년까지 22년간 수억 원의 경비를 투자하여 4천 마일을 연장하는 계획이었다. 제국철도협회는 마련된 초안을 바탕으로 조선에 건너와 실지 조사와 함께 조선총독부를 비롯하여 지역 상업회의소와 협의를 거쳐 1925년 12월 완성된 조선철도 18년 계획을 수립하였다.[82] 부산상업회의소도 적극적으로 지원금을 지급하고 부산울산선의 부설이 필요함을 역설하였다. 그 결과 조선상업회의소연합회의 '철도건설10개년계획'[83])과 일본제국협회의 '조선철도18년계획'에 포함되어 있었던 부산상업회의소의 부산

---

79) 상업회의소와의 논의를 통해 이루어진 것으로 철도 부설 및 개량의 내용은 조선산업개발 '4大 要項' 중 철도 부설계획인 10년 계획이었다.

80) 國澤新兵衛, 「一行內鮮의 趣旨」, 『朝鮮經濟雜誌』 126, 1926, 1쪽.

81) 大平鐵畊, 『朝鮮鐵道十二年計劃』, 1927, 42쪽.

82) 제국철도협회의 조선철도에 관한 조사위원회결의는 5개안과 부대 결의안 그리고 계획선로로 구성되었다. 결의안은 1. 조선의 주요 철도는 국유를 근본방침으로 할 것, 2. 정부는 속히 조선철도 부설에 관한 법률을 제정할 것, 3. 정부는 기정계획(이미 예산을 확정한 것)의 외 전항 조선철도부설법에 따라 약 2,100리의 철도를 금후 18년 이내에 부설할 것, 4. 정부는 제1항의 방침에 기초하여 점차 추요한 사설철도를 매수할 것, 5. 정부는 현행 조선사설철도보조법의 8분보급을 개정하여 1할로 하여 미성선의 속성을 도모할 것, 부대결의로 정부는 제3항의 18년 부설계획의 진보함에 수반하여 수송량의 증가에 따라 점차 경부, 경인, 경의 각선을 복선으로 할 것이었다(大平鐵畊, 『朝鮮鐵道十二年計劃』, 45쪽).

83) 조선상업회의소연합회의 '철도건설10개년계획'은 전성현, 「일제하 조선 상업회의소의 철도부설운동(1910~1923)」, 『석당논총』 40, 2008 참조.

울산선은 조선총독부가 수립하고 일본 정부가 승인한 '조선철도12년계획'
에도 포함되어 국영철도로 건설될 수 있게 되었다. 이후 부산지역의 자본
가를 중심으로 지역여론은 동해선 중 부산울산선의 조기착공을 위해 노
력하여 1928년에 드디어 착공에 들어가 부산울산선은 1935년에 결국 완공
되었다.[84]

[그림 3] 동해남부선   [그림 4] 동해남부선 중 부산울산선

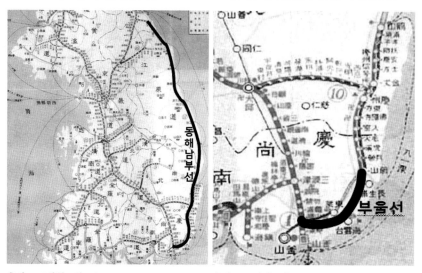

출전 : 조선철도약도(1928)   출전 : 조선철도약도(1928)

---

84) 朝鮮總督府鐵道局,『朝鮮鐵道四十年略史』, 269~273쪽.

2장

동해남부선을 둘러싼 '지역정치'와
식민지적 역할

1. 철도 개통을 둘러싼 '지역정치'

1) 동해남부선 기공과 연선 지역의 '정치활동'

'조선철도12년계획'선은 제국 일본과 식민지 조선의 다양한 이해관계가
개입되어 만들어진 철도 노선이었다. 동해선([그림 1] 동해안 연안 선로)
도 마찬가지였다.[1] 계획선으로 최종 결정한 조선총독부의 입장에서 보면,
동해선은 함경남북도를 관통하는 함경선과 연결, 동부의 간선으로서 멀리
길림에 이를 수 있는 '제2의 종관철도'일 뿐만 아니라 동해안 연안, 특히
강원도의 광산물, 농산물, 임산물, 수산물 개발과 금강산 탐승, 풍광절미
의 동해안 여객 수송의 사명을 띤 철도였다.[2]

한편, 동해선에 포함된 연선 지역민은 이 선로가 안정적으로 건설·운
영되기 위해서는 표면적으로 제2의 종관철도로서의 국제적, 군사적, 경제
적 의미를 강조했다.[3] 그런데 동해선만 놓고 보면, 동해안의 유일한 교통
시설이며 연선 지역의 산업개발상 중요한 교통기관이었다. 이 선로의 개

---

1) 大平鐵畊, 『朝鮮鐵道十二年計劃』, 鮮滿鐵道新報社, 1927, 29~121쪽.
2) 大平鐵畊, 위의 책, 135~136·158~159쪽.
3) 『조선시보』 1926.1.21, 「〈時報論壇〉東海岸線と北鮮滿洲鐵道網と吾人の希望」;
　『조선시보』 1926.12.4, 「〈時報評論〉東海岸線と吉會線」.

[그림 1] 조선철도약도(1927)

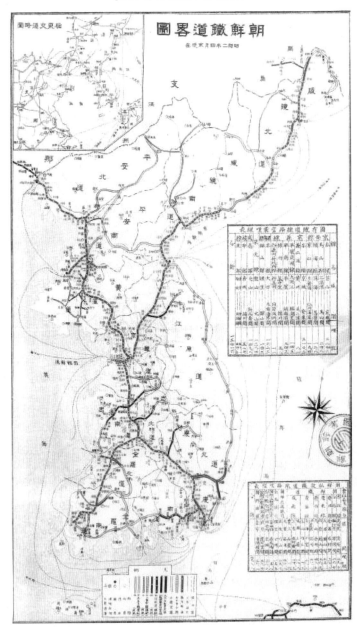

통과 운영은 그간 교통 편의로부터 소외되었던 조선인 중심의 농산어촌
사회에 중대한 영향을 미칠 수밖에 없었다. 또한 동해선의 양 기점인 부
산과 원산은 물론 동해중부선으로 매수되는 경동선의 중심 도시인 대구,
포항 등 주요 도시들의 일본인사회는 그들 중심의 지역 경제 확장과 수성
을 위해 다른 도시들과의 경합이 불가피한 선로였다.[4] 따라서 조선총독
부의 '식민지 개발'정책에 '지역 개발'이 포함되는 이상 지역사회는 적극적
으로 식민정책에 개입할 수밖에 없었다.[5]

　계획에 의하면 동해선은 양 기점인 부산과 원산으로부터의 신설 노선
2개와 기존의 사설철도인 경동선의 매수 및 광궤 개량을 통해 완성될 예
정이었다. 이는 신설을 필요로 하는 원산 포항 간의 동해북부선, 신설과
사철 매수 및 광궤개량을 통한 부산 포항 간의 동해남부선 그리고 사철
매수와 광궤개량을 통한 대구 포항 간의 동해중부선으로 나눠진다. 그런
데 조선총독부는 계획안을 확정하기 전부터 동해선의 양 기점인 부산과
원산의 동시 착공을 염두에 두지 않고 원산을 기점으로 북부선 건설에 집
중하고자 했다. 이는 처음부터 종관철도보다는 '오지 개발'이라는 명목 아
래 강원도 개발을 통한 지하자원 확보에 우선 관심이 있었음을 알 수 있
다. 나아가 부산 방면의 건설도 경동선의 매수를 통한 광궤개량과 함께
포항에서 다시 북진하는 노선 건설을 내비치며 동해남부선 건설은 맨 뒤
로 미룰 작정이었다.[6]

---

4) 경상남도, 부산상업회의소, 부산부, 경상북도, 경상북도수산회, 강원도, 강원도수
산회, 원산상업회의소, 함경남도수산회, 원산부, 조선산림회 등이 동해선의 건설
을 요망했다(大平鐵畊, 앞의 책, 72~114쪽).

5) 일본 본국은 철도의 도입부터 철도 건설과 '지방정치'는 불과분의 관계였다(松下
孝昭, 『鉄道建設と地方政治』, 日本經濟評論社, 2005).

6) 『부산일보』 1926.10.1, 「東海岸線の元山より起工」; 『동아일보』 1927.4.12, 「東海岸

이 같은 소식이 전해지자 부산 방면 동해남부선 연선 지역의 여론은 비등해졌다. 부산의 지역 언론은 '철도 경제와 지방 개발상' 유·불리를 고려할 때 경제 규모가 원산 영덕 간보다 2배나 큰 부산 포항 간의 기공은 당연하다고 했다. 특히 '반신불수'의 경동선이 곧바로 매수되는 이상 부산 포항 간의 건설·운영이 동해선의 제1기선이 되어야 한다고 주장하며 기공촉진운동의 필요성을 역설했다. 부산번영회도 동해안 시찰을 토대로 이 운동의 필요성을 주장하기 시작했다.[7] 이에 대해 조선총독부는 부산 측의 기공은 '동해안선 전통의 때를 준비하여 해륙연락의 설비와 기타 공사가 부산진 방면에서 조만간 개시될 예정'이기 때문에 이것이 '부산 측의 기공'이라면 기공이라고 대응했다. 하지만 기실 해륙연락의 설비 등은 조사에 그치는 요식 행위였고 실제 실행은 요원했다.[8]

결국 동해선 기공은 동해북부선부터 시작되었다. 1928년 2월, 경원선의 안변에서부터 건설이 시작되었다. 7월 1일부터는 사설철도 경동선이 국철로 매수되어 동해중부선으로 개통되었다.[9] 대구지역은 동해중부선의 개통이 미칠 영향에 예의 주시했다. 특히 대구상업회의소는 동해중부선 개통이 그간 부산 상권에 잠식된 동해안 방면의 화물을 향후 경성 방면이나 중선 방면으로 반출하는 한편 대구 방면으로도 상당량 흡수될 것이라

線은 今年內로 起工」.

7) 『부산일보』 1926.10.5, 「東海岸鐵道線, 元山側起工說の對策」 ; 『부산일보』 1926. 10.6, 「東海岸鐵道起工地の問題」 ; 『부산일보』 1927.10.28, 「東海岸線の釜山側起工期」.

8) 『부산일보』 1927.10.9, 「東海岸線全通の曉…に於ける準備として…海陸連絡の設備」 ; 『부산일보』 1927.12.20, 「東海岸線は東萊より海雲臺を經由に決定」.

9) 『부산일보』 1928.1.19, 「圖們線に主力を注ぐ」 ; 『조선총독부관보』 1928.6.16(제439호), 「朝鮮總督府告示第二百二十四號」 ; 「國有鐵道東海中部線の營業開始」, 『조선』 제159호, 1928년 8월.

는 기대와 함께 동해안 방면에 대한 근본적 조사에 들어갔다. 더불어 대
구 상권의 확장운동을 위해 중부선 각지를 시찰하기 시작했다. 중부선 개
통은 운임 인하로 인해 곧바로 여객 80%, 화물 40%의 증대를 보였다. 그
리고 그간 부산 상권하에 있던 경주, 울산 방면은 대구, 포항 상권으로 이
동했다.[10]

　지역 언론과 부산상업회의소는 재차 남부선 기공의 필요성을 주장했지
만 조선총독부는 예산문제를 핑계 삼아 여전히 묵묵부답이었다.[11] 그런
데 남부선 기공 실현의 단초는 예상치 못한 곳에서 터져 나왔다. 1929년
남부 지방에 불어 닥친 대한해는 농촌 지역에 막대한 피해를 입혀 도저히
회복 불능 상태에 빠뜨렸다. 그러자 피해가 극심한 동래군은 곧바로 군민
대표를 선정하고 조선총독과 철도국장은 물론, 척식대신 앞으로 '토지가
격은 물론 인부공급, 기타 만사에 대해 극력 알선 수고를 마다하지 않'겠
다는 다짐과 함께 남부선 부산기공을 통한 한해민 구제를 진정했다. 나아
가 부산상업회의소와 협의하여 전선상업회의소연합회에 '동해안선 부산
방면 기공촉진요망의 건'을 제출했다. 이듬해에도 거듭 부산상업회의소와
공동으로 조선총독부와 척무성에 진정하는 한편, 부산을 경유하는 식민
관료를 직접 방문하고 호소하는 청원활동도 이어갔다.[12]

---

10) 『조선시보』 1928.1.14, 「東海岸線の完成と大邱商圏に龜裂を生ず」 ; 『동아일보』
　　1928.10.8, 「大邱商議에서商權擴張視察」 ; 『부산일보』 1929.2.2, 「東海中部線の好
　　績と商圈の一時移動」.

11) 『조선시보』 1928.4.19, 「8項に亘つて促進を當局に要望交通部會方針會議」 ; 『부산
　　일보』 1928.5.20, 「慶東線と東海線」 ; 『부산일보』 1929.8.25, 「東海線と南方」.

12) 『조선시보』 1929.9.26, 「東萊を通過するやう東海岸線の計畫變更」 ; 『중외일보』
　　1929.10.17, 「東海岸線 釜山起工 促進要望件波瀾」 ; 『조선시보』 1929.12.30, 「旱害
　　民救濟のため東海岸線の起工要望懇望」 ; 『매일신보』 1930.2.3, 「東海線起工陳情
　　旱害民을 救濟코자」 ; 『매일신보』 1930.3.5, 「旱害民救濟로 東海線起工陳情」.

때마침 조선총독부는 그간의 식민지 지주제와 1929년 세계대공황의 여파에 의한 빈민의 증가 및 실업의 확산이 식민지 통치 안정화의 저해 요인임을 인식하고 1930년 본국과 협의를 거쳐 '궁민구제토목사업'을 전개하고자 했다.13) 하지만 한재민의 구제는 이 사업에 포함되지 못했다.14) 그러자 남부선 연선의 부산부와 동래군, 울산군, 경주군 등 1부 3군은 다시 이전의 기성회를 이어 연합회를 결성하고 대대적인 남부선기공촉진운동에 뛰어들었다. 연합회는 대표단을 꾸려 경성의 정무총감을 방문 진정하는 한편, '궁민구제토목사업' 예산 관계로 일본에 갔다 귀임하는 총독을 직접 만나 장시간 진정했다.15)

그간 꿈쩍도 않던 총독부는 지역 사회의 끊임없는 진정과 한해민의 심각한 상황에 '자극'받아 결국 노선 측량에 들어가는 한편, 부산진 해운대 간 18㎞의 건설을 결정했다.16) 이 같은 총독부의 부산 방면 기공 결정에 호응이라도 하듯 연합회는 솔선하여 부지매수의 편의를 제공하기 위해 지주들을 설득하여 일사천리로 기공이 진행될 수 있도록 했다. 또한 1930년 7월 13일 '동해선남부기공축하회'를 대대적으로 열고 부산 측 기공의 첫 삽을 동래고보 앞 동래역 부지에서 뜰 수 있도록 했다.17)

13) 궁민구제토목사업에 대해서는 고태우, 「1930년대 조선총독부의 궁민구제토목사업과 지역개발」, 『역사와 현실』 86, 2012 참조.

14) 『매일신보』 1930.3.6, 「藏相의 工事救濟反對로 總督主張應援을 決議」 ; 『부산일보』 1930.7.13, 「釜山鎭海雲臺間鐵道 明年六月迄에는 營業開始」.

15) 『매일신보』 1930.3.14, 「東海岸線速成을 一府三郡聯合運動」 ; 『매일신보』 1930.3.18, 「東海線釜山 起工을 陳情」 ; 『대구일보』 1930.3.26, 「齋藤總督을迎ヘ 東海線起工陳情」.

16) 『매일신보』 1930.4.24, 「關係府郡의 要望結果 東海岸線을 測量」 ; 『매일신보』 1930.5.10, 「東海南部線의釜山鎭海雲間起工」 ; 『중외일보』 1930.5.16, 「災民救濟로東海岸線起工」.

17) 『大阪每日新聞(朝鮮版)』 1930.6.10, 「釜山から慶州へ海雲台蔚山間의延長線開通後

[그림 2] 동해남부선 좌천 울산 간 약도

출전 : 조선철도협회지 15-1(1936)

십수 년간 이루어진 부산을 중심으로 하는 연선 지역민들의 끊임없는 요구에 의해 남부선 기공은 1930년 7월부터 진행되었다. 하지만 이것도 본국의 긴축 재정으로 토공만을 끝으로 반년 만에 다시 중지하기에 이르렀다. 당연히 남부선 연선 지역은 단독 또는 연합회를 통해 공사의 재개

慶東線と連絡」;『매일신보』1930.6.12,「東海線鐵道用地 地主가 全部承諾」;『부산일보』1930.7.14,「東海線南部起工鍬入式」;『부산일보』1930.7.14,「東海線南端起工祝賀會」.

와 촉진을 사방에 진정했고, 1932년 궁민구제토목사업의 일환으로 일부
예산이 편성되어 공사에 재차 들어갔다.[18]

그런데 조선총독과 철도국장의 교체, 그리고 '만주사변'과 만주국 탄생
은 철도정책 차체를 일변시켰다. 신임 宇垣一成 총독을 중심으로 하는 총
독부의 새로운 철도정책은 시종일관 '主內從鮮'의 '北線中心主義'로 바뀌
었다. 그 결과 동해선 전 노선은 '북선 개발'에 밀려 철저히 희생될 처지에
놓였다.[19] 그렇게 되자 아직 미개통선에 속하는 양양부터 부산까지 연선
20개 도읍의 대표들은 1933년 '동해선철도기성회'를 부산상업회의소를 중
심으로 조직하고 동해선의 건설촉진을 지속적으로 전개했다.[20] 이러한 운
동으로 말미암아 애초 1934년까지 완공될 예정이었던 부산 포항 간 동해
남부선이 부분적이지만 1934년 7월 해운대, 동 12월 좌천, 1935년 12월 울
산, 1936년 12월 경주까지 개통될 수 있었다.[21]

그런데 또 다른 경쟁선 건설이 동해남부선의 발목을 잡았다. 중일전쟁

---

18) 『조선시보』 1931.2.1, 「東海岸線敷設工事 海雲臺開通は一時中止」 ; 『동아일보』
1931.5.30, 「東海岸線鐵道工事促進運動」 ; 『부산일보』 1932.2.26, 「東海岸鐵道開
通促進を宇垣總督に陳情」 ; 『부산일보』 1932.5.29, 「釜山蔚山間鐵道建設工事促進
に…關する陳情書」 ; 『부산일보』 1932.7.19, 「釜山蔚山間鐵道建設促進を陳情」 ;
『조선시보』 1932.8.27, 「機張南倉間鐵道敷設決定す」.

19) 『매일신보』 1932.7.10, 「北鮮開發과 朝鮮의 新生命線」 ; 『부산일보』 1932.10.21,
「東海線打切り北鮮鐵道促進 新鐵道局長斷行の模樣」 ; 『매일신보』 1933.9.17, 「北
鮮開發에 犧牲되여 東海岸線遲延」 ; 『부산일보』 1934.1.12, 「〈言論〉 鐵道交通 釜
山商圈と東海岸一帶」.

20) 『조선시보』 1933.11.23, 「東海岸線促進諸都邑聯合期成會釜山商議を中心に組織」.

21) 朝鮮總督府鐵道局, 『朝鮮鐵道一斑』, 朝鮮鐵道協會, 1937, 43~44·47쪽 ; 『조선총독
부관보』 1934.7.10(제2249), 「朝鮮總督府告示 第357號」 ; 『조선총독부관보』 1934.
12.12(제2377호), 「朝鮮總督府告示 第119號」 ; 『조선총독부관보』 1935.12.4(제2668호),
「朝鮮總督府告示 第707號」 ; 『조선총독부관보』 1936.11.18(제2955호), 「朝鮮總督府
告示 第640號」.

을 전후하여 한반도 철도는 군대와 군수물자의 신속한 이동을 위한 대륙
병참선의 기능이 강화되기 시작했다. 따라서 조선총독부는 1936년부터 경
인선과 경부선의 복선화 공사에 착수하는 한편 '제3의 종관철도'인 경부선
과 동해선 가운데를 종단하는 '중앙선' 철도공사를 계획하고 실현에 들어
갔다. 경성의 청량리역에서 양평, 원주, 제천, 영주, 안동을 거쳐 영천에서
동해중부선과 접속하여 다시 경주로 이어지는 노선이 1936년 5월 확정되
고 그해 11월부터 바로 공사에 들어갔다.[22] 그 결과 동해남부선은 다시
후순위가 될 수밖에 없었다. 특히 동해중부선의 광궤 개축에 의해 경주에
서 포항을 거쳐 다시 북상할 수 있는 기반을 가지고 있었음에도 불구하고
'중앙선'에 포함된 대구-영천-경주 간의 광궤 개축에 밀렸다.

동해선 연선 지역은 또 다시 철도 건설 촉진운동에 뛰어들었다. 1939년
대구 영천 간과 영천 경주 간의 광궤 공사가 완료되었다. 부산상공회의소
중심의 연선 11개 도읍을 포함하는 '동해선기성회'는 그간 만주사변과 만
주국 건설에 따른 북선 개발과 중일전쟁에 따른 중앙선 개발에 희생되어
지연에 지연을 거듭하는 동해선의 개통을 촉진하는 진정운동을 다시 전
개했다. 더불어 경주와 포항지역은 경북 지역의 대한해에 따른 한해구제
책으로 경주 포항 간 광궤 개축을 요청하고 실현 운동에 들어갔다.[23] 그
결과 1939년 11월부터 광궤 개축에 들어갈 수 있었다. 하지만 전쟁의 장기
화와 물자 부족은 이후 노선의 진척을 더디게 했다. 해방을 앞둔 1945년

---

22) 정재정, 「일제 말기 京慶線(서울-경주)의 부설과 운영」, 『서울학연구』 64, 2016.
23) 『부산일보』 1939.3.15, 「東海岸線の開通促進方を陳情す」; 『조선신문』 1939.3.15,
「東海岸線鐵道の全線開通促進運動」; 『부산일보』 1939.6.13, 「東海岸線促進 四代
表陳情」; 『매일신보』 1939.8.1, 「旱害救濟策으로 土木工事를 促進」; 『부산일보』
1939.8.22, 「東海岸線廣軌に改良 旱害救濟に着工促進」; 『동아일보』 1939.9.5, 「旱
害救濟에도 緊急 浦慶間鐵道促進 浦項住民年內起工渴望」.

7월에야 겨우 포항까지 완성될 수 있었다.[24]

2) 노선 결정과 광궤 개축을 둘러싼 지역 간의 경합

동해남부선은 애초 1927년 기공, 1934년 개통될 예정이었다. 그러나 조선총독부의 동해북부선 우선 정책으로 말미암아 뒤늦은 1930년 7월 첫 삽을 떴고, 뒤이은 '북선중심주의' 때문에 1936년 12월 경주까지만 완공되었다. 그리고 '제3의 종관철도'인 경경선(中央線→京慶線)의 개통에 밀려 10년이라는 긴 시간을 지체한 끝에 1945년 7월 포항까지 완료되었다. 1945년 7월 개통된 동해남부선의 정차장명, 소재지, 영업거리 등은 [표 1]과 같다.

[표 1] 동해남부선(부산 포항 간) 현황

정차장	소재지	영업거리	간이역과 개통일
부산진	기설		
서 면	경상남도 동래군 서면 연지리	부산진 서면 간 5.7km	역원무배치 간이역
동 래	동도 동군 동래읍 낙민리	서면 동래 간 4.9km	
수 영	동도 동군 남면 재송리	동래 수영 간 5.4km	역원무배치 간이역
해운대	동도 동군 동면 우리	수영 해운대 간 2.9km	**1934년 7월 15일 개통**
송 정	동도 동군 기장면 송정리	해운대 송정 간 6.5km	역원무배치 간이역
기 장	동도 동군 동면 청강리	송정 기장 간 7.5km	역원배치 간이역
삼 성	동도 동군 일광면 삼성리	기장 삼성 간 3km	역원무배치 간이역
좌 천	동도 동군 장안면 좌천리	삼성 좌천 간 5.3km	**1934년 12월 16일 개통**
월 내	동도 동군 장안면 월내리	좌천 월내 간 3.4km	역원배치 간이역
남 창	동도 울산군 언양면 남창리	월내 남창 간 2.4km	
덕 하	동도 동군 청량면 상남리	남창 덕하 간 9.3km	
울 산	동도 동군 울산읍 학성동	덕하 울산 간 7.7km	**1935년 12월 16일 개통**
병 영	동도 동군 하상면 남외리	울산 병영 간 2.3km	역원배치 간이역

24) 『조선총독부관보』 1945.7.6(제5526호), 「朝鮮總督府告示 第433號」.

호 계	동도 동군 농소면 호계리	병영 호계 간 6.9km	
모 화	경상북도 경주군 외동면 모화리	호계 모화 간 7.2km	역원배치 간이역
입 실	동도 동군 동면 입실리	모화 입실 간 3.8km	
불국사	동도 동군 내동면 구정리	입실 불국사 간 8km	
동 방	동도 동군 동면 동방리	불국사 동방 간 4.6km	역원배치 간이역
경 주	동도 동군 경주읍 황오리	동방 경주 간 6.5km	**1936년 12월 1일 개통**
나 원	동도 동군 견곡면 나원리	경주 나원 간 5.1km	역원배치 간이역
사 방	동도 동군 강서면 사방리	나원 사방 간 6.4km	역원배치 간이역
안 강	동도 동군 강서면 안강리	사방 안강 간 5.8km	
부 조	동도 동군 강동면 유금리	안강 부조 간 5.8km	역원배치 간이역
포 항	동도 영일군 포항읍 영일만	부조 포항 간 10.4km	**1945년 7월 10일 개통**

출전 : 『조선총독부관보』 해당 연월일 고시 참조.
비고 : 부산진 울산 간은 신설, 울산 포항 간은 기설 중부선의 광궤 개축 후 남부선으로 개통.

동해남부선은 [표 1]과 같이 24개 구간에 25개의 역(간이역을 포함)이 개설된 총 연장 137km의 경상남북도 동해안 연안을 연결하는 철도였다. 애초 '제2의 종관철도'이며 유럽과 아시아를 잇는 국제선('歐亞連絡線')으로서의 역할까지 부여받았던 철도였지만 남북을 연결하는 미개통선이 전체의 51%를 상회할 정도로 불완전한 철도였다. 따라서 동해남부선은 북부선과 분리된 채 지역 철도로의 제한적 역할에 머물 수밖에 없었다. 그렇기에 조선총독부와 지역 간의 관계뿐만 아니라 지역과 지역 간의 관계에서 이 철도가 지닌 의미를 확인해볼 필요가 있다. 특히 부산진 해운대 간 노선 확정과 울산 포항 간 광궤 개축은 지역 간 경합의 양상이 두드려져 지역 철도로서의 성격과 의미를 한층 잘 보여준다고 할 수 있다.

먼저 부산 울산 간 신설 노선 중 부산진 해운대 간을 보면, 해운대는 온천과 해수욕이 가능한 천혜의 공간으로 일찍부터 부산의 일본인들이 휴양지로 여기며 개발과 향유에 나서는 한편, 부산부로 포섭하고자 노력한

동래군의 대표적인 전원휴양지였다. 따라서 부산진 해운대 간 노선 확정
은 부산부의 도시화와 긴밀한 관계를 지녔다. 반면 해운대를 포함하고 있
던 동래는 전통적으로 이 지역의 중심지였지만 개항 이래 일본인 중심의
부산부에 밀려 발전이 더뎠다. 이를 만회하기 위한 교통시설의 확충 등은
조선인 중심의 독자적인 도시화를 위해 아주 중요한 요건이었다. 따라서
동래면민들은 일찍부터 교통망 확충에 나섰고 이 지역을 지나는 철도 유
치에도 적극적이었다.[25]

[그림 3] 해운대 공설욕장

[그림 4] 해운대해수욕장

출전 : 부산박물관

출전 : 부산박물관

'조선철도12년계획'에 의해 동해선 건설이 계획되고 뒤늦게 부산 방면
의 착공이 결정되자, 철도국은 부산 울산 간 신설 노선의 실지 측량에 들
어갔다. 이때 3방면의 노선 측량이 이루어졌다. 제1선은 부산에서 동래온
천장을 경유하여 울산가도를 거쳐 울산에 도착하는 선, 제2선은 부산에서
해운대를 거쳐 해안선을 따라 울산에 도착하는 선, 제3선은 1, 2선을 절충
하여 부산에서 동래읍내, 해운대를 거쳐 울산에 도착하는 선이었다.[26] 제1

---

25) 1부 1장과 2부 1장 참조.
26) 『매일신보』 1930.4.24, 「關係府郡의 要望結果 東海岸線을 測量」.

선은 부산지역 일본인들이 전원휴양지인 동래온천 교통의 편의를 위해
만든 경편철도(이후 전철 개선)의 연장으로 일찍부터 주장된 선로였다.
하지만 이미 2등 도로 등 陸運이 존재했고 '산간벽지의 소도읍을 연결하
는 것이며 연선 경지도 적었기' 때문에 지역 개발의 의미로 볼 때 그다지
매력은 없었다.[27] 오히려 신흥 휴양지이며 개발의 가능성이 훨씬 큰 해운
대를 거쳐 농산물과 해산물이 풍부한 해안 지역을 관통하여 울산에 이르
는 것이 철도국으로서나 부산지역민으로서나 유리했다.[28] 결국 부산 해
운대 간이 결정되었다.

[그림 5] 동해남부선 부산 해운대 간 경쟁노선

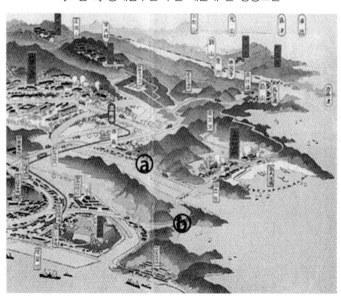

---

27) 朝鮮總督府內務局, 『朝鮮の道路』, 1928, 5~6쪽.
28) 大平鐵畊, 앞의 책, 73쪽.

이제 부산에서 해운대 간 세부 노선의 결정이 남았다. 철도국은 이 또한 3선로를 긋고 저울질하고 있었다. 즉, 동래읍내와 좌수영 경유 노선 및 부산 해운대 간 직통 노선을 두고 고민하고 있었다. 제1선인 동래읍내 경유 노선([그림 5] ⓐ)은 선로 연장 13.5km, 교량 연장 250m, 공사비용 108만 6천여 원이 예상되었다. 제2선인 좌수영 경유 노선([그림 5] ⓑ)은 선로 연장 9.5km, 교량 연장 200m, 공사비용 78만 1천여 원이었다. 제3선인 직통 노선은 선로 연장 10km, 교량 연장 235m, 공사비용 83만 9천여 원이었다. 공사 예산으로만 보면, 제2선인 좌수영 경유 노선이 가장 유망했다. 개통 이후 경제 가치로 보면, 도회지가 있는 제1선인 동래읍내 경유 노선도 충분히 채산성이 있었다. 연선 물자상황을 볼 때 3선 모두 큰 차이는 없었지만 정차장 설치에서는 서면을 거쳐 수영강변을 따라 해운대로 직행하는 제3선은 선착장이 없고 대부분 해안선이기 때문에 제외될 수밖에 없었다.[29]

이와 같은 소식이 전해지자 제1선과 제2선의 중심지인 동래군 남면(좌수영)과 동래면은 노선과 철도역 유치를 위한 진정운동에 들어갔다. 남면의 경우 좌수영 해체 이후 농촌부에 속하면서 변화의 가능성이 거의 없었기 때문에 도회지로의 변화를 염원하며 이 선로와 정차장 설치가 이루어질 것을 기대했다. 하지만 인구면이나 경제면에서 동래면에 미치지 못했고 진정운동에서도 제한적일 수밖에 없었다. [표 2]는 동래면과 남면의 인구와 경제상황을 비교한 것이다.

---

29) 『부산일보』 1927.12.4, 「東海岸線釜山,海雲臺間豫定三線路」.

[표 2] 동래면과 남면의 인구 및 경제상황

	인구	호수	일본인 호수	경지 면적(反)	內畓	수확고 米(石)	麥
동래면	15,967	3,274	176	17,939	12,891	13,868	3,133
남 면	6,400	1,259	43	9,756	6,756	6,311	222

출전 : 『동아일보』 1926.9.17, 「東海岸鐵道線路 東萊通過가 當然」

　동래면민은 즉시 '근 2만 동래면민의 사활문제'라며 인구, 산업, 교통, 인접 지역과의 관계, 관청 및 각종 시설의 비교를 통해 동래읍내 경유의 유리한 점과 필요성을 강력히 관계 당국에 진정했다. 그리고 동래면민들은 '동해안선로동래통과기성회'를 조직하고 3년 계속운동에 필요한 경비로 호별세 20등급 이상의 분담을 통해 진정운동을 전개했다. 동래 기성회는 '年年延日' 면민대회를 개최하는 한편, 면민들을 대표하여 관계 당국에 진정한 결과 동래읍내를 거쳐 해운대로 가는 제1선이 확정되어 1930년 7월 첫 삽을 동래역 부지에서 떴다.[30] 이후 동래면민들은 다시 결정된 노선의 빠른 기공을 주장하며 1932년 동래를 방문한 宇垣 총독에게 직접 청원하는 활동을 전개하여 1934년 동래 경유 노선의 완성과 함께 동래역사의 설치를 보았다.[31] 이는 지역 간 경합을 통해 지역의 이해가 관철된다고 해도 결국, 철도 경제라는 '자본의 이해'가 우선이었다고 할 수 있다.

　부산 울산 간 신설 노선이 완성될 즈음, 동해중부선의 광궤 개축 문제는 이 지역의 중심 화두였다. 동해북부선 기공에 이어 1928년 7월 1일 기

---

30) 『동아일보』 1927.11.20, 「東海岸線鐵道 東萊面經由運動」 ; 『중외일보』 1927.11.29, 「東海岸線問題의第一回面民大會」 ; 『매일신보』 1930.5.10, 「東海南部線의 釜山鎭海雲間起工」 ; 『부산일보』 1930.7.14, 「東海線南部起工鍬入式」.

31) 『동아일보』 1932.2.22, 「東萊溫泉問題와 東海岸鐵道開通」 ; 『동아일보』 1934.7.2, 「列車開通된 東萊驛과 同祝賀會」.

존의 사설철도 경동선이 동해중부선으로 매수되어 운영에 들어갔다.[32]
중부선과 연결할 남부선은 아직 기공되지 못했기 때문에 협궤인 채로 영
업에 들어갔다. 국철로 개편되면서 운임이 인하되어 그간 2등 도로와 연
안 항로를 통해 부산 상권하에 있던 울산, 경주, 포항은 빠르게 대구 상권
으로 포섭되어 갔다. 이에 대구지역 자본가들은 대구 상권의 확장을 위해
조사에 들어가는 등 부산과 상권 경쟁에 뛰어 들었다.[33]

[그림 6] 동해중부선 노선

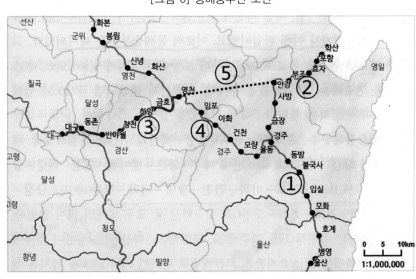

출전 : 김종혁, 『일제시기 한국 철도망의 확산과 지역구조의 변동』, 도서출판 선인, 2017, 169쪽
(점선과 번호는 필자).

---

32) 「國有鐵道東海中部線の營業開始」, 『조선』 제159호, 1928년 8월 ; 朝鮮總督府鐵道
局, 『朝鮮鐵道ノ事業槪要』, 1938, 76쪽.
33) 『부산일보』 1932.5.19, 「商權擴張で大丘浦項の握手卸商組合の努力奏功 東海中部
線を利用す」.

　부산지역 자본가들도 일시 빼앗긴 상권 회복과 함께 경상도는 물론 강원도로 상권 확장을 위한 남부선 개통에 모든 노력을 경주하는 한편, 울산 방면으로의 신설 공사와 함께 울산 포항 간 동해중부선 광궤 개축의 필요성을 강조하기 시작했다.34) 남부선 건설이 진행되면서 광궤 개축의 분위기가 무르익자 철도국은 울산까지 완공을 눈앞에 둔 시점에서 동해중부선 광궤 개축 3개년 계획을 확정했다. 이 계획에 따르면 부산지역민의 바람대로 1기선은 울산－경주([그림 6] ①), 2기선은 경주－포항([그림 6] ②), 3기선은 경주－대구([그림 6] ③, ④)이었다.35)

　중부선 광궤 개축이 울산 경주 간부터 우선 진행될 예정이라는 소식이 전해지자, 포항과 대구는 제휴하여 대구 포항 간 선로의 광궤 개축도 동시에 진행되도록 조선총독부, 철도국 등에 진정하는 한편, 기성회를 조직하고 촉진운동을 전개했다.36) 뒤이어 영천, 안강지역까지 포함하여 울산 포항 간 노선에 대항하는 대구 포항 간 노선을 단축하는 방안을 강구해 그 실현운동에 들어갔다. 이는 기존의 대구 포항 간이 대구에서 영천, 경주, 안강을 거쳐 포항에 이르는 총 연장 105.4km 노선이었다면 대항선은

34) 『조선시보』 1932.9.13, 「〈社說〉釜蔚間鐵道敷設」 ; 『조선시보』 1933.12.11, 「〈社說〉建主改從主義へ」 ; 『大阪朝日新聞(朝鮮版)』 1934.1.21, 「道路,架橋の完成と東海岸線の開通釜山商圈伸展の要件」 ; 『조선시보』 1934.7.15, 「〈社說〉蔚山に延長せよ經濟價値を高める東海岸線一部開通」.

35) 『매일신보』 1933.2.26, 「東海中部線と 經濟的施工計劃」 ; 『부산일보』 1934.8.4, 「トロツコと親類のお粗末な鐵道東海中部線を廣軌へ」 ; 『부산일보』 1935.2.22, 「〈言論〉東海岸線の使命, 南部線の延長と中部線廣軌改良」.

36) 『부산일보』 1933.5.10, 「東海中部線廣軌促進」 ; 『부산일보』 1933.5.14, 「東海中部線廣軌改築を陳情」 ; 『조선민보』 1934.1.15, 「大邱の諸問題を語る座談會(四)東海中部線の廣軌將來は絶對的必要」 ; 『매일신보』 1934.7.25, 「東海中部線 廣軌改造要望浦港市民決議」 ; 『부산일보』 1934.8.27, 「東海中部線廣軌改修期成會」 ; 『매일신보』 1934.8.31, 「東海中部線廣軌改修 大邱期成會組織」.

[그림 6]의 점선 ⑤와 같이 영천과 안강을 직접 연결하여 포항에 이르는
총 연장 75km의 단축 노선으로 영천 경주 간([그림 6] ④)을 제외하여 부산
상권의 북상을 막는 노선이었다. 대구, 포항지역의 대구 포항 간 광궤 개
축과 대항선 신설 운동은 곧바로 경주 측의 반발과 경주와 부산의 연합에
의한 지역 간 대결로 이어졌다. 부산과 경주는 동해남부선은 동해선의 중
심 간선이고 동해중부선은 지선에 지나지 않기 때문에 간선 개통이 우선
되어야 한다고 주장하며 운동에 나섰다.[37)]

동해중부선의 광궤 개축은 원래 계획대로 1기선인 울산 경주 간 노선이
1935년 6월 20일부터 공사에 착수하여 8월 24일 울산공원 아래에서 기공
식을 거행했다.[38)] 1기선의 광궤 개축 공사가 진행되는 동안, 대구 포항 간
의 2, 3기선 개축 공사가 연기된다는 소식이 지역 사회에 다시 전해졌다.
대구와 포항 지역은 재차 2, 3기선의 광궤 개량이 계획대로 진행될 수 있
도록 진정운동을 전개했다. 특히, 1기선인 울산 경주 간의 완성 후 곧바로
2기선인 경주 포항 간 광궤 개축만 이루어진다면 중부선은 일본어 발음
(ちゅうぶうせん)처럼 반신불수의 '中風線' 또는 '瓢簞線'이 되어 대구로서
는 '경제적 파멸'로 '폐허'가 될 수밖에 없었다.[39)] 중부선 광궤 개축을 둘러
싸고 남부선의 부산과 중부선의 대구는 상권 확장과 수성을 위해 치열하
게 경합하는 것은 필연이었다.[40)]

---

37) 『매일신보』 1934.9.4., 「東海中部線廣軌改修慶州期成會組織」 ; 『조선시보』 1935.2.21,
　　「東海中部線の一部變更に反對」 ; 『부산일보』 1935.2.26, 「慶州を除外」.

38) 『부산일보』 1935.6.8, 「東海中部線廣軌に改良」 ; 『부산일보』 1935.8.21, 「東海中部
　　線廣軌改良第一期工事着手」.

39) 『부산일보』 1935.7.30, 「東海中部線の廣軌改良復活, 大邱, 浦項兩地が提携 代表者本
　　府に陳情」 ; 『부산일보』 1935.8.16, 「"中風線"の治療に名醫の打診に行く」 ; 『조선
　　민보』 1935.10.25・26, 「東海中部線の危機, 一部の狹軌放置は沿線都市破滅の基因,
　　東海中部線廣軌促進期成會(上・下)」.

그러나 동해중부선의 광궤 개축은 단순한 지역 간의 문제만은 아니었다. 1936년 조선총독부는 중일전쟁을 대비한 경부선의 복선화와 경부선의 보조선이며 '제3의 종관철도'인 중앙선 건설 계획을 수립했다. 중앙선의 설치는 자원 개발과 특히 경부선의 수송을 완화 조절하는 대륙병참선의 역할을 맡아야했기에 청량리에서 영천까지의 신설과 함께 영천 대구 간([그림 6] ③) 및 영천 경주 간([그림 6] ②) 광궤 개축을 통한 경부선 및 동해남부선과 연결이 우선되었다.[41] 따라서 이후 동해중부선 광궤 개축은 애초 2기선인 경주 포항 간이 제일 뒤로 미뤄지고 대구 영천 간이 1936년 9월 공사에 들어가 1938년 7월 1일 개통되는 한편, 영천 경주 간이 1937년 7월부터 공사에 들어가 1939년 6월 1일 개통했다.[42] 그리고 경주 포항 간 광궤 개축은 1939년 11월 개축 공사에 들어가 전쟁의 장기화로 인해 더디게 진행되다 1945년 7월에서야 완료되었다.[43] 결국 '지역의 이해'보다는 '제국의 이해'가 우선되었던 것이다.[44]

이상과 같이 동해남부선 개통은 최초 조선총독부의 입장과 달리 연선 지역민의 적극적인 진정운동을 통해 이루어진 점도 분명했다. '사이비 대의'만을 허락한 식민지에서 한층 더 제한적일 수밖에 없지만 '지역정치'는

---

40) 『조선시보』 1935.12.21, 「〈社說〉釜山,大邱の抗爭」.

41) 『매일신보』 1936.4.22, 「各方面의 注目잇그는 朝鮮中央線의 內容」 ; 『매일신보』 1942.4.2, 「中央線의 完全開通 交通史上一新紀元」.

42) 朝鮮總督府鐵道局, 『朝鮮鐵道ノ事業槪要』, 1938, 40쪽 ; 朝鮮總督府鐵道局, 『朝鮮 鐵道ノ事業槪要』, 1939, 41쪽 ; 財團法人 鮮交會, 『朝鮮交通史』, 1986, 314쪽.

43) 『조선총독부관보』 1945.7.6(제5526호), 「朝鮮總督府告示 第433號」.

44) 대구의 경우 광궤 개축은 이루어졌지만 애초 중앙선의 종점으로 희망했던 대구가 제외되면서 경경선 연선 지역들과 경쟁하는 한편, 포항 간의 광궤 개축도 이루어지지 않아 동해남부선의 부산과의 경쟁에서 여전히 밀리면서 대구의 상권은 타격을 입을 수밖에 없었다(정태헌, 앞의 책, 173쪽 ; 정재정, 앞의 논문, 225~226쪽).

연합회, 기성회 등의 임시 기구와 지역 일본인들에 의해 '지역 개발'과 관련된 장에서나마 부분적으로 작동했다. 그리고 크고 작은 지역 간의 경합을 통해 일부 지역 변화의 기틀을 닦았으며 일부의 지역은 쇠락의 길에 접어들 수밖에 없었다.

하지만 조선총독부와 이루어진 '지역정치'가 일부 수용된다고 해도 '수평적인 경합'이 아니라 '수직적인 협조'에 토대를 두었다. 언제나 '제국의 이해' 앞에서 희생될 처지에 있었다. 뿐만 아니라 식민 통치에 '지역의 이해'가 제한적이나마 관철되더라도 이 또한 지역민의 희생 즉, 경쟁에 따른 다른 지역의 희생은 물론이고 이해가 관철된 지역도 철도 건설과 관련해서는 토지와 인력의 희생을 담보로 협력해야지만 제한적이나마 실현가능한 것이었다. 더군다나 이때 희생을 감수한 지역민은 대부분 조선인들이었다.

즉, 동해남부선 건설 부지의 수용과 관련해 '지역 개발'을 위해 적극적으로 동참했던 조선인 지주들은 실제 수용과 관련해 적절한 대가를 받지 못하는 경우가 비일비재했다. 그 해결을 위한 협상 과정에서도 묵살당하고 토지수용령에 의해 강제 수용당했다.[45] 또한 한해구제와 궁민구제라는 명목으로 공사에 동원된 조선인들은 평균 임금 70전에도 못 미치는 40전 수준의 대우만을 받으며 열악한 공사장에서 일해야 했다.[46] 이것도 일제 말기가 되면 아예 '근로봉사', '근로보국'의 기치 아래 강제 노력 동원에 내밀렸다.[47]

---

45)『부산일보』1930.11.18,「東海南部線の線路敷地で地主間に物議起る」;『동아일보』1931.11.24,「鐵道敷地의 代價不公平」;『부산일보』1932.10.12,「東海線工事に土地收用令適用」.

46)『부산일보』1932.11.25,「東萊の東海岸線鐵道工事活氣つく」;『동아일보』1932.12.4,「勞賃적다고 對策講究會合」.

2. 철도 운영의 식민지적 역할과 의미

동해선은 함경선과 접속하여 만주와 결합할 수 있는 동부 간선의 한반도 '제2의 종관철도'로서 '국경방어'와 '구아연락'의 역할을 부여받는 한편, 동해안 연선의 자원 개발과 금강산 탐승 및 동해안 여객 수송에 사명을 띤 철도로 계획되었다. 그런데 앞에서도 살펴본 것처럼 동해선은 동부 간선 '종관철도'라는 대의에는 공감하면서도 지역 '개발'에서 조선총독부와 지역, 지역과 지역 간의 이해는 달랐다. 따라서 이들 이해의 충돌과 경합, 그리고 협력과 연대에 의해 동해북부선, 동해중부선, 동해남부선으로 분리되어 각각 건설 및 개량되었다. 더군다나 중부선과 남부선은 해방을 눈앞에 둔 상태에서 겨우 결합되었고 동해북부선은 양양까지만 건설됨으로써 양양 포항 간은 미성선인 채 해방을 맞았다. 결국 동해선 3선은 일제시기 내내 간선의 역할을 하지 못하고 지역 철도에 머물렀다.

그런데 동해남부선은 조선총독부 철도국이 건설 운영하는 국철이기도 했다. 그렇기에 철도의 역할은 복합적이었다. 가장 중요한 역할은 역시 철도의 경제('제국의 이해')와 지역의 '개발'('지역의 이해')이었다. 철도 운영의 주체인 조선총독부의 입장에서 이 철도는 '제국의 이해'에 따라 연선 지역의 자원을 식민지 조선 최대의 수이출항인 부산으로 수송하는 화물열차일 뿐만 아니라 '동래해운대의 遊樂鄕, 울산의 古戰場, 경주의 大古跡'을 관광할 수 있는 '관광식민주의'의 '유람철도'였다.[48]

반면 철도 이용의 주체인 지역의 입장에서 이 철도는 일본인 중심의 부

---

47) 『동아일보』 1940.6.26, 「慶州各工事場에 勞動者가 大不足」 ; 『매일신보』 1941.3.12, 「京慶,東海線建設, 愛國班奉仕로 努力不足을 補充」.

48) 『부산일보』 1930.7.13, 「東海線南部起工を祝す」.

산 상권 확장과 연선의 전통적인 거점 지역인 동래, 울산, 경주, 포항 등의 경제적 발전 그리고 연선 지역의 교통 편의와 개발에 필요한 지역 철도였다. 그렇다면 실제 동해남부선이 이와 같은 기대에 부응했는지 확인해볼 필요가 있다. 이를 통해 동해남부선의 식민지적 역할과 의미가 보다 구체적으로 드러날 수 있을 것이다. 아래에서는 동해남부선의 여객 및 화물 운송 상황을 통해 그 역할과 의미를 구체적으로 확인해 보자.

동해남부선의 여객 및 화물 수송 상황을 보여주는 자료로 조선총독부 통계자료와 철도국 연보가 남아 있어 그 실태를 어느 정도 확인할 수 있다. 다만 이 자료는 1937년 중일전쟁 이후 전쟁으로 치닫는 상황 속에서 1940년까지 밖에 생산되지 못해 특히 경주 포항 간 운영 실태에 대해서는 확인할 수가 없다. 따라서 경주까지의 운영 상황을 통해 그 실태를 부분적으로나마 파악할 수밖에 없다. [부표]는 동해남부선의 1938년 경주까지의 각역 여객 및 화물 운송현황이다. 이를 간략하게 종합한 연도별 통계는 [표 3]이다.

[표 3] 동해남부선 운수일람표

연도	여객(人)		화물(噸)		발송취급수입(圓)		
	승차	하차	발송	도착	여객수입	화물수입	합계
1934	152,464	151,815	14,619	17,886	25,935.04	10,339.09	36,275.13
1936	726,763 (437)	724,763	55,999	71,011	305,288.14	89,734.88	395,023.02
1937	680,418 (578)	682,635	34,165	30,567	305,258.43	30,197.75	395,456.18
1938	937,328 (119)	950,439	53,098	43,748	438,769.49	142,379.47	581,148.96
1939	1,667,499	1,683,612	60,895	53,053	852,935.00	176,804.00	1,029,739.00
1940	1,237,136	1,222,563	56,491	39,780	683,341.00	167,530.00	850871.00

출전 : 朝鮮總督府鐵道局, 『朝鮮總督府鐵道局年報』, 1934~1938 : 朝鮮總督府, 『朝鮮總督府統計年報』, 1939~1940.
비고 : 1. 1934년은 서면 좌천 간 8개역, 1936~1938년 서면 경주 간 19개역.
     2. ( ) 안은 2등 승차 인원임.

[부표]와 [표 3]은 동해남부선이 처음 개통을 시작한 1934년부터 1936년 경주까지 개통된 이후 1938년까지의 운수일람표이다. 1940년대 통계를 확인하지 못하는 한계를 지니고 있지만 경주 포항 간이 1945년 7월에 개통되기 때문에 실질적인 동해남부선의 운영 상황을 보여주는 것임으로 이를 통해 동해남부선의 여객량과 화물량 추이를 확인할 수 있다. 그런데 이 통계는 동해남부선의 발착역인 부산진역의 상황을 제외한 통계 수치이다. 부산진역은 기존의 경부선역이기에 동해남부선 통계에서 빠져 경부선역의 통계에서 확인할 수 있다. 문제는 경부선역인 동시에 동해남부선의 종단역이 되는 1934년부터 경부선과 동해남부선으로부터 들어오는 화객을 통합하여 집계했기 때문에 동해남부선만의 통계를 확인하기는 어렵다. 다만 경부선역일 때의 1933년 통계와 동해남부선이 개통된 이후 경주까지 개통된 부분을 포함하는 1937년 통계를 비교해 그 증가폭을 토대로 동해남부선에서 유입된 화객의 대강을 유추해볼 수 있다. 당연하겠지만 이 증가폭은 동해남부선만의 몫은 아니기에 그 대략을 유추하는 수준에 그친다. 아래 [표 4]는 부산진역의 운수일람표이다.

[표 4] 부산진역 운수일람표

연도	여객(人)		화물(噸)		발송취급수입(圓)		
	승차	하차	발송	도착	여객수입	화물수입	합계
1933	91808(428)	93584	15345	64396	80963.57	149067.14	230030.71
1937	150675(384)	144773	59483	147391	129266.55	407540.27	536806.82

출전 : 朝鮮總督府鐵道局, 『朝鮮總督府鐵道局年報』(1933, 1937).
비고 : ( ) 안은 2등 승차 인원임.

[표 4]를 통해 볼 때, 동해남부선 개통 이후 부산진에 발착되는 여객과 화물량은 여객에서 승차 인원 약 60%, 하차 인원 약 65% 증가되었으며,

화물에서 도착 화물은 약 130%, 발송 화물은 약 300% 증가를 보일 정도로 여객량과 화물량이 모두 늘어났다. 특히 화물량의 증가는 괄목한데, 이는 수입면에서 더욱 두드러진다. 동해남부선 개통 이후 화물에 의한 수입이 그 전의 65%에서 75%로 10%나 늘어나 부산진역은 화물역이라고 해도 과언이 아닐 정도로 변했다. 특히 화물 중 발송 화물의 증가율은 도착 화물의 증가율을 훨씬 상회한다. 다만 증가율과 달리 수량과 수입은 여전히 도착 화물이 압도적이다. 이와 같은 증가는 이전까지 국철 노선 중 30위권에 머물던 것(1933년 34위)이 동해남부선의 화객 흡입으로 일약 20위권(1937년 25위)으로 도약했으며 초량역까지 추월했다.[49] 전체적으로 볼 때 여객보다 화물수입이 높은 부산진역의 상황은 동해남부선이 일단 화물량에서 '제국의 이해'에 복무하는 연선 지역의 자원을 흡입하는 창구였음을 알 수 있다. 그런데 발송 화물의 증가율을 통해 볼 때, 일본인 중심의 부산 상권이 점차 확장하고 있음도 어느 정도 간파할 수 있다.

다시 [부표]와 [표 3]을 통해 부산진역을 뺀 동해남부선의 전체적인 모습을 확인해 보자. 화물 중심의 부산진역을 빼고 보면, 동해남부선은 여객과 화물 중 오히려 여객의 수입이 월등히 높았다는 점이 주목된다.[50] 이는 조선 내 철도 노선비교에서도 여객 운수가 높은 순위였음을 알 수 있다. 즉, 1940년 현재 식민지 조선 내 국유철도와 사설철도를 합한 22개 노선 중 단위 거리당 여객 수송량을 통한 비교분석에서 동해남부선은 9위에 위치하고 있다. 그 가운데 여객 수송량이 월등한 경부, 경의 등 종관철도

---

49) 조선총독부철도국, 『朝鮮總督府鐵道局年報』, 1933, 27쪽 ; 조선총독부철도국, 『朝鮮總督府鐵道局年報』, 1937, 37쪽.
50) 부산진역의 1933년 경부선역 당시와 비교해 1937년의 증가분을 모두 동해남부선 화객으로 파악해도 여객이 화물보다 수입 면에서 높다.

를 제외한 국유철도 지선 13개 노선 중에서는 경전선, 광주선, 대구선을
이어 4위에 위치하고 있다. 반면 노선의 단위 거리당 화물 수송량은 전체
17위에 그치고 있다.[51] 이처럼 동해남부선은 여객 중심의 철도였던 것이
다. 더불어 그 여객 인원도 [표 3]에서처럼 점차 증가하고 있는 추세였다.

　동해남부선이 여객 중심의 철도라는 특성은 보다 구체적으로 동해남부
선 연선 주요 역의 승하차 인원을 통해서도 확인된다. 1934년 부분 개통
시기를 제외하고 연간 승하차 각각 100만 명, 합계 200만 명 정도가 동해
남부선 연선 19개 역에 승하차하고 있다. [부표]를 보면, 19개 역 중 가장
많은 인원이 승하차한 역은 경주역이었다. 연간 15만에서 20만으로 점차
증가하는 승하차 인원을 나타내고 있다. 경주를 이어 동래와 울산이 그
뒤를 잇고 있다. 이는 동해남부선 연선지역 중 조선인들이 중심이었던 대
읍이며 일본인들의 진출도 적극적이었던 지역이었기 때문에 교통 편의에
의한 증가로 볼 수 있다. 하지만 인근의 해운대와 불국사의 승하차 인원
이 많았던 것을 종합적으로 고려해 볼 때 동래, 울산, 경주도 역시 제국의
'관광식민주의'에 의해 여객의 수는 상당히 증가했다고 볼 수 있다.

　조선총독부는 동해남부선 개통과 동시에 관광열차로서의 역할에 충실
하고자 했다. 지역 언론도 이에 적극적으로 조력했다. 이들은 부산 경주 간
노선의 위락시설과 자연 풍광, 그리고 과거의 역사유적지에 대한 충실한
안내를 통해 유람과 관광을 부추겼다. 구체적으로 동래역은 동래온천과
범어사, 수영역은 해수욕장과 부산골프장, 해운대역은 온천과 해수욕장
(캠핑장),[52] 송정역은 해수욕장, 기장역은 기장성지,[53] 좌천역은 장안사와

---

51)　朝鮮總督府, 『朝鮮總督府統計年報』, 1940 ; 허우긍, 『일제 강점기의 철도 수송』,
　　서울대학교출판문화원, 2010, 120쪽, 그림Ⅳ-9 참조.
52)　朝鮮總督府鐵道局, 『朝鮮旅行案內記』, 1934, 7~9쪽.

백련암 그리고 정판암, 월내역은 임랑포왜성, 남창역은 대운산 내원암과
서생포왜성, 덕하역은 회야강과 문수암, 그리고 망해사지와 목도(춘도), 울
산역은 장생포 동양포경회사 사업지와 울산왜성,[54] 호계역은 신흥사, 모화
역은 원원사지와 관문성, 입실역은 망부석, 불국사역은 괘릉과 불국사 그
리고 석굴암, 경주역은 신라유적 등을 소개하는 한편, 연계 교통편, 숙박지,
'탐승순서' 등을 자세하게 제시하며 유람·관광객을 유치하도록 했다.[55]

또한 단체관광(학생, 일반)에 대한 상시 운임할인을 비롯해[56] 7, 8월의
국영 해수욕장 설치 및 동해안 해수욕장의 욕객을 위한 운임할인, 봄가을
의 기장역 기장성, 남창역 서생성, 덕하역 목도(춘도) 하이킹코스의 운임할
인을 매년 실시했다.[57] '신라고도의 유람객'과 동해남부선 관광객을 위한
'경쾌객차'까지 운행하며 관광객 유치에 발 벗고 나서 여객의 증대를 도모
했다.[58] 따라서 제국의 영토를 확인하는 '관광식민주의'든 식민지민의 '민
족의 발견'이든 동해남부선은 경상남북도 동부 연선 지역의 지역 간 교통
기관이면서 유람·관광열차의 역할로 식민지시기 자리매김했음을 다시 한
번 확인할 수 있다.

53) 『조선시보』 1934.12.16, 「〈社說〉東海岸線一部竣工 海雲臺,佐川間開通」.
54) 『조선시보』 1935.12.5, 「東海南部線開通 十六日より營業開始 佐川蔚山三十一キロ
   中部線との聯絡もつく」 ; 『조선신문』 1935.12.17, 「(東海南部線) 佐川蔚山間開通
   十六日愈よ開業」.
55) 조선총독부철도국, 『朝鮮旅行案內記』, 200~205 · 208~212쪽.
56) 朝鮮總督府鐵道局, 『鐵道要覽』, 1937, 21~22쪽.
57) 『조선시보』 1934.7.15, 「新驛營業開始」 ; 『동아일보』 1936.6.9, 「山嶽은 젊은 朝鮮
   을 부른다! 내 鄕土의 하이킹코스 巡禮⑦ 釜山近郊篇②」 ; 『동아일보』 1936.6.11,
   「山嶽은 젊은 朝鮮을 부른다! 내 鄕土의 하이킹코스 巡禮⑨ 釜山近郊篇④」 ; 『조
   선시보』 1937.10.6, 「ハイキングの秋 鐵道で割引を開始 養へ健康を郊外で」.
58) 『동아일보』 1938.4.1, 「釜山,慶州間 輕快한 遊覽列車」 ; 『매일신보』 1938.4.1, 「東
   海南部線에 輕快客車 運行 탐승객을 위하야」.

한편 화물과 관련해서는 1930년대까지는 여객수입의 10% 정도에 그쳤
지만 1940년대로 넘어가면 약 30%에 육박함을 알 수 있다. 여전히 여객량
이 많지만 점차 화물 수송량도 증가하고 있음을 알 수 있다. 특히 부산진
역의 화물량까지 포함한다면 화물의 비중도 여객량에 미치지는 못했지만
비슷한 수준에 도달했다고 할 수 있다. 아래 [표 5]는 동해남부선의 1934년
부터 1938년까지 화물수송 중 주요 화물인 미곡류의 수송량 합계를 표시
한 것이다.

[표 5] 동해남부선 주요화물의 발착량

연도		1934	1936	1937	1938
米	발	2468	6568	6025	4837
	착	23	253	438	178
籾	발	38	12549	11399	14185
	착	1514	3484	490	1022
麥類	발		138	664	1166
	착	148	2060	1941	2649
大豆	발		307	145	63
	착	1	105	71	233
粟	발			13	12
	착		1	74	43
雜穀	발		1	17	39
	착	31	54	68	101
甘藷 및 馬鈴薯	발		97	225	92
	착		384	819	506
大根 및 大根薯	발		227	238	546
	착	1	136	147	463
野菜類	발		130	146	34
	착	9	127	155	70
果物類	발	7	343	187	659
	착	5	233	256	211

출전 : 朝鮮總督府鐵道局, 『朝鮮總督府鐵道局年報』, 1934~1938.
비고 : 1934년은 서면 좌천 간 8개 역, 1936~1938년 서면 경주 간 19개 역.

[표 5]를 통해 볼 때 동해남부선을 통해 운송된 주요 발착 화물은 대체적으로 농산물에 집중되어 있다. 그리고 농산물 중 주로 미곡을 중심으로 하는 벼, 쌀, 맥류, 과일 등이었다. 그런데 이들 주요 화물의 발착 관계를 유심히 살펴보면, 가장 많은 미곡류는 주로 발송 화물에 집중되어 있고, 보리 등 잡곡류는 도착 화물에 집중되어 있다.

미곡류의 중심 발송역은 동래군의 동래와 좌천역, 울산군의 남창, 덕하, 울산역, 그리고 경주군의 입실과 경주역으로 남부선 연선의 전통적인 조선인 중심 지역으로 인근 농업지의 미곡을 집하하고 있다. 그런데 이와 같은 동해남부선 연선 역의 미곡류 발송에 반해 도착은 10%도 안 되는 소량에 그쳤다. 하물며 전통적인 중심 지역의 소비는 대단히 제한적인 것으로 보인다. 그렇다면 동해남부선 주요 역에서 발송한 미곡류는 어디로 간 것일까? 이는 앞에서도 확인한 부산진역의 화물 집하량이 동해남부선 개통 이후 급격히 증가했음을 통해 확인되듯이 부산진역으로 집하되었다고 할 수 있다. 특히 당시 부산진역은 벼 집산지로 유명했고 인근에는 도정공장이 많았다.[59] 반면, 보리 등 잡곡류는 연선 역에서 발송된 양보다 도착한 양이 훨씬 더 많다. 더군다나 미곡류의 발송 중심역이었던 동래, 울산, 경주역에는 잡곡류가 다수 도착하고 있다.

이상을 통해 볼 때, 동해남부선의 화물 수송상의 특징을 확인할 수 있다. 즉, 압도적으로 많은 양의 벼를 비롯한 미곡과 과일 등은 동해남부선의 최대 발착역인 부산진역으로 집하되어 대도시 부산에서 일부 소비되

---

59) 당시 부산의 최대 도착 화물은 부산역이 쌀(米), 부산진역이 벼(籾)로 이분화되어 있었다. 이는 도정된 쌀은 바로 부산항을 통해 일본으로 바로 이출되고 벼의 경우 도정공장이 많은 부산진역에 도착했기 때문이었다. 부산역의 쌀 도착량은 전국 수위였으며, 부산진역의 벼 도착량은 1934년 경성, 인천역 다음, 1936년 인천, 경성, 진남포, 동막역 다음이었다.

기도 하고 부산항을 통한 일본 본국 및 경부·경의선을 통한 경성, 평양 등 다른 대도시로 이동했음을 유추해 볼 수 있다. 반면, 보리 등 잡곡류는 연선 역에서 발송한 양보다 더 많은 양이 도착하여 해당 역 인근 지역에서 소비되었다고 추정할 수 있다. 결국 벼를 비롯한 미곡과 과일은 일본인 중심의 대도시 부산과 일본 등으로 대량 이출되었고, 이에 따른 연선 지역의 식량 부족은 보리를 비롯한 잡곡의 이입을 통해 이루어졌음을 확인할 수 있다. 이는 식민지 농촌의 전형적인 궁박 판매가 동해남부선을 통해서도 진행되고 있었음을 보여준다. 따라서 동해남부선의 주요 화물인 농산물의 흐름을 통해 식민지 조선의 소비형태가 도시와 농촌의 위계적 분할구조일 뿐만 아니라 일본인과 조선인의 민족적 위계 관계 속에 있었음을 알 수 있다. 또한 철도를 통한 지역의 '개발과 발전'이라는 것은 사실 조선인 중심 농촌의 희생을 통한 일본인 중심 도시의 발전과 관련된 것으로 이해할 수 있다.

하지만 이상과 같은 동해남부선의 화물 수송도 전체 철도 노선과 비교하면 상당히 미미했다. 그 이유는 1940년대를 확인할 수 없는 자료의 한계일 뿐만 아니라 동해남부선 개통 이후 화물 수송의 성격과도 관련이 있었다. 1940년 현재 노선의 단위 거리당 화물 수송량을 통해 동해남부선의 위치를 확인해 보면, 총 22개 국유철도 및 사설철도 노선 중 17위였다.[60] 앞에서도 언급한 것처럼 여객량에서 9위를 차지한 것과 비교하면 화물 수송량 자체는 여객에 비해 상대적으로 낮았음을 알 수 있다. 그런데 조선총독부 철도국 연보의 화물 수송 현황을 포함하여 동해남부선의 주요 화물 추이를 비교해 보면 상당히 달라진다.

---

60) 조선총독부, 『朝鮮總督府統計年報』, 1940 ; 허우긍, 앞의 책, 121쪽, 그림 Ⅳ-10 참조.

　　관련 자료의 내용을 통해 보면, 동해남부선의 주요 화물은 1위 쌀(21.3%), 2위 비료(9.9%), 3위 기타 농산물(6.7%)이었다. 하지만 동해남부선 화물 수송의 핵심은 기타로 설정된 철도용품의 수송이었다. 그 비중은 무려 30.1%에 이르고 있었다.[61] 이는 철도국 통계가 철도용품을 철도의 수송력에 포함시키지 않았기 때문이지만 실제 동해남부선의 화물 수송은 철도용품이 압도적이었음을 알 수 있다. 이때 철도용품은 철도 건설, 개량, 운영에 필요한 석탄, 갱목, 토사 등이었다.

　　철도용품의 압도적 수송은 당시 진행되고 있던 동해선과 중앙선(이후 경경선) 철도 건설과 개량에 필요한 수송으로 유추할 수 있다. 즉, 1937년부터 진행된 중앙선 연결의 동해중부선 대구 포항 간의 광궤 개축공사 및 1942년까지 이어진 경경선 건설, 그리고 1939년부터 진행된 경주 포항 간 광궤 개축공사와 동해선 건설과 관련된 것으로 보인다.[62] 따라서 동해남부선은 화물의 측면에서 보면, 경상남북도 동해안 연안의 미곡류 등 농산물의 집하를 통한 일본인 중심의 대도시와 일본 본국 이출을 위한 열차였다. 그뿐만 아니라 자원 개발과 대륙병참선의 건설에 필요한 철도용품의 수송을 맡은 식민지형 지역 철도의 전형이었음을 알 수 있다. 결국 동해남부선은 노선과 역사 건설 그리고 여객 수송이라는 측면에서는 지역과 지역민의 능동적인 동향과 어느 정도 밀접한 관계를 맺고 있었지만 '관광 식민주의'와 화물 수송의 측면에서는 지역의 종속과 희생을 토대로 한 '제국의 이해'가 끝까지 주도적으로 관철된 철도였다고 할 수 있다.

---

61) 조선총독부, 위의 책, 1940 ; 허우긍, 위의 책, 141 · 145쪽, 표 Ⅳ-7 · 8 참조.
62) 朝鮮總督府鐵道局運轉課, 『運轉統計』 1-8, 1938~1940.

[부표] 동해남부선 상세 운수일람표

연도/역		여객(人)		화물(噸)		발송취급수입(圓)		
		승차	하차	발송	도착	여객수입	화물수입	합계
1934	서 면	8046	9107	-	-	423.20	-	423.20
	동 래	60465	58122	2462	8211	10,260.50	2,179.40	12,439.90
	수 영	14493	16726	-	-	753.52	-	753.52
	해운대	45741	44131	8864	8288	6,432.67	6,065.84	12,498.51
	송 정	3996	4007	-	-	709.56	-	709.56
	기 장	7247	7247	69	498	2,037.37	79.92	2,117.29
	삼 성	3336	3336	-	-	793.08	-	793.08
	좌 천	10,116	9139	3224	889	4,526.14	2,013.93	6,540.07
1936	서 면	13678	1	18484			1272.83	140.88	1413.71
	동 래	112279	24	104939	2348	2774	22441.23	3675.06	26116.34
	수 영	14586		17271			1233.47		1233.47
	해운대	58331	131	57575	104	1281	12344.59	446.31	12790.90
	송 정	15070	1	16274			2680.27		2680.27
	기 장	28157	5	29351	595	860	8968.18	1043.72	10011.90
	삼 성	10828		15237			2638.53		2638.53
	좌 천	29699	7	27050	2807	3515	11125.26	3640.21	14765.47
	월 내	15315	9	14428	158	2651	5837.28	467.68	6304.96
	남 창	30993		30351	1726	3370	14818.76	2810.92	17629.68
	덕 하	23560		24425	24737	830	9545.64	26230.01	35775.65
	울 산	68288	65	70027	4730	30689	54018.70	13382.21	67400.91
	병 영	22157	4	18085	935	738	11081.51	2267.28	13348.79
	호 계	25804	3	24920	822	1221	9565.98	1579.50	11145.48
	모 화	11659		11494	841	629	3499.18	1126.42	4625.60
	입 실	29004	1	28678	3106	2428	16343.83	4599.96	20943.79
	불국사	44809	19	44545	2585	2559	16759.12	7538.19	24297.31
	동 방	10767		14047	3	162	1942.13	9.11	1951.24
	경 주	161062	167	157582	10502	17304	99171.60	20777.42	119949.02
1937	서 면	14770	2	17613			1601.26		1601.26
	동 래	103601	49	99548	1579	2445	22715.23	3510.87	26226.10
	수 영	15777		18182			1282.38		1282.38
	해운대	49186	162	48740	91	145	11858.38	608.68	12467.06
	송 정	14251	5	13804			2804.05		2804.05

	역								
	기 장	26585	2	28138	454	361	9106.13	1292.86	10398.89
	삼 성	11793	4	15800			3417.81		3417.81
	좌 천	33013	41	30680	4605	2304	13105.83	15553.14	23658.97
	월 내	16130		15559	174	216	6191.71	737.36	6929.07
	남 창	30979	3	31171	1674	1015	14721.05	3050.61	17771.66
	덕 하	23727	1	22372	1136	900	10368.07	1949.54	12317.61
	울 산	61694	72	66132	4929	4274	52468.94	11204.72	63673.66
	병 영	19602	6	16418	667	332	10549.78	1719.70	12269.48
	호 계	22056		21162	1069	499	7606.35	3043.59	10649.94
	모 화	8900		8881	652	81	2491.84	1888.84	4380.68
	입 실	24194		24884	3645	1797	11634.53	8403.64	20038.17
	불국사	37097	31	39591	2036	1042	11936.10	5702.15	17638.25
	동 방	13017	5	13299	236	211	2543.54	995.09	3538.63
	경 주	153519	195	150581	11218	14945	108855.45	30536.96	139392.41
1 9 3 8	서 면	15400		22233			1061.95		1061.95
	동 래	155324	73	149887	2050	2381	34550.91	8693.90	43244.81
	수 영	28802		34610			2104.42		2104.42
	해운대	68844	241	66036	76	285	17019.29	508.03	17527.32
	송 정	20569		19004			4285.26		4285.26
	기 장	34242		36088	293	494	12553.88	1038.74	13592.62
	삼 성	14941		19457			5541.90		5541.90
	좌 천	48802	38	45749	8365	2374	19307.18	31021.48	50328.66
	월 내	21728	3	20751	349	232	7573.65	1284.77	8858.42
	남 창	40618		39955	2016	1273	19837.28	3486.68	23323.96
	덕 하	32999	1	31643	1377	1659	17407.87	2470.09	19877.96
	울 산	85698	76	87821	6674	5529	77052.69	21290.25	98342.94
	병 영	29519	4	25023	6335	1116	15253.75	4560.77	19814.52
	호 계	31331	4	28666	3669	1101	12100.60	4398.01	16498.61
	모 화	11969	3	14276	573	919	3665.73	1046.98	4712.71
	입 실	32122		33287	2842	2519	17794.98	5742.19	23537.17
	불국사	48314	131	49685	2482	1986	17352.89	6586.32	23939.21
	동 방	17884	13	18140	541	380	3708.25	1145.53	4853.78
	경 주	200422	315	208128	15456	21500	150597.01	49105.73	199702.74

출전 : 조선총독부철도국, 『朝鮮總督府鐵道局年報』, 1934~1938년판.
비고 : ( ) 안은 2등 승차인원임.

3장

동해선 3선의 식민성과
'지역의 이해'

1. 동해선에 대한 조선총독부와 지역의 입장과 의미

1) 조선총독부의 입장과 식민지적 의미

일본의 조선 침략과 식민화를 위한 한반도의 간선철도망은 강제 병합 전후인 식민지 초기에 그 근간인 X축으로 정비되었다.[1] 이후 조선총독 부는 만주와 식민통치 일원화를 적극적으로 추진하고자 한 '제국의 이해' 에 따라 철도경영을 남만주철도주식회사에 잠깐 위탁했지만, 다시 '조선 본위'의 식민지적 '개발'이라는 '조선의 이해'에 따라 직영으로 전환했다.[2] 그리고 조선 산업개발의 일환으로 일본 정부와 조선 상공업자들의 이해 를 반영한 '조선철도12년계획'을 수립하고 1927년부터 [그림 1]과 같이 도 문선, 혜산선, 만포선, 동해선, 경전선의 새로운 철도 건설과 개량에 들어 갔다.[3]

---

1) 이른바 조선철도 5대 간선이라고 할 수 있는 경부·경의선의 병합 이전 개통, 1914년 호남선, 경원선의 개통과 함경선의 건설 시작이 이에 속한다(정재정, 『일제침략과 한국철도(1892~1945)』, 서울대출판부, 1999).
2) 정태헌, 「조선철도에 대한 滿鐵 委託經營과 총독부 直營으로의 환원 과정 및 배경」, 『한국사학보』 60, 2015.
3) 大平鐵畔, 『朝鮮鐵道十二年計畫』, 鮮滿鐵道新報社, 1927, 29~155쪽 ; 전성현, 「일제 하 조선 상업회의소와 '朝鮮鐵道十二年計劃'」, 『역사와 경계』 71, 2009.

[그림 1] 조선철도12년계획도(1927)

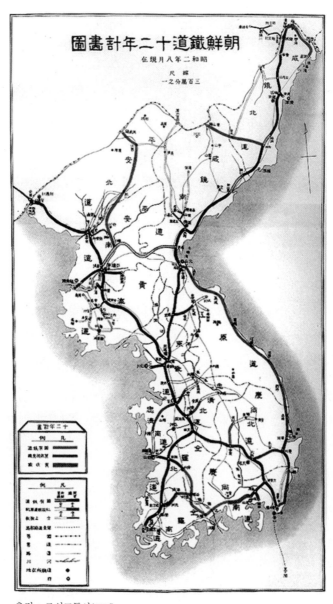

출전 : 조선교통사(1986)

이 가운데 동해선은 원산 포항 간, 울산 부산 간 341마일의 새 선로 건설과 조선철도주식회사의 경동선(대구 학산 간, 서악 울산 간) 92마일의 국철 매수 및 표준궤 개량으로 이루어졌다. 즉, 동해선은 12년 계획선 중 가장 긴 선로(약 40%)와 사설철도 매수(약 44%)로 총 신규 건설비 1억 7,414만 2,334원 중 6,300만 174원의 사업비(약 36%)가 들어가는 대사업이었다.[4] 따라서 건설 및 운영 주체인 조선총독부는 물론, 이용 주체이기도 한 경상남북도, 강원도, 함경남도 연선지역의 입장을 통해 동해선에 내포된 다양한 식민지적·지역적 입장과 의미를 확인할 수 있다.

12년 계획의 조선총독부 측 주역은 1924년 7월 4일 정무총감 부임 이래 '산업제일주의'를 주창하며 조선 산업개발에 전력을 경주하는 한편,[5] 철도의 총독부직영 전후 짧게 철도국장사무취급을 겸임한 下岡忠治였다. 下岡은 1924년 부임과 동시에 차례로 서부 조선의 황해도와 평남(1924. 8.13~8.16), 남부 조선의 전라도와 경남(1924.9.6~9.11, 1925.6.14~6.16), 그리고 북부조선의 평북과 함경도 및 만주(1925.5.25~6.6, 6.25~7.8)를 시찰하며 이들 지역의 개발에 철도 건설이 필요함을 인식했다.[6]

또 다른 주역은 철도 직영 이후 첫 철도국장에 부임하여 '조선철도12년 계획'을 완성하고 직접 실행한 大村卓一였다. 大村 철도국장도 부임 이후 정무총감과 함께 경남과 북부조선을 시찰했다. 그는 조선 전체가 농업과 목축의 적지라 생각했다. 뿐만 아니라 국경지역의 삼림 및 지하자원은 물론 국경선 배후 만몽지역의 무진장한 부원, 그리고 1만 마일 이상의 해안

---

4) 朝鮮總督府鐵道局,『朝鮮鐵道狀況』제18회, 1927 ; 大村卓一,「昭和二年度以降 朝鮮鐵道新規計畫要綱」,『朝鮮鐵道論纂』, 1930, 269~275쪽.

5) 三峰會,『三峰下岡忠治傳』, 1930, 408~417쪽.

6) 三峰會, 위의 책, 234~236·242~244·285~288·291~298쪽.

선에 있는 해산물 등이 향후 개척을 기다리고 있다고 여겼다. 따라서 '산업을 조장 개발하여 무역을 촉진하는 것은 우선 제일로 육상교통기관을 완비'하는 것이라며[7] 12년 계획을 수립하고 완성했다.

이때 조선의 산업개발은 식민지 통치 안정화와 긴밀한 관계하에 있었다. 즉, 산업개발은 특히 북부조선과 같은 미개지 개발을 통한 인구 조정과 함께 조선인의 생활 안정을 이끌 수 있다고 믿었다. 또한, 일본으로 노동력 이출을 막아 일본 본국 노동자들의 생활 안정을 유지할 수 있다고 생각했다.[8] 그렇기에 12년 계획선은 크게 식민지 통치 안정화를 위한 산업개발을 목표로 했다. 나아가 군부와 협의를 거친 국방경비 및 국경을 통한 조선과 만주의 연결(鮮滿連絡線)을 도모했다. 그리고 수해 등 유사시 종관선의 보조역할을 부여받았다.[9] 동해선도 조선총독부의 이와 같은 입장에 따라 계획선에 포함되었다.

그런데 총독부의 입장에서 동해선은 먼저, 조선의 산업개발과 관련해 강원지역과 밀접한 관련이 있었다. 즉, 총독부는 동해선이 부산에서 원산까지 경상도와 강원도, 그리고 함경남도의 약 370마일 해안선을 관통하는 철도임에도 불구하고 강원도 '부원개발의 급무'로써 함경도와 평안도의 도문선, 혜산선, 만포선과 함께 완성되기를 바랐다.[10] 특히 강원도는 산

7) 大村卓一, 『朝鮮の産業と鐵道』, 1925, 1~3쪽.

8) 大村卓一, 위의 책, 53~54쪽 ; 大村卓一, 「朝鮮の人口包容力 －大正十五年二月－」, 『朝鮮鐵道論纂』, 1930, 216~233쪽 ; 大村卓一, 「人口及食糧問題と新規計劃線 －大正十五年十二月－」, 『朝鮮鐵道論纂』, 1930, 234~268쪽.

9) 제52회 제국의회(중의원) 조선사업공채법개정법률안외2건위원회 회의석상에서 유아사(湯淺) 정무총감 답변(『第五十二回 帝國議會衆議院 朝鮮事業公債法改正法律案外二件委員會議錄(速記)第三回』, 1927.2.10, 2~3쪽).

10) 『시대일보』 1926.1.15(4-1), 「東部海岸線實現은 時期問題=九千萬圓이 必要, 大村鐵道局長談」 ; 『동아일보』 1926.1.15(1-10), 「東海岸線 實現은 時期問題, 大村鐵道局

림, 광산, 해산물 등 천연자원이 풍부하나 산맥으로 막혀 있고 적당한 항
구가 없어 수송이 곤란했다. 동해선 건설이 농산물과 농경지 개발은 물론
연도의 무연탄, 아연, 비소 등 광산물 개발, 그리고 해산물 수송 등 수산
개발에도 이바지하는 바가 클 것이라고 예상했다.11)

이어서 총독부는 동해선이 개통을 앞둔 함경선과 연결하여 경부·경의
선에 이은 한반도 동부의 간선철도로서 역할뿐만 아니라 다시 길회선과
접속하는 만주 및 서구 연락선의 역할을 기대했다. 이는 또 다른 계획선
인 경전선과 함께 유사시 경의·경부선의 대체 또는 보조할 수 있는 역할
이었다. 동시에 함경선, 도문선과 연결하여 북부조선 개발에 이바지할 뿐
만 아니라 국방 경비에도 지대한 역할을 부여하는 것이었다.12) 결국 총독
부는 이와 같은 입장하에 동해선 신설을 계획했고 이러한 목적에 부합하
는 한 동해선 중 북부조선과 같이 미개척지인 강원도지역에 한정하는 북
부선에만 지대한 관심을 기울였다. 그러나 그 또한 제대로 이루어지지 못
했다. 이는 [표 1]의 예정건설비와 실제건설비의 비교를 통해서도 잘 드러
났다.

[표 1]을 보면, 계획 당시에는 동일하게 건설 준비에 들어가 도문선
(1927), 경전선(1929), 동해선(1929), 혜산선(1931), 만포선(1931) 순으로 건
설이 시작되어 선로의 길이와 제반 여건에 따라 도문선(1931), 경전선(1934),
혜산선(1937), 동해선(1938), 만포선(1938)의 순으로 순차 완료될 예정이었

長談」.
11) 『第五十二回 帝國議會衆議院 朝鮮事業公債法改正法律案外二件委員會議錄(速記)
　　第三回』, 1927.2.10, 5~6쪽.
12) 『第五十二回 帝國議會貴族院 朝鮮事業公債法改正法律案外三件特別委員會議事速
　　記錄第一號』, 1927.3.14, 2쪽.

[표 1] 조선철도12년계획의 신선 예정건설비와 실제건설비 비교

연도	도문선		혜산선		만포선		동해선		경전선	
	예정	실제	예정	실제	예정	실제	예정	실제	예정	실제
1927	1053199	757919	191376	-	46900	10382	718391	112012	143902	14752
1928	1053199	4392570	191376	73492	46900	25803	718391	2612269	240450	129368
1929	2697815	2944243	185398	49891	321080	1668	1224549	1120146	1427209	987294
1930	5281114	2367831	623369	13297	721020	21233	1324549	2037510	1717977	1584362
1931	4891850	1791654	892762	853373	886341	760355	2143722	2684718	1709210	1579798
1932	-	2212388	1341184	3577756	1817374	3041310	3449934	2833457	7975040	393089
1933	-	246447	1329600	3293750	1817374	3601503	4407417	3269041	7975040	953906
1934	-	147702	2713473	2519626	1809055	5436025	7428821	1068871	3541086	408371
1935	-	121658	2643955	2512270	6225740	7060737	7461641	2115630	-	1300547
1936	-	51289	3553808	1241876	8145906	6700501	8835596	1358925	-	2693007
1937	-	35015	3530898	2356230	8148293	5297337	8858395	3666860	-	351572
1938	-	166257	-	149795	12151329	4571417	8901884	2638152	-	77605
합계	14977177	16224976	17206199	16641356	42137322	36528072	55473291	25517892	24729914	10472673

출전 : 朝鮮總督府鐵道局, 『朝鮮鐵道狀況』 제18~30회, 1927~1938 ; 朝鮮總督府鐵道局, 『年報』, 1928~1939.
비고 : 1. 계획 성립에 따라 예산상의 조정이 이루어지는 한편, 봉급, 사무비, 차량비가 제외되어 기존 계획
　　　 과 합계에서 차이가 있음.
　　　 2. ▨ 표시는 완공 이후 소요 예산임.

다. 그런데 실제 건설은 1927년 도문선을 시작으로 1928년 동해북부선만
공사에 들어갔다. 1928년 함경선 개통 이후 1929년에야 경전선 건설이 시
작되었다. 1931년에는 혜산선과 만포선 공사가 시작되어 계획선 전부는
1931년 이후에야 비로소 본격적인 건설에 들어갔다.[13] 12년 계획선이 예
정대로 진행되지 못한 이유는 세계공황에 따른 일본 본국의 긴축재정 등
예산상의 문제도 있었다.[14] 하지만 실제 예산 현황과 같이 그 일부가 그

---

13) 朝鮮總督府鐵道局, 『昭和二年度年報』, 1928, 49 · 66~67쪽 ; 朝鮮總督府鐵道局, 『昭
和三年度年報』, 1929, 51 · 73~75쪽 ; 朝鮮總督府鐵道局, 『昭和四年度年報』, 1929,
53~54 · 73~75쪽 ; 朝鮮總督府鐵道局, 『昭和六年度年報』, 1932, 65~66 · 105~106쪽.
14) 大村卓一, 「朝鮮鐵道の過去と現在」, 『朝鮮及滿洲』 제263호, 1929년 10월.

전부터 진행되고 있던 함경선과 평원선에 대한 집중 때문이기도 했다.[15]

그런데 1930년을 전후한 시기부터 총독부의 입장은 보다 명백하게 한 쪽으로 쏠렸다. 이른바 철도 건설의 북부조선 집중이 그것이다.[16] [표 1] 에서와 같이 1931년 나란히 혜산선과 만포선 건설이 본격화되는 한편, 12년 계획과 병행하여 북부조선 척식철도 백무선이 새롭게 1932년부터 건설에 들어갔다. 이는 이미 예견된 것으로 보다 본격적으로 총독부의 조선 산업 개발은 大村 철도국장의 주장처럼 함경남북도, 평안남북도, 강원도를 중 심으로 하는 북부조선에 있었다. 그 개발은 인구 조밀한 남부의 조선인들 을 북부로 이동·이주시킴으로써 조선인 생활의 안정을 꾀하는 한편, 일 본 본국 노동자의 생활을 안정시키는 일석이조의 효과를 목적으로 한 것 이었다.[17] 더군다나 1931년 만주사변과 1932년 만주국 성립은 만주와 군 사·경제적 연락 관계를 더욱 긴밀하게 만들어 북부조선의 개발과 함께 만주 연결과 국방 및 경비에 주력하는 철도 건설에 더욱 매진하도록 했 다.[18]

총독부의 이와 같은 입장은 1932년 신설 도문선 노선의 완공과 사설철 도 도문철도의 매수 및 표준궤 개량에 따른 이듬해 도문선의 완전 개통과 함께 더욱 노골화되었다. 이후 12년 계획선의 중심은 확실히 혜산선과 만

---

15) 1927년 건설비 소요예산 중 함경선이 [표1]의 신설 5선 합계보다 많은 10,018,912원 이었고 혜산선의 예산은 평원선 예산으로 유용되고 있다(朝鮮總督府鐵道局, 『昭 和二年度年報』, 1928, 66~67쪽).

16) 『第五十六回 帝國議會貴族院 豫算委員第六分科會議事速記錄第三號』, 1929.3.1, 18~19쪽.

17) 大村卓一, 「朝鮮鐵道の國策」, 『朝鮮鐵道協會會誌』 9-1, 1930.

18) 大村卓一, 「朝鮮鐵道の進步と將來」, 『朝鮮及滿洲』 제293호, 1932 ; 大村卓一, 「北 鮮の開發と國境鐵道」, 『朝鮮鐵道協會會誌』 11-1, 1932.

포선으로 옮겨 갔음을 [표 1]의 실제 예산을 통해 알 수 있다. 1932년부터 혜산선과 만포선에는 예정 예산을 초과하여 건설비가 투입되었다. 반면 동해선과 경전선에는 예정된 예산에 훨씬 미치지 못하는 건설비만이 투입되는 등 역전현상이 벌어졌다. 이와 같은 현상은 이후 계속되었다. 大村을 이어 1933년 부임한 吉田浩도 '최근 만주국의 독립, 아울러 만주 철도의 발달에 동반하여 아무래도 우선 이것과 관계가 깊은 북쪽 방면의 선로에 주력을 두는 상황에 이르렀다. 때문에 만포진선 및 혜산선의 촉진이라고 하는 것에 힘을 경주'하지 않을 수 없다고 총독부의 기존 입장을 이어갔다. 이 때문에 동해선과 경전선은 건설공사가 지연되거나 부분적으로 이어질 수밖에 없었다.[19]

1937년 중일전쟁을 전후하여 총독부는 조선철도의 역할을 '동아의 교통로'이며 국방과 산업개발상 '제국의 생명선'으로 보고 북선철도의 만주 연결, 동해루트의 신국제교통로 완성, 그리고 새로운 대륙병참선인 중앙선의 건설에 집중했다.[20] 그에 따라 혜산선과 만포선 개통에 매진하여 1937년과 1939년에 각각 개통에 이르렀다. 반면 경전선은 1936년 전주 순천 간 공사를 끝으로 중지되었다. 동해선은 1937년 북부선 안변 양양 간 공사를 끝으로 거의 중지 상태에 빠졌다. 이는 [표 1]의 실제 예산 합계만 봐도 명확하다. 12년 계획의 완료 시점인 1938년을 기준으로 이미 개통한 도문선

19) 吉田浩,「內鮮滿の交通に就て」,『朝鮮鐵道協會會誌』13-7, 1934, 3~4쪽 ;『第六十七回 帝國議會衆議院 朝鮮事業公債法中改正法律案委員會議錄(速記)第四回』, 1935.3.11, 1~2쪽 ;『第六十七回 帝國議會貴族院 朝鮮事業公債法中改正法律案特別委員會議事速記錄第一號』, 1935.3.19, 4~5쪽.

20) 『第六十九回 帝國議會衆議院 朝鮮事業公債法中改正法律案委員會議錄(速記)第四回』, 1936.5.20, 1~4쪽 ; 吉田浩,「朝鮮鐵道の現況」,『朝鮮鐵道協會會誌』15-1, 1936, 13~14쪽 ; 吉田浩,「年頭之辭 －事變に處する朝鮮鐵道－」,『朝鮮鐵道協會會誌』17-1, 1938, 7~8쪽.

과 혜산선은 물론 1년 연장되어 개통한 만포선의 경우 예정건설비를 거의 모두 사용하여 개통했다. 반면 동해선과 경전선은 예정건설비의 절반도 사용하지 못했다. 동해선은 북부선만 부분적인 공사를 어느 정도 이어갈 뿐이었다. 이 또한 이후 총독부의 철도 정책이 중일전쟁과 태평양전쟁이라는 전시체제하의 대륙병참연락선으로서의 기능에 집중했기에 결국 완공을 보지 못했다.[21]

이상과 같이 총독부는 동해선을 강원도의 산업개발, 함경선과 연결을 통한 새로운 동부간선으로서 만주 연결과 국경 방비, 그리고 경의·경부선의 대체·보조선으로 계획했다. 그럼에도 불구하고 그 건설 과정에서 북부선 건설에 부분적으로 주력하여 강원도 일부 노선의 개통에만 그쳤다. 물론 늦게나마 1930년 부산 울산 간 남부선 건설에 나서 1935년에야 완성을 보았지만 이는 지역사회의 지속적인 청원운동과 대한해라는 자연재해에 따른 임시적인 조치였다.[22] 결국 일본 본국, 조선총독부, 그리고 조선 상공업자들의 이해관계가 뒤섞여 만들어진 12년 계획은 그 실행 과정에서 '조선 본위'를 주장하는 지역사회의 입장을 부분적으로 받아들였지만 애초 총독부의 입장 강화와 함께 '제국의 이해'에 따라 실행해갔음을 12년 계획과 동해선 건설 과정을 통해 알 수 있다.

---

21) 『第七十四回 帝國議會衆議院 朝鮮事業公債法中改正法律案委員會議錄(速記)第四回』, 1939.2.14, 2쪽 ; 『第七十四回 帝國議會貴族院 朝鮮事業公債法中改正法律案特別委員會議事速記錄第二號』, 1939.2.23, 4~5쪽 ; 工藤義男, 「半島鐵道と大陸の開發」, 『朝鮮鐵道協會會誌』 18-1, 1939 ; 山田新十郎, 「始政三十年の朝鮮鐵道を顧みて」, 『朝鮮鐵道協會會誌』 19-11, 1940 ; 田邊多聞, 「大東亞共榮圈に於ける朝鮮鐵道の使命」, 『朝鮮鐵道協會會誌』 21-5, 1942.

22) 2부 2장 참조.

2) 연선지역의 입장과 지역적 의미

12년 계획선은 제국 일본과 조선총독부, 조선 상공업자와 해당 연선지역의 다양한 이해관계가 개입되어 만들어진 철도 노선이었다. 특히 12년 계획선 중 가장 노선이 길고 많은 지역을 통과하는 동해선은 연선지역의 적극적인 요구와 청원이 오래 전부터 있어왔다. 동해선 건설을 요망했던 연선지역과 단체는 경상남도, 부산상업회의소, 부산부, 경상북도, 경상북도수산회, 강원도, 강원도수산회, 원산상업회의소, 함경남도수산회, 원산부, 조선산림회 등 연선지역의 주요 지역과 단체가 포함되었다.[23] 동해선은 함남 이남의 그간 소외되었던 동해안지역 유일한 교통기관이며 이들 지역의 경제적 성장에 필수적인 기간시설이었다. 따라서 함남 이남 강원도, 경상남북도 연선지역은 그 나름의 절박한 입장에서 동해선 건설이 끼칠 지역사회의 경제·문화적 변화를 토대로 이 선로가 12년 계획선에 포함되도록 청원했으며, 이후 조속한 건설과 전부 개통을 재차 요구했다. 그런데 동해선 연선지역의 이해는 각 지역의 이해를 반영하는 한 철도 건설에서 지역 간 상호 협력적이기도 했지만 이해가 충돌할 경우, 특히 경제적 측면에서 경쟁적이기도 했다.

① 동해북부선 연선지역과 '동조선 해안철도'

먼저, 동해선의 북쪽 기점인 함남 원산을 중심으로 북부선 연선인 강원도의 입장을 살펴보자. 강원도 동해안지역과 인접하여 원래부터 산업, 경제, 상거래 등에서 밀접한 관계가 있던 원산지역은 동해선을 통한 강원도

---

23) 大平鐵畊, 앞의 책, 1927, 72~114쪽.

[그림 2] 동해북부선 원산 연선지역   [그림 3] 동해북부선 강원도 연선지역

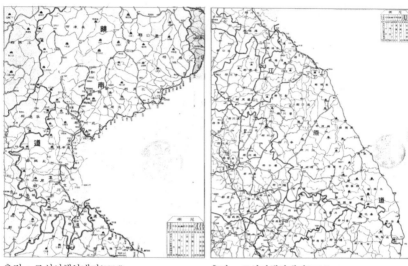

출전 : 조선여행안내기(1934)   출전 : 조선여행안내기(1934)

개발의 직접적인 이해관계 속에 있었다. 1924년 원산상업회의소를 중심으
로 강릉 이북 각 군 연합으로 조직된 동해안철도기성회는 총독부에 철도
건설을 청원하기 시작했다. 그리고 원산상업회의소, 함경남도수산회, 원
산부는 총독부의 조사에 응해 공히 철도 건설을 요망하는 선로 2개 중 그
첫 번째 선로로 원산을 기점으로 포항까지 남하하여 조선남단과 연결하
는 '동조선 해안철도'를 제시했다.24) 당연히 원산지역의 입장에서 동해선
건설은 철도 등 육상교통이 미비하고 제대로 된 항구마저 갖추지 못한 강
원도와 경상북도지역의 무진장한 임산, 광산, 수산의 부원 개발에 따른 수
익을 그대로 유입할 수 있는 좋은 기회였다.25)

24) 두 번째로 제시한 선로는 함흥을 기점으로 하는 삼림철도였다(大平鐵畊, 위의 책
(1927), 106~107쪽).
25) 『조선시보』 1927.2.13~14, 「東海岸鐵道の經營的價値と敷設要望の根本的主旨 元山

[그림 4] 원산(1918)

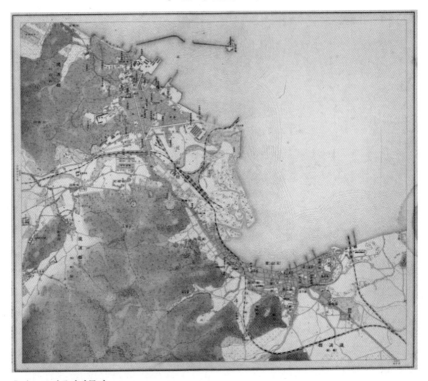

출전 : 국립중앙박물관

더불어 이미 개통한 경원선과 건설 중인 평원선이라는 동서횡단선의
종점에 더해 개통을 앞둔 원산 이북의 함경선과 함께 원산 이남의 동해선
은 사통팔달의 원산을 완성하는 명실상부한 한반도 동부의 종관철도이며
만주와 서구를 연결하는 국제철도로 예상되었다. 따라서 원산지역은 경
원선과 평원선의 동서횡단선 및 함경선과 동해선의 남북종단선을 통해

坂垣只二氏談」; 板垣只二, 「東海岸鐵道の經濟的價値と元山港」, 『朝鮮』 제143 · 144호,
1927.

평안도와 함경도는 물론 강원도와 경상북도의 물자를 집산하는 북부조선의 경제 중심지로서 성장할 뿐만 아니라 북부조선과 일본의 산인(山陰), 호쿠리쿠(北陸) 방면을 연결하는 새로운 교통로의 중계항으로 도약하고자 노력했다.[26]

이상과 같은 원산지역의 입장과 총독부의 입장이 궤를 같이 하여 1927년 도문선의 기공을 뒤이어 1928년 벽두부터 동해선 기공이 진행되었다. 그 시작은 북부의 기점인 원산의 안변으로부터 남하하는 북부선이었다. 이후 동해선 건설은 줄곧 북부선을 중심으로 이어지다가 1930년대 초부터 총독부의 북부조선 개척과 만몽 연결 우선으로 말미암아 점차 동해선 건설이 지연되기 시작했다. 이에 다시 원산지역은 원산 상권의 강원도 확장과 새로운 일선만 연락항로인 동해루트의 북선 3항(나진, 웅기, 청진)에 대응하기 위해 화물역의 근본적 개선과 대대적 해륙연락설비의 고려를 위해 동해선의 강릉까지 연장을 요구했다.[27] 즉, 원산지역은 동해선 건설을 통해 원산 상권의 강원도 확장은 물론이고 동서횡단선과 남북종관선의 완성을 통한 일선만 연락의 새로운 중심으로 자리매김하고자 했던 것이다.

한편, 북부선의 또 다른 축인 강원도 연선지역은 이미 1924년 강릉 이북의 각 군들이 원산을 중심으로 연합하여 철도기성회를 조직하고 동해안선 청원운동을 펼쳤다. 그리고 총독부 조사에 응해 강원도와 강원도수산회는 모두 원산 포항 간 노선 건설을 거쳐 부산에 이르는 동해선을 요

26) 元山商業會議所會頭 本岡卯之吉,「初めて普遍的發達が出來る 東海岸線の實現に依つて」,『朝鮮鐵道十二年計畫』, 鮮滿鐵道新報社, 1927, 223~225쪽.

27) 前東海岸線鐵道期成會長 本岡卯之吉,「東海岸線の速成を望む」,『朝鮮鐵道協會會誌』 14-1, 1935 ; 元山商工會議所會頭 杉野多市,「鐵道其の施設の完成と元山港」,『朝鮮鐵道協會會誌』 15-1, 1936.

망했다. 강원도의 입장에서 동해선은 미개척지의 무진장한 수산, 임산, 농산의 도외 반출이라는 조선 산업개발의 '국가적 견지'뿐만 아니라 전체 노선 중 가장 길고 통천군, 고성군, 양양군, 강릉군, 삼척군, 울진군 등 가장 넓은 6개 군이 포함되었기 때문에[28] '도내 경제력의 격증과 문화의 수입을 받아 본도의 발전을 촉진'하기 위해 반드시 필요한 노선이었다.[29]

동해선은 강원도 연선지역의 바람대로 원산을 기점으로 공사가 시작되었다. 그런데 1930년 한해구제사업의 일환으로 부산 기점의 남부선 건설이 첫 삽을 뜬 이후 1931년 만주사변과 1932년 만주국이 성립하자, 총독부의 철도정책은 국경 방면의 철도 건설과 북선 개척으로 급속히 집중되어 동해선은 지체되기 시작했다. 이에 강릉, 삼척, 양양 등 강원도 연선지역은 다시 '동해안선속성연합회'를 조직하고 동해선 공사의 속행을 요구했다. 이들은 기존의 '지역발전'을 더욱 강조하는 한편, 수년 이래 재계의 불황과 최근의 풍수해 및 흉년으로 더욱 피폐해진 강원도의 궁민구제를 위해 동해선 공사의 속행을 주장했다.[30] 나아가 여전히 미개통선에 속하는 강원도 연선지역과 경상도 연선지역 20개 도읍이 부산상업회의소를 중심으로 '동해안선철도기성회'를 만들고 동해선 건설 촉진을 지속적으로 전개했다.[31] 결국 강원도 연선지역도 '국가적 견지'라는 '제국의 이해'를 내세우면서도 '지역발전'과 '궁민구제'라는 지역적인 입장에서 동해선 건설

---

28) 동해선 연선지역에는 함경남도 1부(원산부) 1군(안변군), 강원도 6군, 경상북도 2군(영덕군, 영일군), 경상남도 2군(울산군, 동래군) 1부(부산부)가 속했다.

29) 大平鐵畊, 앞의 책, 1927, 95~97 · 105~106쪽.

30) 『부산일보』 1932.7.6(조2-8), 「餓死線上の窮民救濟 東海岸線速成陳情 期成會代表 入京猛運動」.

31) 『부산일보』 1933.11.14(석1-5), 「東海線建設工事促進に關し陳情 關係民代表 十三 日本府當局訪問」.

을 주장했던 것이다. 하지만 동해선은 함남과 강원도 연선지역의 바람대로 완성되지 못하고 1937년 양양까지 북부선 개통과 양양 강릉 간, 묵호 북평 간 공사 와중에 중단되었다.

② 동해중부선 연선지역과 '경부선 대항철도'

[그림 5] 동해중부선 연선지역

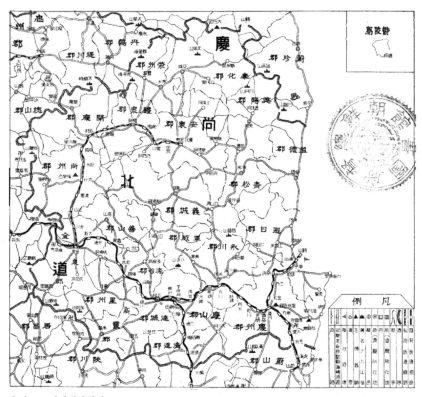

출전 : 조선여행안내기(1934)

동해중부선에 해당하는 연선지역은 경상북도로, 이 지역은 다른 지역과 달리 내륙선인 대구포항선과 해안선인 울산포항선을 모두 가진 복잡한 상황이었다. 즉, 경상북도의 경우 동해선의 한 지선인 동해중부선이 이미 사설철도 경동선(대구-포항 학산, 경주 서악-울산)으로 존재했다. 12년 계획에 의하면 동해선은 원산 포항 간과 부산 울산 간 노선의 신설과 함께 기존 경동선을 표준궤로 바꿔 이 두 선로를 연결하여 완성하는 것이었다. 따라서 동해중부선은 기존 사설철도의 국유철도로 개편과 동시에 표준궤로의 개량이 중심이었다.

애초 경상도 경제의 중심인 대구지역이 경부선 개통에 따라 부산지역의 영향권하에 들어가게 되자, 그 타개책으로 건설에 노력한 것이 경동선이었다.[32] 경동선은 대구를 중심으로 내륙과 해안을 연결하는 선로로서, 본선이 대구포항(학산)선이며 지선이 경주(서악)울산선이었다. 따라서 포항과 울산 등 경상도 동해안은 대구의 영향권하에 들어갔다. 하지만 경동선의 동해중부선으로 개편은 단순한 표준궤로의 개량만은 아니었다. 기존의 본선인 대구포항선이 이번엔 지선이 되고 부산과 연결되는 울산포항선이 본선이 되는 세력권 자체의 교체였다.

그렇기에 경상북도와 대구는 이에 대한 철저한 대비가 필요했다. 대구를 중심으로 경상북도는 '지역개발'과 부산지역과 상권 경쟁을 의식해 대구 중심의 철도 건설에 집중하는 한편, 동해선의 경우 경북 부분과 대구 포항 간 선로의 개량에만 집중했다. 경상북도, 대구상업회의소, 그리고 대구부는 모두 총독부의 철도망 조사에 응하며 우선 건설할 철도로 대구 중심의 3선, 즉 대구진해선, 대구충주선, 대구전주선을 제기했다.[33] 이들 3선

---

32) 2부 1장 참조.
33) 大平鐵畊, 앞의 책, 1927, 84~85쪽.

[그림 6] 대구(1917)   [그림 7] 포항(1917)

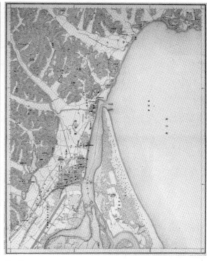

출전 : 국립중앙박물관   출전 : 국립중앙박물관

과 대구 포항 간 선로 개량은 대구 중심의 ✚철도망의 완성을 의미했으며, 종횡의 연결을 통해 부산 중심의 경부선과 경전선의 대항철도였다.

한편, 대구 포항 간 선로는 포항과 일본 하마다(濱田) 간 항로개시에 따라 해륙연락철도로도 성장할 수 있었다.34) 이에 대구는 동해선인 부산 원산 간 선로의 연결 구간인 울산포항선과 대항하기 위한 대구 포항 간 선로의 근본적인 조사와 개선책을 강구했다.35) 부산 울산 간 동해남부선 건설이 본격화되자, 곧바로 포항과 제휴하여 대구 포항 간 선로의 우선적인 표준궤 개량을 요구했고 이 요구는 줄곧 지속되었다.36) 나아가 더 구체적

---

34) 당시 포항은 浦濱항로가 월 3회 개설되었고 웅기 오사카간 항로 월 6회의 기항지였다(大平鐵畊, 위의 책, 81~84・85~86쪽).
35) 『조선시보』 1928.1.14(2-2), 「東海岸線の完成と大邱商圈に龜裂を生ず 釜山に奪はれるを虞れて商議を中心として根本的調査」.

인 대안으로 기존에 대구에서 영천, 경주, 안강을 거쳐 포항에 이르던 총
연장 105.4km를 영천과 안강을 직접 연결하여 포항에 이르는 총 연장 75Km
의 단축 노선으로 개축하고자 했다. 더불어 포항의 대대적인 축항과 일본
과의 연결항로를 통해 부산에 대응할 수 있는 무역항으로 만들기 위한 운
동에 들어갔다.[37] 이는 부산과 연결되는 울산 포항 간 선로를 따라 확대
되는 부산의 영향력을 차단하고 대구와 포항의 동반 성장을 꾀하는 '지역
의 이해'가 관철된 방안이었다.

이처럼 대구지역은 애초부터 동해선 중 내륙선인 대구 포항 간 선로를
대구 전주 간 선로와 연결시켜 경전선과 부산에 대항하여 대구지역의 영
향력과 상권을 보호하고자 하는 입장에서 동해중부선을 활용하고자 했다.
하지만 동해중부선은 1936년부터 새롭게 건설에 들어간 대륙병참철도 경
경선(중앙선)으로 말미암아 영천 경주 간은 경경남부선으로 분리되고, 대
구 영천 간은 경부선의 지선인 대구선으로 전락하고 말았다.[38] 더불어 울
산 경주 간은 동해남부선으로 바뀌었다. 남은 경주 포항 간 선로는 줄곧
개량 공사가 연기되다가 1945년 해방을 앞둔 7월에야 개통되어 동해남부
선이 됨으로써 동해중부선은 완전히 사라졌다.[39] 한편 동해선의 경북 부

---

36) 『부산일보』 1933.5.10(조1-8), 「東海中部線廣軌促進 浦項, 大邱提携運動を開始す」
；『조선민보』 1935.10.25 · 26, 「東海中部線の危機, 一部の狹軌放置は沿線都市破滅
の基因, 東海中部線廣軌促進期成會(上 · 下)」；『부산일보』 1939.3.19(석4-4), 「東海
岸線速成には全體的の猛運動 連絡の密が必要だ 田中浦項商工會長歸來談」.

37) 『조선시보』 1935.2.21(3-1), 「東海中部線の一部變更に反對 慶州を無視するは不可
端なくも大邱と釜山の對立」；『부산일보』 1935.2.22(조1-1), 「〈言論〉東海岸線の使
命, 南部線の延長と中部線廣軌改良 運輸交通の大局觀」；『동아일보』 1936.4.10 · 11,
「〈地方論壇〉 東海中部線 廣軌問題(上 · 下) 浦項 一記者」.

38) 김종혁, 『일제시기 한국 철도망의 확산과 지역구조의 변동』, 도서출판 선인, 2017,
168~170쪽.

39) 『朝鮮總督府官報』 1945.7.6(제5526호), 「朝鮮總督府告示 第433號」.

분은 부산 방면과 함께 건설공사의 촉진을 지속적으로 요구했지만[40) 해방 때까지 공사에 들어가지 못하고 미완성인 채 남았다.

③ 동해남부선 연선지역과 '지역 경제·유람철도'

[그림 8] 동해남부선 연선지역

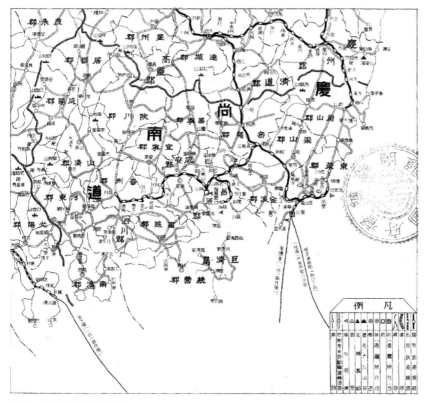

출전 : 조선여행안내기(1934)

---

40) 『부산일보』 1939.3.15(석1-7), 「東海岸線の開通促進方を陳情す 釜山で開催の期成
會評議員大會から關係各方面へ打電」.

동해선의 남부 기점인 부산과 그 연선인 경상남도 동래군과 울산군은 동해선 건설을 일찍부터 바랐을 뿐만 아니라 이 철도 건설을 위해 지속적으로 청원활동을 전개했다. 특히 부산의 일본인들은 병합 전부터 부산을 중심으로 부채꼴 모양으로 뻗어나가는 세 방향의 철도를 계획하고 이를 위한 회사 설립에 노력하는 한편, 지역여론의 조성과 함께 조선총독부 및 일본 본국에 청원운동을 식민지시기 내내 전개했다.[41] 그중 한 선로가 동해남부선인 부산울산선이었다. 이들에게 부산울산선은 애초 부산항의 지역교통기관으로서 연도 각지의 개발과 부산의 산업발전에 이바지하는 '지역철도'였다.[42] 이와 같은 생각은 다른 동해안 지역과 결합되어 부산 원산 간의 동해선으로 완성되었고, 철도 건설의 주도권을 확보하기 위한 한반도 종관선과 국제선이라는 위상으로 확대되었다.[43]

그런데 한반도 종관간선의 '조선철도' 또는 만주 및 서구와 연결하는 '국제철도'라는 거시적인 관점은 동해선 건설의 당위성을 강조할 때 부산지역에서 주장하는 의례적인 수사였다. 이른바 부산을 중심으로 하는 동해안 연선지역의 동해선철도기성회가 동해남부선 건설이 북부선에 비해 늦어졌을 때, 동해중부선의 내륙선과 경쟁하며 해안선의 개량을 우선적으로 촉진하고자 했을 때, 동해선의 경상남북도 부분의 건설이 지연되어 이의 촉진을 주장할 때마다 이루어진 청원운동의 단골 메뉴처럼 '조선철도' 또는 '국제철도'라는 동해선의 위상은 그들의 수사에 줄곧 붙여 다녔다.[44]

---

41) 1부 1장 참조.

42) 釜山商業會議所, 『釜山要覽』, 1912, 126쪽.

43) 『조선시보』 1926.1.21(1-1), 「〈時報論壇〉東海岸線と北鮮滿洲鐵道網と吾人の希望」.

44) 『부산일보』 1932.5.29(1-7), 「釜山蔚山間鐵道建設工事促進に……關する陳情書 東海南部線期成會に先立ち起草」 ; 『부산일보』 1933.11.14(석1-5), 「東海線建設工事促進に關し陳情 關係民代表 十三日本府當局訪問」 ; 『부산일보』 1939.3.15(석1-7),

하지만 그 이면에는 철저하게 '지역의 이해'가 관철되고 있었다.

총독부의 철도망 조사에 응하며 경상남도와 부산부, 그리고 부산상업
회의소는 경남의 첫 번째 건설 요망선으로 동해선을 제시했다. 이유는 명
확했다. 철도정책은 지역의 생산 및 소비물자의 이동에 유리하며 또한 편
리한 항만과 직접 연결되어야 한다는 전제 아래 동해안 연선은 물자가 풍
부하나 교통이 불편하여 동해선을 통해 부산항과 연결하면 '지방산업의
개발'에 이바지할 수 있다는 것이었다.[45] 그리고 그 수혜는 고스란히 부
산으로 향할 것이라는 생각이었다. 따라서 동해선 남부 기공과 개통은 곧
바로 부산 상권의 확장이며 '북진'으로 이해되었다.[46]

[그림 9] 울산(1917) [그림 10] 경주(1917)

출전 : 국립중앙박물관   출전 : 국립중앙박물관

「東海岸線の開通促進方を陳情す 釜山で開催の期成會評議員大會から關係各方面
へ打電」.

45) 大平鐵畊, 앞의 책, 1927, 72~77쪽.

46)『大阪朝日新聞(朝鮮版)』1934.1.21,「道路,架橋の完成と東海岸線の開通釜山商圈伸
    展の要件 ⑤釜山の繁榮をもとめて」;『조선시보』1935.2.15(1-1),「〈社說〉東海岸航
    路充實, 釜山元山線の改善 朝鮮の犧牲を感謝」;『조선시보』1936.11.22(2-4),「釜
    山-慶州間の廣軌鐵道近く完成 慶州地方は釜山商圈內に兩地商人の完全な握手」.

나아가 동해남부선은 '지역의 이해'에 기초한 '경제선'일 뿐만 아니라 유망한 '유람선'이었다. 동해남부선 개통과 함께 '동래해운대의 遊樂鄕, 울산의 古戰場, 경주의 大古跡' 등은 지역문화와 경제에 이바지할 뿐만 아니라여객 수송과 관련해 부산의 번영에도 상당한 영향을 미치는 것이었다. 따라서 부산지역은 이 노선의 위락시설과 자연풍광, 그리고 역사유적지에대한 여행과 관광 등 여객 증대에도 주목했다.[47] 특히 1936년 12월 부산경주 간 개통은 그간 경부선 상하행선을 통해 대구에서 이루어지던 경주등 동해안 여행이 부산에서 곧바로 시작할 수 있도록 체계를 완전히 바꿔놓았다.[48] 그런 점에서 경주는 부산의 입장에서 우선적으로 '부산의 관광지'로서 지정되어야 했다. 그리고 이 노선을 연장하여 '동해안 지방일대를들어 부산에 연결하는 것이 긴요'했다.[49] 그러나 부산지역의 이해는 더이상 확장되지 못했다. '제국의 이해'에 따라 조선총독부의 북선철도와대륙병참선 건설에 밀려 포항까지 개통은 1945년 7월에야 완성되었던 것이다.

이상과 같이 동해선은 계획과 건설과정에 조선총독부의 조선 산업개발과 한반도 종관철도라는 '제국의 이해'를 비롯하여 3선 연선지역, 즉 강원도, 경상남북도 지역의 개발과 그 수혜로서 원산, 대구, 부산지역의 번영이라는 '지역의 이해'가 반영되어 있었다. 그러나 만주사변 이후 전시체제

---

47) 『부산일보』 1927.10.4(조1-1), 「〈社說〉東海岸南方線と東萊溫泉の經營」 ; 『조선시보』 1934.7.16(3-1), 「釜山-海雲臺線の鐵道開通祝賀會盛會」 ; 『조선시보』 1935. 12.16(3-3), 「佐川-蔚山間=三十一キロ餘完成」.

48) 朝鮮總督府鐵道局, 『朝鮮旅行案內記』, 1934, 7~9 · 200~205 · 208~212쪽 ; 『동아일보』 1938.4.1, 「釜山,慶州間 輕快한 遊覽列車」 ; 『매일신보』 1938.4.1, 「東海南部線에 輕快客車運行 탐승객을 위하야」.

49) 『조선시보』 1936.12.3(1-1), 「〈社說〉釜山,慶州の堅き握手, 蔚慶線の廣軌がもたらす 收穫 注目すべき東海岸地方の將來」.

에 따른 철도 건설의 우선권이 동해선으로부터 점차 멀어진 결과, 조선 산업개발이라는 측면에서 부분적으로 제국과 지역의 이해에 복무할 수 있는 각각 3선 체제의 지역철도에 머무르고 말았다.

2. 동해선 3선 운영의 식민성과 지역적 특징

동해선 3선의 운영 실태와 그 의미를 확인하기 전에 동해선 3선의 개통 이후 조선 국유철도의 운수일람을 통해 조선철도의 전반적인 수송 실태와 동해선의 식민지적 위상을 확인해보자. 철도수송은 여객과 화물수송으로 나눠지는데, 대체적인 추이만 살펴봐도 동해선의 식민지적 위상을 확인할 수 있다. 먼저 조선 국유철도와 동해선의 영업수지를 살펴보면, 그 역할로서 수송의 중심이 어디에 있었는지를 다소간 확인할 수 있다.

[도표 1] 조선 국유철도 영업수지

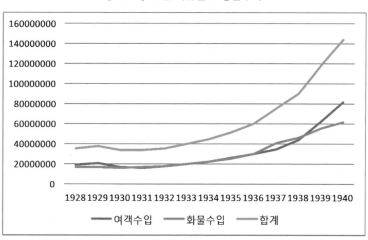

[도표 2] 동해선 영업수지

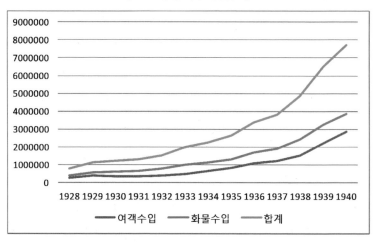

[도표 1]과 같이 조선철도는 영업수지면에서 12년 계획에 따른 철도 마일 수의 증가로 함경선과 12년 계획선의 개통 등에 의해 1933년부터 지속적인 성장세였다. 그런데 조선철도는 일본제국권 내에서 화물 중심의 만철, 여객 중심의 일본 철도성과 달리 여객과 화물이 줄곧 비슷한 면을 보였다. 물론 [도표 1]과 같이 중일전쟁 이후부터 여객수입이 화물수입을 앞서나가기 시작했다. 하지만 이는 전시체제에 따른 병력수송은 물론 강제동원에 의해 여객수송의 증대 때문이라고 할 수 있다. 따라서 조선철도는 여객과 화물수송의 양익을 통해 조선 및 대륙진출의 제국주의와 식민지 개발과 수탈이라는 식민주의의 역할을 거의 평행적으로 수행했다고 할 수 있다.

한편 동해선은 [도표 2]를 통해 보면, 국유철도와 마찬가지로 1930년대 중반까지 개통역이 확대되면서 영업수지가 가파르게 상승했다. 다만 국유철도와 달리 화물수입보다 여객수입이 줄곧 높았다는 점에서 차이가 있었다. 물론 동해선 전선이 개통하지 않았고 그에 따른 개발을 위한 부

3장 동해선 3선의 식민성과 '지역의 이해' 289

대시설이 갖춰지지 않았기 때문이기도 했다. 결과적으로 총독부가 의도
한 것과 달리 자원개발보다는 지역교통으로 동해선 3선이 기능했음을 어
느 정도 확인할 수 있다.

다음으로 여객수송의 추이로 1일 km당 평균여객수를 확인해보면, 12년
계획선 건설 이후 대체로 비슷했다. 어느 정도 철도개설이 완료된 시점인
1940년 통계를 살펴보면, 경부선, 경의선, 경원선, 함경선, 호남선, 경전선
(남부, 서부, 북부), 동해선(남부, 중부, 북부), 평원선(동부, 서부), 만포선,
혜산선, 경경선(남부, 북부), 백무선 순이었다. 국유철도의 여객수송은
5대 간선을 중심으로 이루어졌고, 인구밀도가 높고 대도시가 형성된 새로
운 간선 중 부분 개통된 지선인 경전남부선(광주), 동해남부선(부산), 평
원서부선(평양)이 비교적 높은 편이었다.[50] 동해선의 경우 5대 간선 이외
경전선 다음으로 높았지만 여객수 평균의 절반에도 미치지 못하는 상황
이었다. 동해선 3선 중에서는 남부선, 북부선, 중부선의 순으로 여객수가
많았다.[51]

이어서 화물수송의 추이로, 1일 km당 평균 톤수는 12년 계획선 건설 이
후 1930년대 중반까지 역시 5대 간선의 경의선, 경부선, 경원선, 함경선,
호남선 순으로 유지되다가 전시체제인 1930년대 후반이 되면 자원개발과
공업화에 따른 군수물자 등의 수송과 관련하여 경원선과 함경선 등 북선
철도의 비약적인 증대가 이루어졌다.[52] 역시 1940년 통계에 의하면, 화물
운송은 경원선이 수위를 차지했다. 뒤이어 경의선, 함경선, 경부선, 호남
선, 만포선, 평원선, 혜산선, 경전선, 동해선, 백무선의 순이었다. 지선만

---

50) 朝鮮總督府, 『朝鮮總督府統計年報』, 1940.
51) 조선총독부, 위의 책(1928~1940).
52) 조선총독부, 위의 책(1928~1940).

을 보면 평원서부선이 호남선을 능가하는 비약적인 증대를 보였다. 화물의 경우도 대체로 5대 간선을 중심으로 12년 계획선 중 북선철도의 증가세가 두드러졌다. 동해선은 국유철도 중 건설 도중에 있었던 북선개척철도 백무선 다음으로 화물수송은 미비했다. 그나마 북부선이 상대적으로 높았고, 남부선, 중부선이 뒤를 이었다.[53]

이상과 같이 동해선은 뒤늦은 개통과 3선 모두 연결된 간선 형태가 아니라 지선에 그쳤기 때문에 운수성적면에서 식민지 철도로서의 역할은 상당한 제약이 있었다. 다만 5대 간선을 제외하면 여객수송에서 동해남부선을 중심으로 어느 정도 두각을 나타냈고, 화물수송의 경우 동해북부선의 역할이 주목되었다. 그렇다면 동해선은 총독부가 애초 부여했던 기능 중 경부경의선과 나란히 하는 한반도 종관철도는 북선 개발과 대륙병참선인 경경선(중앙선) 건설 때문에 전통되지 못했지만 동해남부선의 부분 개통으로 경부선 부산 대구 간의 보조선으로써 기능하는데 그쳤다. 또한 조선 산업개발이라는 기능을 발휘하기 위한 동해안 개발도 동해북부선에 의해 강원도의 일부 개발에만 그쳤다. 그나마 동해안의 풍광절미한 풍경은 관광 개발의 단초를 제공하는 측면과 함께 여객 증대에 기여했을 뿐이었다.

이제 동해선 3선의 운영 실태를 각 선별로 구분하여 그 특징과 의미를 살펴보도록 하자. 먼저, 동해북부선은 총독부가 애초 조선 산업개발의 핵심으로 언급한 함경도, 평안도와 함께 강원도 개발에 필요한 선로였기 때문에 총독부는 동해선 중 가장 먼저 건설에 들어갔다. 더불어 원산을 중심으로 하는 강원도 북부지역은 동해선 건설이 지역개발은 물론 일본 내

---

53) 조선총독부, 위의 책(1940).

류과의 새로운 해륙연락을 바라던 대도시 원산과의 연결을 통한 상호 번
영에도 도움이 클 것이라고 여겨 줄곧 철도 개통을 주장했다. 그와 같은
총독부와 지역의 이해가 투영된 동해북부선은 1928년 건설을 시작으로
1929년 개통에 들어가 1937년 안변에서 양양까지 건설되는 것으로 더 이
상 연장되지 못했다.[54]

[표 2] 동해북부선 운수일람표

연도	여객(인)		화물(噸)		발송취급수입(圓)		
	승차	하차	발송	도착	여객수입	화물수입	합계
1929(2)	39934	38309	2614	1862	27162	9862	37024
1930	64181	64226	9219	19530	51308	38291	89599
1931(8)	120360	119501	20562	32044	80522	53395	133917
1932(13)	203963	202717	44570	38380	134894	124178	259072
1933(13)	312021	305694	67969	59947	181724	186725	368449
1934(15)	381490	376427	43236	24343	234562	187739	422301
1936(21)	723249	719027	50368	53054	444042	228891	672933
1937(28)	884697	886373	72232	84497	588924	274777	863701
1938(28)	1239568	1231794	131378	60886	848860	560651	1409511
1939	1530669	1526365	160556	71784	1120639	671404	1792043
1940	1959791	1962140	165435	92112	1478245	631177	2109422
1941					1212198	438951	1651149
1942					1616215	590529	2212105

출전 : 朝鮮總督府, 『朝鮮總督府統計年報』, 1929~1942 ; 朝鮮總督府鐵道局, 『年報』, 1928~1939.
비고 : ( )는 역 수.

[표 2]는 동해북부선이 기공되어 개통된 이래로 2개 역에서 28개 역으로
확대되는 동안의 운영 실태를 확인할 수 있는 운수일람표이다. 통계의 미

---

54) 朝鮮總督府鐵道局, 『朝鮮鐵道狀況』 제29회, 1937.

비로 1942년 이후의 내용은 확인할 수 없다. 다만 더 이상 선로 연장이 이루어지 않았기 때문에 계통적으로 전체를 확인할 수 있는 1940년까지의 상황을 토대로 북부선의 식민지적 특징과 지역적 의미를 유추해볼 수 있다. 우선, 앞에서도 언급한 것처럼 동해선은 여객수송이 화물수송보다 높았다. 북부선도 이와 같이 화물수송보다는 여객수송이 영업수지면에서 배 이상 많았다. 단순하게 보자면 북부선도 여객수송이 중심인 철도였다. 철도 선로가 연장되고 개통역이 증가하면서 당연히 함남과 강원도 북부 동해안 지역의 교통수단으로써 기능하기 시작한 것은 여객 수송이 점차 늘어나는 것을 통해 확인된다.

다만 북부선의 여객 증가는 단순한 지역 간 교통망의 확대만으로 설명할 수 없는 다른 요인도 있었다. 즉, 1932년 개통된 외금강역은 동해안의 아름다운 풍광과 함께 금강산 관광을 위한 새로운 관광지 개발과 루트로 기능했다. 그간 금강산 관광은 경원선 철원에서 금강산전철을 타고 내금강까지 가는 육로와 경원선 종점인 원산에서 해로로 외금강을 거쳐 가는 두 가지 길 뿐이었다. 그런데 북부선 개통은 원산에서의 해로를 열차를 통한 육로로 바꿔 놓았다.[55] 그리고 1932년 외금강역 개통은 동해안을 통해 금강산을 관광할 수 있는 새로운 루트를 제시했다. 나아가 금강산의 공원화와 외금강 인근의 온정리는 온천관광지로 개발되어 북부선의 여객 증가에도 기여했다.[56] 따라서 북부선은 그 여객수송의 우위와 증대를 통해 볼 때, 원산을 중심으로 함남과 강원도 북부지역 간 인적 교류와 교통의 역할을 지니고 있었다. 뿐만 아니라 해금강과 외금강 등 동해안과 금

55) 前田寬, 『金剛山』, 朝鮮鐵道協會, 1931, 117~120쪽.
56) 金剛山協會, 『金剛山』, 1940.

[그림 11] 금강산전기철도노선도

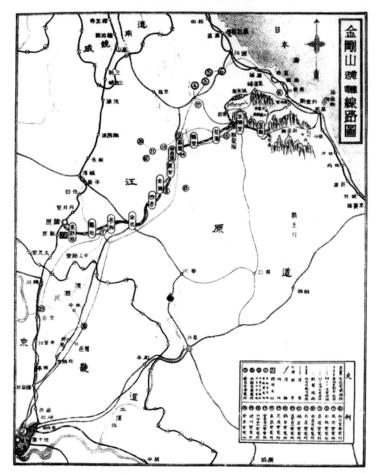

출전 : 金剛山電氣鐵道株式會社二十年史(1939)

강산 등 명승관광을 통한 제국의 공간적 범위를 구획하여 영토화하는 '관광식민주의'의 역할을 부여받았음을 알 수 있다.57)

---

57) 김백영, 「철도제국주의와 관광식민주의: 제국 일본의 식민지 철도관광에 대한 이론적 검토」, 『사회와 역사』 102, 2014, 199쪽.

한편, 북부선의 화물수송은 그나마 동해선 3선 중 가장 많은 화물수송량을 보였다. 그런데 [표 2]를 보면, 철도 연장이 이루어지지 않고 안정화되는 1937년부터 발착화물량의 차이가 나타나기 시작했다. 그 전까지 발착화물은 거의 비슷한 수준이었는데, 이 시기부터 발송화물량이 도착화물량을 능가하기 시작한 것이다. 북부선의 본격적인 운영과 함께 전시체제라는 시대적 상황이 이에 영향을 준 것으로 보인다.

철도국 통계에 의하면 북부선의 발송화물은 임산물을 수위로 하여 수산물이 줄곧 그 뒤를 이었다.[58] 이어서 광산물, 공산물, 농산물, 잡품 기타 순이었다.[59] 그런데 1930년대 중반부터 광산물의 반출이 많아졌다. 이는 북선 개발에 따른 조선 공업화와 관련이 깊으며 1937년 이후 발송화물의 증대는 전시체제하 자원이출과 관련이 크다고 할 수 있다. 단일 품목으로 가장 많이 발송된 화물도 임산물의 목재와 땔감, 수산물의 선어와 염어, 광산물의 광석과 석탄, 공산물의 비료 등으로 이를 뒷받침해준다. 이를 통해 볼 때 동해북부선은 강원도 동해안의 자원개발과 유출이라는 애초 총독부의 바람이 어느 정도 관철된 식민지 철도로서의 역할을 수행하고 있었다고 할 수 있다.

반면, 북부선의 도착화물은 이 지역에 필요한 물산의 반입을 의미했다. 구체적으로 북부선의 도착화물은 1938년 통계에 의하면 공산물, 잡품 기타, 임산물, 농산물, 수산물, 광산물의 순이었다. 잡품 기타를 제외하고 주로 공산물, 임산물, 농산물이 비슷하게 반입되었다. 이는 단일 상품에서도 확인되는데, 공산물의 경우 생산과 생활에 필요한 화학비료와 시멘트, 그

---

58) 朝鮮總督府鐵道局, 『年報』, 1928~1939.
59) 1938년 잠시 모래의 반출이 일시적으로 급등하여 광산물이 2위였으나 개통 이래 2위는 수산물이었다(조선총독부철도국, 위의 책(1939)).

리고 주류가 많이 반입되었다. 임산물은 땔감, 농산물은 쌀과 함께 조의 반입이 많았다.[60] 이는 지역에서 생산되는 천연자원인 임산물과 수산물, 그리고 광산물을 내다 팔고 생산과 생활에 필요한 다양한 공산물과 기타 자가용 농산물, 임산물 등을 지역 내에서 소비하는 것이었다. 결국 철도를 통한 지역개발과 문화혜택이라는 것이 기실 대도시 원산의 상품 소비지로 전락하는 것이라고 해도 과언이 아니었다. 그런데 그런 상황도 전시체제가 되면 일방적인 자원의 유출 쪽으로 기운 것이 북부선의 현실이었다.

다음으로 동해중부선은 1928년 7월 1일부터 사설철도였던 경동선(본선 대구-경주 서악-포항 학산, 지선 경주 서악-포항 학산)이 국유철도인 동해중부선으로 개편되어 운영되었다. 애초 중부선은 국철로 변경되면서 표준궤로 전환과 함께 동해선 본선으로 편입될 예정이었기 때문에 1935년 부산 울산 간 남부선 개통 이후 울산 경주 간 표준궤 개량과 함께 동해남부선으로 편입되었다. 그 결과 운행 선로와 역이 줄어들었다. 또한 1936년 부터 건설에 들어간 경경선에 따라 영천 경주 간이 경경남부선, 대구 영천 간이 대구선으로 바뀌면서 1938년부터 경주 포항 간만 유지 운영되며 그 운행 선로와 역은 대폭 줄었다.[61]

이와 같은 철도 운영의 변화를 염두에 두고 중부선의 전체적인 운수 상황을 [표 3]을 통해 보면, 중부선은 영업수지면에서 여객이 화물보다 대체로 높았다. 그렇지만 운행 거리와 역이 대폭 줄어드는 1938년까지 어느 정도 균형적인 측면을 보였다. 그런데 그 이후 철도계통상 동해남부선과

---

60) 조선총독부철도국, 위의 책(1939).
61) 朝鮮總督府鐵道局, 『朝鮮鐵道ノ事業槪要』, 1938~1939.

연결되면서 여객과 화물의 차이가 크게 벌어져 여객 중심의 철도로 변했음을 알 수 있다. 마지막 남은 중부선 노선인 경주 포항 간은 표준궤 개량의 지체로 1945년 7월에야 개통되었고, 곧바로 동해남부선의 일부가 되었기 때문에 여기서는 1938년까지 중부선의 운영 상황을 토대로 그 성격을 확인하는 것이 의미 있을 것이다.

[표 3] 동해중부선 운수일람표

연도	여객(인)		화물(噸)		발송취급수입(圓)		
	승차	하차	발송	도착	여객수입	화물수입	합계
1928(26)	552070	542173	50124	40127	251347	128171	379518
1929(26)	685278	679160	52001	45649	371491	147922	519413
1930(23)	587653	584582	77066	61772	297333	209171	506504
1931(23)	583211	573260	88508	71354	285633	229706	515345
1932(23)	576536	564664	84076	71547	273169	230125	503294
1933(26)	611339	601062	116281	96008	298077	331847	629924
1934(26)	678414	666552	100289	81151	393856	273043	666899
1936(19)	593405	590462	101849	66527	335311	287633	623944
1937(18)	570979	570921	114512	71015	324195	326535	650730
1938(7)	249666	250038	65746	25107	225399	215809	441208
1939	356071	349549	50433	33328	410653	200557	611210
1940	477448	476310	53780	33759	517853	202848	720701
1941					363129	57002	420131
1942					505321	65840	586221

출전 : 朝鮮總督府, 『朝鮮總督府統計年報』, 1929~1942 ; 朝鮮總督府鐵道局, 『年報』, 1928~1939.
비고 : ( )는 역 수.

중부선의 중심은 경동선의 본선인 대구 포항 간 노선이었다. 경상북도 경제의 중심인 대구 등 내륙과 그 배후항인 포항 등 해안을 연결하는 유일한 교통망으로서 중부선은 여객량이 [표 3]과 같이 승하차 각각 60만 명을 전후한 수치로써 대체로 안정적이었다. 그런데 연선지역 중 유독 경주와 포항의 여객 비율이 지속적으로 전체의 1/3내지 1/2 정도를 차지했다. 경주는 10~20만 명 정도의 여객수를 보이며 중부선 여객량 중 단연 수위를 차지했고, 다음으로 포항은 5~10만 명 정도의 여객수를 보였다. 따라서 중부선은 지역거점을 중심으로 하는 도농 간의 인적 교통이라는 지역적 의미를 지님과 동시에 제국의 영토를 몸소 체현토록 하는 '관광식민주의'와 그 반대로 민족의식을 고양토록 하는 '관광민족주의'의 관광열차라는 식민지적 특징을 보여준다고 해도 과언이 아니었다.

한편 중부선의 화물수송은 [표 3]에서와 같이 기존의 중부선 노선이 동해남부선, 경경선, 경부선으로 각각 병합되어 대폭 축소되기 전까지 여객수송과 비교해서 영업수지면에서 그다지 뒤지지 않고 비슷한 수준을 유지했다. 나아가 발착화물량도 비슷한 수준이었다. 이는 중부선이 화물수송에서도 나름의 역할을 수행했는데, 이는 화물의 생산과 소비가 지역에서 이루어지는 지역철도로서의 역할을 강하게 수행했다고 볼 수 있다. 그런데 그 내용을 좀 더 상세히 확인해보면 또 다른 의미도 확인할 수 있다.

먼저 화물수송 중 발송화물을 살펴보면, 농산물의 발송이 전체의 절반 정도를 차지할 정도로 압도적으로 많았다. 이어서 임산물과 공산물이 순위를 다퉜고 그 뒤를 다시 수산물과 잡품 기타가 순위를 이었다. 가장 낮은 화물은 광산물이었다.[62] 단일 상품으로는 농산물의 쌀이 가장 많았고, 이어서 임산물의 땔감, 공산물의 비료, 수산물의 선·염어 순이었다.[63] 이는 중부선이 경상북도 남부의 내륙과 해안을 연결하는 선로이기 때문에

---

62) 조선총독부철도국,『연보』, 1928~1939.
63) 조선총독부철도국, 위의 책(1937~1938).

이 지역의 전통적인 산업인 농업(수공업 포함), 임업, 수산업과 관련된 자원의 유출에 기여했음을 알 수 있다. 이러한 자원의 유출이 지역 밖으로 나갔는지 지역 안에서 소비되었는지는 착송화물을 통해 확인할 수 있다.

중부선의 착송화물은 농산물과 공산물이 수위를 다퉜고 이어서 수산물과 잡품 기타가 교차했으며, 임산물과 광산물은 수량이 현저하게 낮았다.[64] 단순하게 비교하면, 임산물을 제외하고 대체로 많은 양이 지역에서 소비된 것으로 보인다. 그런데 세부 품목을 확인해 보면, 부분적인 차이는 존재했다. 착송화물 중 단연 수위는 쌀이었고, 이어서 공산물의 비료, 수산물의 선·염어 순으로 발송화물과 거의 유사했다. 하지만 쌀의 수량은 발송량의 평균 60% 수준이었기 때문에 나머지 40%는 지역 밖으로 유출되었다고 볼 수밖에 없다. 이는 전체 농산물에서도 동일했다.[65] 이때 유출은 통계에서 잡히지 않는 대구로의 집산을 통해 대구는 물론 경부선을 통한 조선 내 도시와 일본으로 이출되었다고 유추할 수 있다.[66] 그 외 비료와 선·염어는 발송량과 비슷한 수량이 도착하고 있어 이들 화물은 지역 내에서 소비된 것으로 이해해도 무리는 없을 것이다. 결국 중부선의 화물수송은 쌀을 비롯한 농산물의 일부와 임산물의 지역 외 유출을 제외하면 대부분 지역 내에서 생산된 물품이 다시 지역 내에서 소비되는 형태였다고 할 수 있다.

마지막으로 동해남부선은 연선지역의 지속적인 요구에 의해 1930년 건

64) 조선총독부철도국, 위의 책(1928~1939).
65) 조선총독부철도국, 위의 책(1937~1938).
66) 조선총독부의 동해선 통계에는 동해선 3선의 주요 종착지점인 원산(안변), 대구, 부산(부산진)의 통계가 빠져 있다. 이는 원산(안변)의 경우 경원선, 대구와 부산(부산진)의 경우 경부선역으로 파악했기 때문에 그 통계에 동해선 여객 및 화물량이 포함되었다고 볼 수밖에 없다.

설의 첫 삽을 뜬 이후 1934년 서면 좌천 간 노선의 개통을 시작으로 운행에 들어갔다. 이후 1935년 울산까지 노선이 확대되어 신설 노선은 완성되었다. 이어서 1936년 중부선 노선이었던 울산 포항 간을 표준궤로 바꾸고 남부 선으로 영업한 이후 1945년 7월까지 부산 경주 간을 운행하며 영업했다.

[표 4] 동해남부선 운수일람표

연도	여객(인)		화물(噸)		발송취급수입(圓)		
	승차	하차	발송	도착	여객수입	화물수입	합계
1934(8)	152464	151815	14619	17886	25936	10339	36275
1936(19)	726763	724763	55999	71011	305288	89735	395023
1937(19)	680418	682635	34165	30567	305258	90198	395456
1938(19)	937328	950439	53098	43748	438769	142379	581148
1939	1237136	1222563	56491	39780	683341	167530	850871
1940	1667499	1683612	60895	53053	852935	176804	1029739
1941					974765	178343	1153108
1942					1373844	181827	1555671

출전 : 朝鮮總督府, 『朝鮮總督府統計年報』, 1935~1942 ; 朝鮮總督府鐵道局, 『年報』, 1935~1939.
비고 : ( )는 역 수.

[표 4]의 동해남부선 운수일람은 1940년대 통계의 미비로 한계는 있지만 1936년 이후 동일한 노선의 운영 상황이므로 이를 통해 여객량과 화물량 의 추이를 확인할 수 있다. 남부선은 동해선 3선 중에서도 개통역에 비례 하여 여객량의 증가와 영업수지면에서 여객에 특화된 철도라고 할 수 있 었다. 특히 영업기간이 늘어나면 늘어날수록 여객량의 증가폭은 화물량 에 비해 클 뿐만 아니라 여객수입과 화물수입의 비율은 더 벌어지고 있음 을 [표 4]를 통해 확인할 수 있다.

이와 같은 여객량 증가의 원인은 여객량이 많은 주요 역을 통해 어느 정도 유추가능하다. 남부선 연선 중 가장 많은 여객량을 자랑하는 곳은 전체의 약 15~20만 명 정도를 차지한 경주였다. 이어서 동래, 울산이었다. 이들 세 지역이 남부선 연선 중 부산을 제외하고 가장 번성한 곳이며 거주 인원도 많았기 때문에 여객량의 과반을 차지하는 것은 당연했다. 따라서 남부선도 다른 철도와 마찬가지로 지역 거점 역을 중심으로 하는 지역 교통의 역할도 수행했다고 할 수 있다. 그런데 아무리 연선지역 중 조선인들이 많이 사는 대읍이긴 해도 경주와 부산진이 인구에 대비해 동일한 여객량을 나타내거나 그보다 많다는 것은 단순한 지역교통만의 의미를 지니고 있었다고 보기 어렵다. 주지하다시피 남부선은 유람선으로서의 역할이 기대된 만큼 역시 동해안의 명승고적이 많은 동래, 울산, 경주의 관광객을 빼고 여객량을 이해하기는 어렵다.[67]

한편, 화물수송은 여객수송보다는 미비하지만 동해선 3선 중에서는 중부선보다 많았다. 남부선의 화물수송 중 발송화물은 농산물이 과반 이상을 점했다. 그 외 임산물, 광산물, 잡품 기타가 10%대를 유지하며 순위를 다퉜다. 공산물과 수산물은 한 자리 수로 미비했다.[68] 단일 품목에서도 농산물의 도정 안한 벼가 전체의 30% 대를 차지하면서 압도적으로 많았고 도정한 쌀까지 합치면 과반 이상을 점했다. 그 외 품목으로는 광산물의 광석, 임산물의 땔감이 뒤를 이었지만 이들 모두 한 자리 수에 그쳤다.[69] 이는 이 지역이 동해안 연선이긴 해도 농업 중심의 조선인 거주 지역으로 여기서 생산된 농산물을 중심으로 일부 광산물 및 임산물이 남부선을 통해 주로 유출되었음을 알 수 있다.

반면 도착화물은 공산물이 30~40%을 유지하며 수위를 차지했다. 그 다

---

67) 2부 2장 참조.

68) 조선총독부철도국, 『연보』, 1935~1939.

69) 조선총독부철도국, 위의 책(1938~1939).

음으로 농산물이 10%대를 유지했으며, 다른 화물들은 한 자리 수로 미비했다.[70] 단일 품목으로는 기타와 국용을 제외하면[71] 공산물의 비료(화학비료 포함)가 약 30% 정도로 가장 많았다. 이어서 농산물의 보리가 약 6%를 차지했으며, 그 외 화물은 상당히 미미했다.[72] 이를 통해 볼 때 남부선의 화물수송은 벼를 비롯한 미곡류의 압도적인 발송에 의해 일본인 중심의 대도시 부산으로 이출되어 일부 소비되기도 하고 다시 경부선을 통해 조선 내 대도시로 이출되거나 부산항을 통해 일본으로 반출되는 형태였다. 이에 반해 연선지역은 보리가 부분적으로 유입됨으로써 식민지 농촌의 전형적인 궁박 판매가 이 노선을 통해 진행되었음을 알 수 있다. 또한 비료와 같은 다수 공산품의 이입은 남부선 연선지역을 부산을 비롯한 산업화된 조선 내 대도시와 일본으로부터 유입된 상품 소비지로 만들었을 뿐만 아니라 이들 대도시 및 일본과의 경제적 종속 관계를 심화시키며 식민지 경제정책에 일조하는데 이 노선이 조력했다고 할 수 있다. 결국 지역개발과 문화혜택이라는 철도의 역할은 기실 성장이라는 현상적인 모습 이면에 대도시 및 일본의 자본에 종속당할 수밖에 없는 식민지적·지역적 의미를 내포하고 있었다고 하지 않을 수 없다.

---

70) 조선총독부철도국, 위의 책(1935~1939).

71) 1938년의 경우 단일 품목으로는 국용 화물이 제일 많았다. 이는 철도 운행에 필요한 물품과 함께 철도 건설에 필요한 화물로써 남부선과 연결되어 1936년부터 진행된 경경남부선 및 대구선의 개축공사는 물론 남부선의 연장 노선인 경주 포항 간 개량공사와 관련된 것으로 보인다(朝鮮總督府鐵道局運轉課, 『運轉統計』 1-8, 1938~1939).

72) 조선총독부철도국, 위의 책(1938~1939).

[부표] 조선 국유철도와 동해선의 운수일람표 비교

		여객(인)		화물(톤)		발송취급수입(원)		
		승차	하차	발송	착송	여객수입	화물수입	합계
1928	동해	552070	542173	50125	40127	251347	128171	379518
	국유	21757420	21797477	4717214	5475230	18960810	16616378	35577188
1929	동해	725212	717469	54614	47511	398653	157784	556437
	국유	22648731	22677694	4909021	5670810	20488463	17323056	37811519
1930	동해	651834	648808	86285	81302	348641	247462	596103
	국유	20120409	20173119	4928755	5598094	17235131	16430745	33665875
1931	동해	703571	692761	109070	103398	366155	283101	649262
	국유	19164409	19180143	5021496	5730364	16511041	17063150	33574191
1932	동해	780499	767381	128646	109927	408063	354303	762366
	국유	19983295	19994979	5167379	5898686	17672919	17798010	35470929
1933	동해	923360	906756	184250	155955	479801	518572	998373
	국유	21474622	21429300	6000776	6783871	20011116	19917171	39928287
1934	동해	1212368	1194794	158144	123380	654354	471121	1125475
	국유	24642169	24609199	6169498	7150819	22695286	22092909	44788195
1935	동해	1636679	1625626	168377	160624	812943	504488	1317431
	국유	28224553	28197958	7209928	8062168	26287757	25629918	51917675
1936	동해	2042700	2034252	208216	190592	1084641	606260	1690901
	국유	32441099	32369270	8271818	9286360	29699887	30039111	59738998
1937	동해	2136094	2139929	220909	186079	1218377	691510	1909887
	국유	34526486	34238509	9630089	10084223	34562402	40926409	75488811
1938	동해	2426562	2432271	250222	129741	1513028	918839	2431867
	국유	43110361	42980514	11870692	12520386	43705790	46257360	89963150
1939	동해	1746876	3098477	267480	144892	2214633	1039491	3254124
	국유	56952842	56658822	13287350	14011457	62697108	55579886	118276994
1940	동해	4104738	4122062	280110	178924	2849033	1010829	3859862
	국유	78770522	78981510	15064426	16521565	82024116	61746116	143770232

출전 : 朝鮮總督府, 『朝鮮總督府統計年報』, 1928~1940.

결론

식민지 지역철도의
식민성과 지역성

　부산을 중심으로 하는 철도 건설은 조선의 철도 건설과 함께 시작한다
고 해도 과언이 아니었다. 한말 박기종은 부산항과 하단을 연결하는 철도
('부하철도') 건설을 시도했다. 그러나 청일 및 러일전쟁을 거쳐 일제의 침
략이 점차 노골화되고 경부선의 건설에 따른 다른 노선이 추진되면서 좌
절되었다. 이후 부산 중심의 철도 건설은 조선의 식민지화에 따라 철저하
게 부산 거주 일본인들에 의해 주도적으로 진행되었다.

　개항 이후 부산항을 중심으로 세력을 확대하고 있던 일본인들은 부산
항과 시가의 정비, 그리고 이를 토대로 한 영향력의 확대가 자신들의 이
해와 밀접히 결부되어 있음을 일찍부터 간파했다. 그래서 부산 거주 일본
인들이 중심이 된 사설 부두('목잔교')의 설치는 물론 조선 내륙으로 진출
할 수 있는 철도 건설에도 적극적이었다. 우선 일제에 의해 추진되고 있
던 경부선 건설에 주주로 적극 참여하는 한편, 직접 부산을 중심으로 하
는 철도 건설에도 뛰어들었다. 이른바 '대륙의 관문'인 부산항을 정점으로
서부, 중부, 동부의 세 방향으로 뻗어나가는 부산 중심의 조선철도망 완성
이 그것이었다.

　이미 완성된 경부선을 중앙에 배치하고, 좌측으로는 서부 경남으로 나
갈 수 있는 교두보인 하단을 거쳐 웅천(진해), 마산, 진주, 더 나아가 전라
남북도의 나주, 목포에 이르는 철도와 우측으로는 동부로 나갈 수 있는
동부 경남의 전통적 중심지인 동래를 거쳐 기장, 울산, 경북의 경주, 포항,

더 나아가 강원도의 원산에 이르는 철도 건설을 계획하였던 것이다. 그리고 우선 부산항과 일본인시가의 배후지로 확장할 수 있는 동부 경남으로 뻗어나가는 철도를 가장 먼저 추진했다.

이를 토대로 식민지 시기 시내외 전철과 임항철도라는 도시 철도를 완성했고 1927년 조선총독부의 '조선철도12년계획'에 서부 경남을 거쳐 전라도로 뻗어나가는 경전선과 동부 경남을 거쳐 경상북도와 강원도로 뻗어나가는 동해선이 포함되도록 하는 한편, 그 건설에 앞장섰고 부분적으로 운영되도록 했던 것이다. 이러한 식민도시 부산 중심의 철도 건설 과정은 안으로 일본인들을 중심으로 개항장에서 식민도시 부산으로 전환을 꾀하는 것인 동시에 배후지로서의 조선인 마을을 식민지적으로 재편과정이었다. 또한 밖으로 이를 토대로 조선 전역으로 특히 경제적 영향력을 확장하는 과정이기도 했다.

1. 도시 철도의 식민성과 지역성

부산 중심의 도시 철도는 경편철도(동래선)의 건설로부터 시작해 시내외 전철로의 전환과 운영, 그리고 부두와 도시(간) 철도와의 연결인 임항철도로 이뤄졌다. 이들 도시 철도는 사설철도로 식민회사인 부산궤도주식회사 및 조선가스전기주식회사(1937년 이후 남선합동전기주식회사)와 부산임항철도주식회사에 의해 건설·운영되었다. 따라서 이들 도시 철도에는 건설과 운영을 둘러싸고 크게 4방면의 이해가 결합되어 있었다. 즉, 사설철도 건설과 운영의 인·허가 권한을 가지고 있는 조선총독부('帝國力'), 건설과 운영의 대상지이며 직접적인 이용자인 지역(민)('地域力'), 건설과 운영의 실제 경영자인 식민회사('資本力'), 그리고 건설과 운영에 배제되었지만 부분적 이용자였던 피지배 민족인 조선인('民族力')이라는 네 방면의 이해관계와 힘이 중층적으로 엮여 있었다. 이 네 방면의 이해관계와 힘은 독자적인 발현이라도 하나 또는 둘 이상의 관계 속에서, 그리고 시간, 장소, 또는 이해관계와 힘의 성쇠에 의해 결합, 협력, 연대하거나 분열, 갈등, 불화하는 측면도 있었다. 이와 같은 과정이 도시 철도를 둘러싼 식민성/근대성과 지역성이라는 특징을 드러낸다고 할 수 있다. 그 과정을 정리하면 다음과 같다.

먼저, 부산 중심 철도의 시작인 궤도철도 동래선의 건설과 경편철도로의 노선 확장 및 개선은 부산항을 중심으로 하는 식민공간의 확장이며 일본인자본가의 경제적 이익 확대로 파악할 수 있다. 초기 부산항 인근 부산진과 동래의 조선인 마을을 포함하지 않던 궤도노선이 경편철도로 전환되면서 점차 이들 마을을 포함함으로써 부산항 중심의 도시가 시외로 확장될 수 있는 토대를 구축했다. 또한 철도 건설과 운영을 책임진 부산궤도주식회사와 조선가스전기주식회사에 일본인자본가들이 참여하는 한편, 부산진과 동래지역으로의 토지 침탈과 동래온천의 개발에 따른 투자 등에 관여한 일본인자본가들의 경제적 이익 확대로 이어졌다.

한편, 부산항으로부터 동래온천장까지 경편철도의 완성은 부산의 도시구조 형성에도 영향을 미쳤다. 일본인을 중심으로 하는 부산항의 '도심', 매축이 진행되어 향후 공업지가 될 예정지인 부산진의 '부도심', 그리고 자본가와 관리의 별장과 온천위락시설이 들어서고 있는 동래온천장의 '교외'라는 수평적 공간 배분이 이루어졌다. 그리고 도심, 부도심, 교외에는 각각 민족적인 수직적 위계화도 동시에 추진되었다. 즉 도심인 부산항과 주변인 대신동 및 초량·영주동의 조선인 거주지, 부심인 부산진 매축지와 주변인 부산진 조선인 시가, 그리고 교외인 동래온천장과 주변인 동래 조선인 시가로 연결되는 수직적 위계화가 중층적으로 완성되었다고 할 수 있다.

부산항으로부터 동래온천장까지 연결된 경편철도(동래선)는 시외인 부 산진과 동래를 연결하는 노선에서 일본인시가와 연결된 시내외 전철로 다시 전환되었다. 애초 부산의 일본인사회는 전철을 자신들의 수호신을 모신 용두산신사를 중심으로 한 장수통선과 대청정선을 양축으로 하는 시가 일주선과 서부 신시가지를 순환하는 시가 횡단선으로 계획했다. 그 러나 이윤을 목적을 한 조선가스전기주식회사와 제국주의적 관점의 조선 총독부로 말미암아 부산항에서 동래온천장까지의 직선 노선이 먼저 개통 됨으로써 중심축이 북쪽으로 이동하는 원심력으로 작용했다. 더불어 부 산진을 경계로 시내선과 시외선으로 구분함으로써 지역적 차이가 차별로 이어졌다.

이에 일본인사회는 다시 시가 일주선과 횡단선을 중심으로 한 교통시 설의 확립과 구심력을 갖추기 위한 전철 건설요구에 들어갔다. 결국 대청 정선(1916)을 필두로 장수통선(1917), 중도정선(1925), 대신정선(1928)을 통 해 노선은 서부 신시가지로 확대되었고 토성정선(1934)이 완성됨으로써 최초 명령선 중 시가 일주선은 거의 완성되었다. 이후 복선화 추진과 더 불어 대교통선(1934), 소화통선(1941)이 마무리되면서 시가 일주선은 확대 된 형태로 완성되었다.

시가 일주선의 완성은 일본인 중심시가의 교통을 원활하게 하는 측면 뿐만 아니라 다른 지역으로 확대할 수 있는 구심력으로써 완성된 것이라 고 할 수 있다. 즉, 시가 일주선을 중심에 두고 서부(대신정), 북부(범일정, 동래온천장), 남부(목도)로 뻗어나갈 수 있는 길을 열었을 뿐만 아니라 조선과 대륙 진출의 출입구인 부산항과 부산역을 정점으로 한 도시 교통기관의 완비라고 할 수 있을 것이다. 이는 일본인 중심시가를 강고한 구심력으로 하여 사방으로 뻗어나가고자 했던 식민주의자의 욕망이 투영된 것이다.

또한, 조선의 개발과 내륙으로의 확장을 목표로 한 부산진선과 동래선의 연결과 전철 전환은 부산진을 경계로 시내선과 시외선으로 구분되어 운영되었다. 이후 지역적 차이는 민족적 차이와 결부되면서 지역 차별과 민족 차별이 뒤섞이는 분절의 공간 분할로 이어졌다. 그렇다고 해도 전철의 건설과 운영은 일방적이지 않았다. 특히 공공재로서 '부민의 발'인 전철은 식민성과 근대성이 중첩되어 있기 때문에 여러 힘들의 교차·갈등·봉합을 통해 만들어지고 운영되었다.

근대 도시의 교통시설인 전철 경영의 독점권을 일본인 중심의 '지역사회'로부터 부여받은 조선가스전기주식회사는 영리회사라 하더라도 지역의 입장에서 전철 건설과 운영이라는 의무를 충실히 수행해야 했다. 하지만 회사는 전철 건설은 물론이고 개선과 운영에 소극적인 반면, 이윤의 확대에는 적극적이었다. 회사는 애초 명령받은 선로의 완성에는 더디었고, 해당 선로의 복선화와 전차의 속도 및 편의성의 확보에는 거의 나서지 않았다. 기초적인 선로가 갖춰지는 1917년 이후부터 이윤 확대에만 관심을 쏟다가 지역민들의 강력한 지역운동에 직면하여 어쩔 수 없이 개선에 나섰다. 애초 명령서에 약속된 선로의 완성은 시작한지 약 30년 만인 1928년에야 이루어졌다. 노선의 복선화는 그보다 훨씬 늦은 1941년에 마무리될 정도로 개선은 소극적이었다.

나아가 구간요금제는 철저하게 회사 이익에 기반을 두었다. 처음부터 시내선과 교외선을 구분하고 기왕의 교외선과 시내선의 확장에 따른 구간을 각각 3~4구간으로 운영했다. 처음에는 1구간에 3전인 요금을 곧바로 5전으로 인상한 이후 끝까지 1구 5전의 요금제를 유지했다. 다만 지역민들의 불만에서 야기된 전기 · 전차부영운동 등 일련의 지역운동으로 말미암아 시내선은 점차 구간이 줄어들어 2구 10전으로 다소 감액되었지만, 교외선은 구간 구역의 변경만 있을 뿐 줄곧 4구 20전의 고율이 그대로 유지되었다.

이를 종합해 보면, 대체적으로 전철 건설과 운영에는 제국, 자본, 지역의 이해관계와 힘이 강하게 영향을 미쳤다. 건설과 관련해서 계획단계는 지역의 이해관계와 힘이 강했지만 실제 건설은 제국 및 자본의 이해관계와 힘이 상호 협력하며 영향력을 미쳤다. 특히 식민지 경영 초기였기에 제국의 이해관계와 힘이 초기 건설 과정에 강한 영향력을 미쳤다. 그러나 중, 후기로 넘어가면서 다시 지역의 이해관계와 힘이 각종 단체 및 조직을 통해 노선 건설을 관철시키기 시작했고 결국 처음 계획을 완성시켰다.

전철 운영에는 시종일관 자본의 이해관계와 힘이 압도적으로 강했다고 할 수 있다. 특히 전차요금과 관련해서는 지역과 행정기관(식민권력)의 이해관계와 힘이 그다지 위력을 발휘하지 못했다. 물론 지역민의 '전차부영운동'으로부터 시작해 전개된 '전기부영운동'은 일시 성공했다. 하지만 제국의 이해관계와 힘은 식민회사라는 자본의 이해관계와 결합했다. 따라서 전기 · 전차부영운동은 결과적으로 실패로 돌아갔다. 이후 지역민은 '전차임균일제운동'과 '전차임인하운동'을 전개했지만 일본인시가인 시내선 운임만 일부 개정되고 조선인시가인 시외선은 끝까지 개정되지 않았다.

이는 민족의 이해관계와 힘이 부분적으로 지역의 이해관계와 협력, 연대하기도 했지만 결국 식민성과 근대성에 저항하는 측면에서 관계를 맺을 수밖에 없었다. 지역적 차별과 민족적 차별로 힘들어하던 조선인은 부분적으로 일제가 만들어놓은 지역사회의 '공론장'에 들어가 자신의 목소리를 냈지만 '대답없는 메아리'였다. 그러한 지역의 공적 공간조차 자본의 이해 관계와 힘에 압도당했다. 따라서 조선인들은 전차 전복 사건과 같은 저항을 통해 전철과 관련 맺을 수밖에 없었다고 해도 과언이 아닐 것이다.

다른 한편, 식민지 철도는 제국 일본과의 연결을 최우선으로 했기 때문에 해륙연락수송의 의미가 강했다. 그래서 항만 건설은 철도 건설과 연동했고, 항만 확장은 철도 확장으로 이어졌다. 이 때문에 부산은 단순한 식민지 조선의 한 지역이 아니었던 것이다. 그런데 이와 같은 이른바 도시 산업기반시설은 국민국가를 주체로 하는 사업이기 때문에 관 중심으로 이루어져야 했다. 하지만 식민지 예산의 대부분이 식민지민의 감시 통제라는 통치 비용 등 제국을 위한 예산에 집중되면서 일본인 식민자로 대표되는 민간자본을 이용하는 형태로 전개되는 경우도 많았다. 따라서 이들 사업에는 제국은 물론, 식민자로 이루어진 자본, 지역의 이해가 뒤섞일 수밖에 없었다.

부산진과 적기만 매립의 경우도 마찬가지였다. 이 사업은 조선총독부, 부산부(일본인사회), 일본인 민간사업자 등의 다양한 이해관계가 뒤섞여 우여곡절 끝에 건설에 이르렀다. 그 가운데 임항철도 건설은 단순한 국책사업으로서 제국의 이해에 따른 선차연락시설의 완비만이 아니라 부산의 일본인사회가 기대하고 열망한 항만 배후지인 서면일대 공업지대의 설치와 발전에 중대한 요건이었다. 따라서 임항철도의 시작은 이들의 이해관계가 깊이 개입되어 있었다고 할 수 있다. 이는 크게 철도 노선과 회사 조직을 통해 드러났다.

노선의 경우 2가지 점에서 지역의 이해가 관철되었다. 첫째, 조선총독부와 군의 개입이 강해지는 시대적 분위기로 말미암아 기점이 부산진역으로 변경되었다. 하지만 기점에서 적기만 매립지 입구까지의 노선은 기존 계획노선을 가능한 한 수용했다. 즉, 서면 일대의 공업지대를 우회하는 노선으로 설정되었다. 둘째, 철도 노선에는 새로 만들어진 공업지대에 입주할 기업들의 수송 편의를 위한 별도 노선이 포함되었다. 적기만 매립지의 판매를 촉진하는 한편 신시가지와 공업지대로의 발전을 촉진하기 위해 기존 노선에서 별도로 전용측선 4곳이 설정되었다. 또한, 창립당시 주주는 물론 중역까지 부산지역과 관련된 인사들로 구성되었다.

하지만 전시체제와 통제경제에 따른 늦은 개통으로 점차 무게의 중심이 지역의 이해에서 제국의 이해로 옮겨가기 시작했다. 그 시작은 철도 기점의 변경에 있었지만 조선총독부의 자재 및 조선인 노동력의 원조로부터 본격화되었다. 더불어 적기부두 매립공사와 병행해 임항철도회사의 증자는 국책회사인 동양척식주식회사의 소유권 장악을 통한 지역기업에서 동척의 방계기업으로 전환되도록 했다. 나아가 요새지대인 적기부두와 임항철도의 종단역인 적기역 구내시설은 유사시 군용으로 사용될 수 있도록 허가받았기 때문에 군용부두와 역의 기능도 지녔다. 이는 1943년 애초 철도회사가 계획하고 있던 연장 노선을 조선총독부가 군용선으로 계획하는 한편 기존의 철도를 매수하여 국철로 전환하면서 명확해졌다.

이상과 같이 도시 철도로서 시내외 전철과 임항철도는 조선총독부의 인허가에 의해 지역철도로서 일본인 식민자를 중심으로 하는 지역의 이해와 식민기업이라는 자본의 이해가 일차적으로 결합하여 건설되었다. 이를 통해 식민도시 부산은 그 공간적 영역의 확장과 함께 민족별·산업별·지역별 위계질서를 통해 도시구조가 심화되었으며, 그 정치, 사회, 경제, 문화적 영향력이 철도의 확장을 통해 경상도는 물론 조선 전역으로 확장될 수 있는 토대를 마련했다. 하지만 이와 같은 과정은 제국의 이해에 부합하지 않거나 또는 전시체제와 통제경제라는 시대적 상황과 정책적 고려에 의해 언제든 제국의 이해와 힘에 의해 좌지우지될 수밖에 없는 한계를 지니고 있었다. 이른바 '전기·전차부영운동'의 표면적 성공에도 불구하고 결국 실패로 귀결된 것과 임항철도가 이를 관리 감독하는 조선총독부, 국책회사 동양척식주식회사, 그리고 조선군에 의해 '군용철도'라는 제국의 이해에 기반을 둔 교통시설로 끝을 맺을 수밖에 없었던 것은 이를 명확하게 보여준다고 할 수 있다.

2. 도시 간 철도의 식민성과 지역성

강제 병합을 전후한 시기 부산의 일본인들은 '대륙의 명실상부한 관문'을 목적으로 부산항과 일본인시가의 도시화는 물론 전라도, 충청도, 경상도로 뻗어 나가는 세 갈래의 지역철도 건설계획을 구상했다. 지역 내의 단순한 도시 철도가 아니라 지역과 지역을 연결하는 광역의 도시 간 철도를 지향했다. 따라서 일본과 부산의 자본을 토대로 한 조선가스전기주식회사의 설립을 통해 광역의 지역철도 건설계획 가운데 하나의 축인 울산·경주·포항·대구까지 이어지는 동래연장선(이후 동해남부선)을 계획하고 조선총독부로부터 부설인가를 승인받았다. 그러나 제1차 세계대전에 따른 경제계의 불안과 그에 따른 자본부족, 그리고 부산의 현안문제였던 전철 부설 등으로 인하여 곧바로 착수하지 못하고 계속 연기되었다. 더군다나 동래연장선은 부산과 대구를 잇는 지역철도이기 때문에 경상남도와 경상북도의 중심 거점 도시 간의 이해관계가 충돌하며 철도 건설 및 유치 경쟁이 일찍부터 벌어졌다.

조선가스전기의 동래연장선 계획을 전해들은 대구지역의 자본가들은 지역의 영향력이 줄어들 것을 염려했다. 뿐만 아니라 지역 경제마저 경부선에 이어 선설되는 지역철도에 의해 지속적으로 부산에 종속될 것을 우려했다. 따라서 독자적인 경제권을 형성하기 위해 또 다른 기점인 대구포항선(이후 동해중부선) 우선 건설을 위한 움직임을 가시화했다. 한편으로 별도의 대구철도주식회사 설립을 논의하여 부설권 이양을 요청했다. 다른 한편으로 조선가스전기의 동래연장선 중 부산울산선이 아니라 대구포항선 우선 부설을 거듭 회사에 청원했다.

대구지역 자본가들의 움직임은 조선가스전기의 동래연장선 부설에도 영향을 미쳐 새로운 회사 설립으로 이어졌다. 조선가스전기의 내부 문제와 대구지역 자본가들의 적극적인 대구포항선 부설운동으로 별도의 조선경편철도주식회사가 대구를 중심으로 설립되었다. 조선경철은 이제 대구지역의 이해를 대변하며 조선가스전기와 달리 대구 포항 간 철도 부설을 우선 실시했다. 조선중앙철도주식회사로 개편되고 다시 조선철도주식회사로 합병된 이후에도 계속해서 부산 중심의 부산울산선 부설에 뛰어들지 않았다.

철도 부설의 주도권을 잃었을 뿐만 아니라 최초 계획했던 부산울산선조차 부설이 지연되자, 부산의 일본인자본가들은 부산상업회의소를 중심으로 동래, 울산지역 유지 자본가들을 끌어들여 부산울산선 속성운동을 전개했다. 특히 부산울산선 속성을 위한 1부 2군(부산, 동래, 울산) 또는 1부 3군(부산, 동래, 울산, 경주) 동맹회를 조직하고 조선총독부 및 일본정부에 정치활동을 전개하는 것과 동시에 지속적으로 철도회사에 부설을 요구했다. 부산·울산지역의 이 같은 움직임은 조선상업회의소연합회의 '조선철도10개년계획'을 거쳐 일본 정·재계에 대한 전방위적인 '동상운동(東

上運動)'의 결과, 일본정부가 승인한 '조선철도12년계획'에 동해선의 지선(동해남부선)으로 포함되었다.

제국 일본과 식민지 조선의 다양한 이해관계가 개입되어 만들어진 '조선철도12년계획'선에 포함된 동해선 중 동해남부선(부산 포항 간)은 계획대로라면 1927년에 기공을 시작하여 1934년에는 완성될 예정이었다. 이 선로는 계획보다 뒤늦은 1930년 7월 부산에서부터 기공에 들어갔고, 1934년 7월에야 부산진 해운대 간 18km의 개통을 보았다. 그해 12월에는 좌천 간이 개통되었고, 1935년 12월에는 울산 간이 개통되면서 신설 구간은 완공되었다. 이후 동해중부선의 광궤선 개축을 통한 동해남부선화 작업에 들어가 1936년 12월 울산 경주 간이 개통되었고, 1939년 공사에 들어간 경주 포항 간은 1945년 7월에야 개통될 수 있었다.

철도 기공과 개통이 늦어진 것은 조선총독부의 철도 정책 때문이었다. 조선총독부는 처음부터 동해선 중 동해북부선 건설에 집중했다. 그러자 부산을 중심으로 하는 동래, 울산, 경주 등 동해남부선 연선 지역은 개별 또는 기존의 기성회를 통해 연합하여 남부선 기공촉진을 위한 진정운동을 조선총독부는 물론 일본 본국을 향해 지속적으로 전개했다. 더불어 경상남북도, 강원도 3도의 20개 도읍이 포함하는 '동해선철도기성회'까지 조직하여 진정운동을 확대했다. 그 결과 뒤늦었지만 1930년 부산 측 기공으로부터 1936년 경주까지 개통될 수 있었다.

동해남부선 건설과 개통을 둘러싸고 지역 간 경합도 초래했다. 부산 해운대 간 노선 확정을 둘러싸고 동래군 동래면과 남면(좌수영)이 경합했다. 동래면의 전방위적인 진정운동과 철도의 경제적 이익에 따라 동래면을 통과하는 노선이 확정되었다. 또한 동해남부선 건설은 다시 경상남북도를 대표하는 부산 상권과 대구 상권의 경쟁장이 되었다. 1차 경쟁에서 승리한 대구 중심의 대구포항선인 경동선이 동해중부선으로 포함되었기 때문이었다.

따라서 경북과 대구지역 상권의 수성을 추구하던 대구와 동해남부선 노선 확대에 따라 경남과 부산 상권의 확장을 추구하던 부산 간의 상권 경쟁이 다시 울산-경주-포항 간 광궤 개축을 둘러싸고 일어났다. 하지만 식민지 판도 내의 부산의 지정학적 위치와 경제적 힘의 우위, 그리고 조선총독부의 철도정책에 따른 새로운 간선망인 중앙선의 출현으로 대구지역의 바람은 받아들여지지 못했다. 결국 조선총독부와 지역, 지역과 지역 간에 이루어진 '지역정치'에 따라 '지역의 이해'는 일부 수용되기도 했지만, 결과적으로 '제국의 이해'에 기반을 둘 수밖에 없었다.

한편, 조선총독부는 이미 언급한 것처럼 동해선을 강원도의 산업개발, 함경선과 연결을 통한 새로운 동부간선으로서 만주 연결과 국경 방비, 그리고 경의·경부선의 대체·보조선으로 계획했다. 그런데 1930년을 전후한 시기부터 총독부의 입장은 보다 명백하게 '북선철도 우선주의'로 바뀌었다. 더군다나 1931년 만주사변과 1932년 만주국 성립은 만주와 군사·경제적 연락 관계를 더욱 긴밀하게 만들어 북부조선의 개발과 함께 만주 연결과 국방 및 경비에 주력하는 철도 건설에 더욱 매진하도록 했다.

다른 한편, 동해선 연선지역은 각각 지역별로 동해선 건설을 요구하며 지역의 '개발과 발전'에 반드시 필요한 철도임을 강조했다. 먼저 북부선 연선지역의 거점인 원산은 동해선 건설을 통해 원산 상권의 강원도 확장은 물론이고 동서횡단선과 남북종관선 완성을 통한 일·선·만 연락의 새로운 중심으로 자리매김하고자 했다. 강원도지역도 조선 산업개발이라는 '국가적 견지'뿐만 아니라 강원도 경제력의 증강과 문화의 수입을 통한 '지역발전'을 강조했다. 따라서 총독부의 입장 변화에 따른 동해선 건설이 늦어지고 제대로 이루어지지 않자 '지역발전'과 궁민구제라는 지역적인 입장에서 동해선 건설을 지속적으로 주장했다.

한편 중부선 연선지역의 거점인 대구는 대구 중심의 ✚형 철도 건설을 요구하며 그 수평선로의 한 축으로서 중부선이 부산 중심 경부선과 경전선의 대항철도로 기능하기를 바랐다. 이에 따라 우회선로의 단축 계획과 포항의 대대적인 축항 및 일본과 연결항로를 통해 경북지역의 발전과 번영을 추구하고자 했다.

반면 남부선 연선지역의 거점인 부산은 지방산업의 개발과 함께 부산 상권의 확장과 북진을 원했다. 나아가 이 철도가 유망한 '유람선'으로 기능하길 바라며 동해선 건설에 앞장섰다. 더구나 총독부가 동해선 건설에 소극적일 때마다 연선지역과 연합하여 철도 건설의 촉진과 속성을 주장했다.

이처럼 동해선은 계획과 건설과정에 조선총독부의 조선 산업개발과 한반도 종관철도라는 '제국의 이해'와 함께 3선 연선지역의 개발과 그 수혜지로서의 원산, 대구, 부산으로 하는 거점 지역과 인근 지역의 번영이라는 '지역의 이해'가 반영되어 있었다. 그러나 만주사변 이후 전시체제에 따른 철도 건설의 우선권이 동해선으로부터 차츰 멀어진 결과, 조선 산업개발이라는 측면에서 부분적으로 제국과 지역의 이해에 복무할 수 있는 3선 체제의 지역철도에 머무르고 말았다. 다만 중부선과 남부선의 연결은 거점 지역 간의 경쟁을 불러일으켜 식민지적 위계 구조 속에서 재편되는 등 '지역의 이해'도 큰 틀에서는 '제국의 이해' 속 산물이었음은 언급하지 않을 수 없다.

한편, 건설만이 아니라 운영에서도 이와 같은 모습이 드러났다. 북부선은 동해선의 전반적인 경향과 동일하게 여객수송이 화물수송보다 많았다.

다만 지역 간의 인적 교류와 함께 금강산 관광이라는 '관광식민주의'적인 기능이 주목되었다. 화물수송에서는 지역에서 생산되는 천연자원인 임산물과 수산물, 그리고 광산물을 내다 팔고 생산과 생활에 필요한 다양한 공산물과 기타 자가용 농산물, 임산물 등이 지역 내에서 소비되는 형태였다.

중부선은 여객과 화물수송이 균형적인 상태라고 할 수 있다. 여객의 경우 도농 간의 인적 교류의 측면과 함께 경주로 여행하는 '관광식민주의'와 '관광민족주의'적인 관광객이 다수를 차지했다. 화물수송은 쌀을 비롯한 농산물의 일부와 임산물의 지역 외 유출을 제외하면 대부분 지역 내에서 생산된 물품이 다시 지역 내에서 소비되는 형태였다.

남부선은 단연 여객 중심의 철도였다. 대체로 조선인이 많이 거주하는 대읍을 중심으로 하는 인적 교통망으로 기능할 뿐만 아니라 중부선의 포함에 따른 경주와 동해안의 명승고적을 유람하는 관광객의 증대도 무시할 수 없었다. 화물수송은 압도적인 미곡류의 유출과 함께 공산품의 이입이 짝을 이루고 있어, 전형적인 도농 경제의 종속 내지 식민지 경제의 제국 종속을 심화시키는 과정이었다고 할 수 있다.

결국, 동해선은 뒤늦은 개통과 3선 모두 연결되는 간선 형태가 아니라 지선에 그쳤기 때문에 운영 면에서 간선철도로서의 식민지적 역할은 상당히 제한적이었다. 그래도 5대 간선을 제외하면 여객 수송이 화물 수송보다 두드러졌는데, 이는 지역교통과 관광에 의한 것이었다. 한계는 있지만 여객수송에서 새롭게 '관광식민주의'적 역할은 담당했다고 할 수 있다. 한편, 화물수송에서는 북부선을 통한 임산, 수산물, 광산물의 유출과 남부선을 통한 미곡류의 유출, 그리고 전 선로의 공산품 유입이 두드러져 이른바 철도의 개통은 지역개발과 문명의 확산이기도 하지만 결과적으로 농촌 경제의 도시 종속과 함께 식민지 경제의 제국 종속을 심화시키는 과정이기도 했음을 알 수 있다.

이상과 같이 도시 간 지역철도로부터 시작해 간선망으로 전환한 동래연장선-동해남부선-동해선이라는 식민지 철도와 지역과의 관계는 첫째, 지역의 '개발'과 '발전'이라는 '정치적 수사'와 함께 처음에는 '자본의 논리'에 의해 추진되었다. 그 '자본'의 중심은 지역자본이었으며 일본인자본이었다. 물론 부설과정에서 투자된 자본은 압도적으로 본국자본이 많았다. 하지만 점차 지역 내 일본인자본(일부 조선인자본 포함)으로 그 중심이 옮겨갔으며 결국 조선총독부의 간선망에 포함됨으로써 '제국의 논리'에 종속될 수밖에 없었다.

둘째, 동래연장선-동해남부선-동해선의 부설과정은 지역 간의 갈등과 협력의 양상을 구체적으로 확인할 수 있다. 특히 지역 간의 갈등은 식민권력과 식민정책의 균열지점을 드러내어 줄 뿐만 아니라 이를 봉합하여 균질화하고자 하는 조선총독부의 역할 또한 드러내어 주었다. 그렇다면 식민지 조선에서의 식민권력과 식민정책은 그 '균열'과 '균질'이라는 모순적인 상호작용을 통해 수행되었음을 알 수 있다.

셋째, 동래연장선-동해남부선-동래선의 부설에는 일부이지만 조선인자본도 포함되었다. 이는 지역 개발이 가져올 넓은 의미의 포괄적 이익과 관련이 있었기 때문으로 보인다. 그 때문에 지역 개발과 발전이 지역자본가들, 특히 일본인들의 '정치적 수사'에 지나지 않았지만 조선인들을 각종 지역 공공사업의 부설운동에 참여할 수 있도록 추동하였다. 하지만 대부분의 조선인들은 포괄적 이익조차 향유할 수 없는 위치였으며 그들의 주체적인 목소리는 물론 그들을 대신할 목소리조차 왜곡당한 위치였다.

▌참고문헌 ▌

1. 자료

『釜山日報』, 『朝鮮時報』, 『大邱新聞』, 『朝鮮民報』, 『京城日報』, 『朝鮮新聞』

『東京朝日新聞』, 『大阪毎日新聞(朝鮮版)』, 『大阪朝日新聞(朝鮮版)』, 『報知新聞』,

『時事新報』, 『國民新聞』, 『万朝報』, 『やまと新聞』, 『中央新聞』, 『經濟新聞』,

『日本新聞』

『毎日申報』, 『東亞日報』, 『朝鮮日報』, 『朝鮮中央日報』, 『中央日報』, 『中外日報』,

『시대일보』

『朝鮮總督府官報』

『朝鮮總督府統計年報』

『朝鮮』

『朝鮮及滿洲』

『朝鮮經濟雜誌』

『朝鮮鐵道協會會誌』

農商工部, 『光武二年 訴狀及題存檔』, 1898

東萊府, 『東萊監吏各面署報告書』, 1905

釜山日本人商業會議所, 『釜山日本人商業會議所年報』, 1905·1909

柳田久太郎, 『韓國釜山港市街明細圖』, 1907

東萊府, 『各面洞訓令存案』, 1910

朝鮮總督府 農商工部, 『釜山方面商工業調查』, 1911

朝鮮總督府 地質調查局, 『釜山市街全圖』, 1911

釜山商業會議所, 『釜山要覽』, 1912

大邱新聞社, 『鮮南要覽』, 1912

三輪如鐵, 『大邱一斑』, 1912

朝鮮銀行, 『大邱地方經濟事情』, 1913

朝鮮總督府 土木局, 『釜山鑿平工事報告』, 1913

和田利彦, 『新聞雜誌切拔張込帳 拔萃帖』 제10호(1913년 6월 28일부터 10월 2일
　　　　　까지), 春陽堂, 1913

木浦誌編纂委員會, 『木浦誌』, 1914

大邱府, 『大邱民團史』, 1915

京城商業會議所, 『朝鮮經濟雜誌』, 1917~1922

久納重吉, 『東萊案內』, 1917

釜山府, 『釜山府勢一斑』, 1917

釜山府廳, 『釜山府全圖』, 1917

長岡源次兵衛, 『蔚山案內』, 1917

朝鮮總督府 地質調査局, 『朝鮮新地圖』, 1918

平壤商業會議所, 『平壤商業會議所月報』, 1919

大邱商業會議所, 『最近大邱要覽』, 1920

朝鮮瓦斯電氣株式會社, 『제21~53회 營業報告書』, 1920~1937

釜山府, 『釜山府勢要覽』, 1921~1936

朝鮮總督府, 『産業調査委員會會議錄』, 1921

朝鮮總督府, 『朝鮮産業ニ關スル計劃要項參考書』, 1921

永留信孝, 『全鮮內地人實業有志懇話會速記錄』, 全鮮內地人實業有志懇話會, 1921

朝鮮商業會議所聯合會, 『臨時朝鮮商業會議所聯合會議事速記錄』, 1923

南滿洲鐵道株式會社 庶務部 調査課, 『朝鮮の私設鐵道』, 1925

大村卓一, 『朝鮮の産業と鐵道』, 1925

大平鐵畊, 『朝鮮鐵道十二年計劃』, 1927

朝鮮總督府 鐵道局, 『朝鮮鐵道狀況』 제18~30회, 1927~1938

中村資郎, 『朝鮮銀行會社組合要綠』, 東亞經濟時報社, 1927~1942

『第五十二回　帝國議會衆議院　朝鮮事業公債法改正法律案外二件委員會議錄(速記)第三回』, 1927.2.10

『第五十二回　帝國議會貴族院　朝鮮事業公債法改正法律案外三件特別委員會議事速記錄第一號』, 1927.3.14

朝鮮總督府　內務局, 『朝鮮の道路』, 1928

朝鮮總督府　鐵道局, 『年報』, 1928~1939

朝鮮總督府　鐵道局, 『朝鮮鐵道史』 제1권, 1929

朝鮮總督府　內務局　土木課, 『港灣資源調査書(甲号)』, 1929 · 1931 · 1935

『第五十六回　帝國議會貴族院　豫算委員第六分科會議事速記錄第三號』, 1929.3.1

大村卓一, 『朝鮮鐵道論纂』, 1930

東京交通社, 『大日本職業別明細圖』, 1930

三峰會, 『三峰下岡忠治傳』, 1930

前田寬, 『金剛山』, 朝鮮鐵道協會, 1931

井上淸麿, 『釜山を担ぐ者』, 1931

釜山府, 『釜山府全圖』, 1934

朝鮮總督府　內務局　土木課, 『軍部關係重要照覆書類綴』, 1934~1937

朝鮮總督府　鐵道局, 『朝鮮旅行案內記』, 1934

陸軍省, 『大日記乙輯』, 1935

田中正之助, 『浦項誌』, 1935

『第六十七回　帝國議會衆議院　朝鮮事業公債法中改正法律案委員會議錄(速記)第四回』, 1935.3.11

『第六十七回　帝國議會貴族院　朝鮮事業公債法中改正法律案特別委員會議事速記錄第一號』, 1935.3.19

東洋拓殖株式會社, 『南米其他於ケル帝國ノ利權問題關係雜件』, 1936

武田信義, 『釜山府市街圖』, 1936

田中麗水, 『全鮮商工會議所發達史』, 釜山日報社, 1936

朝鮮總督府　內務局　土木課, 『道路港灣實施計畫書綴』, 1936

朝鮮總督府　內務局　土木課, 『釜山港外工事總體計畫書類』, 1936~1939

『第六十九回 帝國議會衆議院 朝鮮事業公債法中改正法律案委員會議錄(速記)第
　　　四回』, 1936.5.20

朝鮮總督府 鐵道局, 『鐵道要覽』, 1937

釜山臨港鐵道株式會社, 『釜山臨港鐵道株式會社關係圖面』, 1938

朝鮮總督府 鐵道局, 『朝鮮鐵道ノ事業概要』, 1938~1939

朝鮮總督府 鐵道局運轉課, 『運轉統計』 1-8, 1938~1940

倉地哲, 『朝鮮瓦斯電氣株式會社發達史』, 1938

觀光ノ釜山社, 『釜山案內圖』, 1939

朝鮮總督府 內務局 土木課, 『港灣修築改良實施計畫書類』, 1939

『第七十四回 帝國議會衆議院 朝鮮事業公債法中改正法律案委員會議錄(速記)第
　　　四回』, 1939.2.14

『第七十四回 帝國議會貴族院 朝鮮事業公債法中改正法律案特別委員會議事速
　　　記錄第二號』, 1939.2.23

『本邦會社關係雜件 東洋拓殖株式會社 會計關係公文書綴』, 1939

『資金調整法關係合議書類寫綴』, 1939

金剛山協會, 『金剛山』, 1940

朝鮮總督府 鐵道局編, 『朝鮮鐵道四十年略史』, 1940

伊藤正慤, 『京城商工會議所二十五年史』, 京城商工會議所, 1941

町田義介, 『元山商工會議所六十年史』, 元山商工會議所, 1942

『本邦会社関係雑件 東洋拓殖株式会社 新規株式引受関係』, 1942

Army Map Service(AML), 『KOREA CITY PLANS, PUSAN』, 1946

南鮮電氣株式會社編纂委員會, 『南鮮電氣株式會社現況』, 1958

財團法人鮮交會, 『朝鮮交通史』, 1986

배석만 · 한국민족문화연구소, 『일제시기 부산항 매축과 池田佐忠』, 선인, 2012

2. 단행본

김　승, 『근대 부산의 일본인 사회와 문화변용』, 도서출판선인, 2014

김종혁, 『일제시기 한국 철도망의 확산과 지역구조의 변동』, 도서출판 선인,
　　　2017

朴元杓, 『釜山의 古今』, 현대출판사, 1965

朴元杓, 『開港九十年史』, 태화출판사, 1966

전성현, 『일제시기 조선 상업회의소 연구』, 선인, 2011

정재정, 『일제침략과 한국철도(1892~1945)』, 서울대출판부, 1999

정재정, 『철도와 근대서울』, 국학자료원, 2018

정태헌, 『한반도철도의 정치경제학 －일제의 침략통로에서 동북아 공동체의
　　　평화철도로－』, 도서출판 선인, 2017

표용수, 『부산 전차운행의 발자취를 찾아서』, 선인, 2009

허우긍, 『일제 강점기의 철도 수송』, 서울대학교출판문화원, 2010

홍순권, 『근대 도시와 지방권력』, 선인, 2010

홍순권 외, 『일제시기 재부산일본인사회 사회단체 조사보고』, 선인, 2005

홍순권 외, 『일제시기 재부산일본인사회 주요인물 조사보고』, 선인, 2006

홍순권 외, 『부산의 도시 형성과 일본인들』, 선인, 2008

홍순권 외, 『일제강점하 부산의 지역개발과 도시문화』, 선인, 2009

홍순권 · 전성현, 『일제시기 일본인의 부산일보 경영』, 세종출판사, 2013

木村健二, 『在朝日本人の社會史』, 未來社, 1989

原田勝正, 『鐵道と近代化』, 吉川弘文館, 1998

池田國司, 『池田佐忠 事業と人生』, 1999

高崎宗司, 『植民地朝鮮の日本人』, 岩波書店, 2002

松下孝昭, 『鉄道建設と地方政治』, 日本經濟評論社, 2005

로버트 피시만, 박영한 · 구동회 옮김, 『부르주아 유토피아』, 한울, 2000

앙리 르페브르 지음, 박정자 옮김, 『현대세계의 일상성』, 기파랑, 2005

월터 D. 미뇰로 지음, 이성훈 옮김, 『로컬 히스토리/글로벌 디자인』, 에코리브

르, 2013

월터 D. 미뇰로 지음, 김영주, 배윤기, 하상복 옮김, 『서구 근대성의 어두운 이면』, 현암사, 2018

해리 하르투니언 지음, 윤영실·서정은 옮김, 『역사의 요동』, 휴머니스트, 2006

3. 논문

김경림, 「日帝下 朝鮮鐵道 12年計畫線에 關한 硏究」, 『經濟史學』 12, 1988

김동철, 「京釜線 개통 전후 부산지역 日本人 商人의 투자 동향」, 『韓國民族文化』 28, 2006

김동철, 「근대 부산의 교통 발달과 기록」, 『한국기록관리학회지』 11-1, 2011

김백영, 「철도제국주의와 관광식민주의: 제국 일본의 식민지 철도관광에 대한 이론적 검토」, 『사회와 역사』 102, 2014

김 승, 「일제강점기 부산항 연구성과와 과제」, 『항도부산』 29, 2013

金洋植, 「충북선 부설의 지역사적 성격」, 『한국근현대사연구』 33, 2005

김우숙, 「일제하 조선의 상공회의소에 관한 고찰」, 『순국』, 1995

김윤미, 「일제시기 일본군의 대륙침략 전쟁과 부산의 군사기지화」, 부경대학교 박사학위논문, 2015

김제정, 「일제 식민지기 경성부 교외 지역의 전차 문제와 지역 운동」, 『서울학연구』 제29집, 2007

노기영, 「일제말 부산 적기만의 매립과 임항철도 건설사업」, 『항도부산』 22, 2006

藤永壯, 「開港後의 '會社'設立問題를 둘러싸고」, 『韓國近代社會經濟史의 諸問題』, 부산대학교출판부, 1995

배석만, 「1930년대 부산 적기만 매축 연구」, 『항도부산』 28, 2012

배석만, 「일제말 赤崎灣 추가매축 연구」, 『항도부산』 29, 2013

오진석, 「1910~1920년대 京城電氣(株)의 設立과 經營變動」, 『동방학지』 121, 2003

오진석, 「1930년대 초 전력산업 공영화운동과 경성전기」, 『사학연구』 제94집, 2009

전성현, 「일제초기 '조선상업회의소령'의 제정과 조선인 상업회의소의 해산」, 『한국사연구』 118호, 2002

전성현, 「일제하 조선 상업회의소의 철도부설운동(1910~1923)」, 『석당논총』 40, 2008

전성현, 「일제하 조선 상업회의소와 '朝鮮鐵道十二年計劃'」, 『역사와 경계』 71, 2009

전성현, 「일제강점기 행정구역 확장의 식민성과 지역민의 동향」, 『지방사와 지방문화』 19권 1호, 2016

정재정, 「일제 말기 京慶線(서울 – 경주)의 부설과 운영」, 『서울학연구』 64, 2016

정태헌, 「조선철도에 대한 滿鐵 委託經營과 총독부 直營으로의 환원 과정 및 배경」, 『한국사학보』 60, 2015

趙璣濬, 「韓國鐵道業의 先驅者 朴琪淙」, 『日帝下의 民族生活史』, 民衆書館, 1971

조재곤, 「일제강점 초기 상업기구의 식민지적 재편 과정 – 1910년대 상업회의소와 조선인 자본가」, 『한국문화』 31, 2003

차철욱, 「부산 북항의 매축과 시가지 형성」, 『한국민족문화』 22, 2006

차철욱, 「1910년대 부산진 매축과 그 성격」, 『지역과 역사』 20, 2007

최인영, 「동대문 밖 전차의 도입과 역할 – 청량시전과 왕십리선을 중심으로」, 『서울학연구』 제37집, 2009

최인영, 「일제시기 경성의 도시공간을 통해 본 전차노선의 변화」, 『서울학연구』 제41집, 2010

홍순권, 「일제시기 '부제'의 실시와 지방제도 개정의 추이」, 『지역과 역사』 14, 2004

矢島桂, 「植民地期朝鮮における「國有鐵道十二年計画」」, 『歷史と経済』 206, 2010

❙ 출처 ❙

1-1장 「일제시기 동래선 건설과 근대 식민도시 부산의 형성」, 『지방사와 지방문화』 12-2, 2009

1-2장 「일제시기 지역철도 연구 ─ 근대 식민도시 부산의 전철 건설을 둘러싼 지역사회의 역학관계」, 『역사와 경계』 84, 2012

1-3장 「일제시기 부산의 전차 운영을 둘러싼 지역 운동과 힘의 역학관계」, 『석당논총』 65, 2016

1-4장 「일제말기 臨港鐵道와 식민성」, 『한국민족문화』 67, 2018

2-1장 「일제하 동해남부선 건설과 지역 동향」, 『한국근현대사연구』 48, 2009

2-2장 「일제강점기 동해남부선의 식민성과 지역정치」, 『역사와 경계』 104, 2017

2-3장 「일제강점기 東海線 3線과 지역」, 『석당논총』 69, 2017

▌후기 ▌

이 책은 지금까지 연구한 기존 논문을 묶은 것이다. 처음부터 책으로 종합할 계획하에 연구를 진행했다. 독립된 논문이기에 책으로 엮을 때 각 논문 간의 연결성을 높이는 등 가독성을 고려해 기존 논문을 부분적으로 수정했다. 더불어 지역에 대한 공간적 이해를 돕기 위해 사진자료를 적극 활용할 수 있도록 추가했다. 하지만 여전히 전체를 보여주지 못하는 것도 사실이다. 식민도시 부산을 중심으로 하는 도시 및 지역철도는 이 책에서 다루는 시내외 전철과 동해선만 있던 것은 아니었다. 서론에서도 언급한 것처럼 또 다른 동서횡단선인 경전선과 계획에 그쳤지만 조선해협 해저 터널에 기초를 둔 '조선해협철도'도 있었다.

원래대로라면 이들 철도에 대한 연구를 추가해 더욱 완성도 높은 책으로 출판할 수 있었으면 좋았을 텐데 못내 아쉽다. 특히 이 책의 간행 준비 과정에 정치권에서 불거진 한일 해저터널 논쟁을 보니 더욱 그렇다. 한일 간의 해저터널에 대한 논의는 역사적으로 일제강점기 일본에 의해 비롯되었다. 1935년 일본 철도성과 내무성의 협의하에 내무성에서 수립한 '한여름 밤의 꿈'과 같은 계획이었다.[1] 그런데 지금보다 식민지 조선의 통치와 중국 등 대륙 침략을 위해 한일 간의 육상 연결을 더 필요로 했던 시기

---

1) 『釜山日報』 1935.7.7(2-1), 「眞夏の夜の夢? 釜山と唐津を繫ぐ朝鮮海峽隧道案」.

朝鮮海峽橫斷隧道計劃平面圖(1937)

부산-시모노세키 연락항로(240km)
부산-쓰시마-이키-가라스 해저터널(235km)
마산-거제도-홍도-쓰시마-이키-가라스 해저터널(260km)

에도 해저터널은 교통시설(특히 철도)로 그다지 매력적인 기획은 아니었
다. 이 계획의 수립 필요성과 목적은 명확했다. 이른바 소련과의 전쟁이
예상되는 상황에서 '조선해협'의 봉쇄와 적의 잠수함 공격을 효과적으로
피하기 위한 군사적 목적과 필요 때문이었던 것이다.[2] 이마저도 '圖上의
計劃'에 지나지 않았다.

한일 해저터널의 역사가 어디에서 기원하고 그것이 어떤 필요성과 목
적하에 계획되었는지를 확인하는 것은 이를 현재 또는 미래의 자산으로

---

2) 渡邊貫, 「朝鮮海峽橫斷隧道計劃」, 『朝鮮鐵道協會會誌』 16-10, 1937.

삼기 위해 확인해야 할 중요한 사항이라고 생각된다. 그래야만 주체와 내용의 차이는 물론 부정적이거나 잘못된 것을 반성적으로 성찰한 후 우리의 삶과 연결시킬 수 있을 것이다. 그저 그 역사인식의 부재가 아쉬울 뿐이다. 이 책에서 다루지 못한 경전선과 조선해협해저터널 및 철도 건설계획과 관련해서는 이후의 연구과제로 남겨둔다. 이 책의 부족한 점이나 오류는 전적으로 필자의 책임이다. 학계와 대중의 질정을 바란다.

▌ 찾아보기 ▌

전성현(全盛賢)

동아대학교 사학과(겸) 석당학술원 조교수

지역사에 토대를 두고 한국 및 동아시아 근현대사를 공부하며 연구하고 있다. 특히 삶의 터전인 지역이라는 창('방법으로서 지역')을 통해 식민지와 한국전쟁을 중심으로 한국과 동아시아의 식민성, 통치성, 그리고 지역성에 관심을 기울이며 공부하고 있다. 한편, 역사를 통한 반성적 성찰이 가능하도록 공공역사의 장(역사의 재현)에도 적극 개입하고 있다.

저서로는 『일제시기 조선 상업회의소 연구』(선인, 2011), 『일제시기 일본인의 부산일보 경영』(공저, 세종출판사, 2013), 『강제동원의 역사와 현장』 부산광역시 및 서부경남편(국립일제강제동원역사관, 2016 · 2017), 『삼일운동 데이터베이스로 보는 1919, 그날의 기록』 1 · 3(국사편찬위원회, 2019) 등이 있다.